21世纪普通高等院校 物流工程 专业系列教材

郭敏 主编

A CONCISE COURSE OF INVENTORY THEORY

库存原理简明教程

华中科技大学出版社
http://www.hustp.com
中国·武汉

内容提要

本书主要介绍库存控制的基本概念、原理和方法。全书共分9章,主要包括库存的基本概念、确定性库存控制模型、随机性库存控制模型、多级库存模型及需求预测技术等,内容上也尽量涵盖了库存控制理论研究的前沿进展。

本书可作为高等学校管理科学、物流与供应链管理、工业工程、应用数学等专业的研究生和高年级本科生的教材或者参考书;同时,也可供上述有关专业的教师、工程技术人员、研究工作者和管理人员阅读和参考。

图书在版编目(CIP)数据

库存原理简明教程/郭　敏　主编.—武汉:华中科技大学出版社,2013.4
ISBN 978-7-5609-8845-0

Ⅰ.①库…　Ⅱ.①郭…　Ⅲ.①库存-仓库管理-物资管理　Ⅳ.F253.4

中国版本图书馆 CIP 数据核字(2013)第 080541 号

库存原理简明教程	郭　敏　主编

策划编辑:王红梅
责任编辑:朱建丽
封面设计:三　禾
责任校对:朱　玢
责任监印:周治超
出版发行:华中科技大学出版社(中国·武汉)
　　　　　武昌喻家山　邮编:430074　电话:(027)81321915
录　　排:武汉市洪山区佳年华文印部
印　　刷:武汉科源印刷设计有限公司
开　　本:787mm×1092mm　1/16
印　　张:15.25
字　　数:329千字
版　　次:2013年12月第1版第1次印刷
定　　价:32.80元

本书若有印装质量问题,请向出版社营销中心调换
全国免费服务热线:400-6679-118　竭诚为您服务
版权所有　侵权必究

序

库存管理是企业、物流与供应链管理的核心环节之一。随着现代经济的发展,库存除了作为企业用于维持生产和销售的措施,还成为协调整个物流及供应链系统高效运转、提高服务水平、降低风险的重要手段,因此,怎样管理和优化库存是一个重要的问题。本书重点讨论了库存管理中的基本概念、原理和方法。

在编写过程中,编者主要考虑了以下一些方面的内容。

1. 突出基本原理和方法的阐述

考虑到本科教学的特点,本书不追求理论的完整性和逻辑推导的严密性,而是紧紧围绕库存理论中最主流和最经典的基本思想、原理和方法等知识点而展开,力求简明、易懂。

2. 结合案例分析和研讨环节

在各章末尽量结合一些物流与供应链领域的案例,以期通过案例分析和研讨,使读者对库存问题有一个比较全面的、直观的认识,初步体会库存、物流分析的过程和方法,提高综合利用理论知识和分析处理技巧解决实际问题的能力。当然,本书中的案例计算并不代表所谓"最优解"或者"标准答案",只说明对处理实际问题的一种看法,仅供参考。

3. 增加基本软件使用的内容

分析、处理和解决当前物流与供应链管理问题离不开计算机软件的支持,因此本书在附录中增加了一些基本软件的使用和操作,以供读者选用。

本书可以作为物流专业本科生教材,也可供研究生及企事业单位相关人员参考。

编 者

2012 年 12 月

华中科技大学自动化学院

目　录

1 库存的基本概念 (1)
   1.1 引言 (1)
   1.2 与库存相关的基本概念 (7)
   1.3 案例：库存管理是一个大问题 (16)
   1.4 本章小结 (23)
   1.5 习题 (23)

2 确定性固定批量库存模型 (24)
   2.1 经济订货批量模型基础 (24)
   2.2 考虑生产速率的 EOQ 模型 (31)
   2.3 带价格折扣的 EOQ 模型 (32)
   *2.4 带多段价格折扣的 EOQ 模型 (34)
   *2.5 带增量价格折扣的经济批量模型 (36)
   2.6 允许缺货的 EOQ 模型 (38)
   2.7 提前期不为零情况 (39)
   2.8 本章小结 (40)
   2.9 习题 (40)

3 确定性动态批量库存模型 (43)
   3.1 基本模型 (43)
   3.2 整数规划模型 (44)
   3.3 Wagner-Whitin 算法 (46)
   3.4 订货成本和持有成本平衡法 (53)
   3.5 Silver-Meal 启发式算法 (54)
   3.6 一些扩展问题 (57)
   3.7 案例：某摩托车自行车专营商店的库存控制 (58)
   3.8 本章小结 (62)
   3.9 习题 (62)

4 需求随机的单周期库存模型 (64)
   4.1 引例 (64)
   4.2 报童问题的经典表达 (66)
   4.3 模型推导 (66)
   4.4 离散需求情况下的报童问题 (70)
   4.5 报童模型的扩展 (75)
   4.6 案例1：欧内尔公司 (78)
   4.7 案例2：小蜜蜂公司 (79)
   4.8 本章小结 (80)
   4.9 习题 (81)

5 需求随机的连续盘点库存模型 ··· (83)
5.1 近似 EOQ 模型的 (R,Q) 策略 ··· (83)
5.2 近似 EOQ 模型的 (s,S) 策略 ··· (87)
5.3 服务水平模型 ··· (88)
*5.4 精确模型的推导及其求解 ··· (93)
5.5 案例：医院库存管理 ··· (98)
5.6 本章小结 ··· (101)
5.7 习题 ··· (101)

6 需求随机的周期盘点库存模型 ··· (103)
6.1 系统状态推演 ··· (103)
6.2 (s,S) 策略的近似计算 ··· (107)
*6.3 系统最优策略的证明 ··· (110)
6.4 本章小结 ··· (116)
6.5 习题 ··· (116)

7 多级库存系统初级篇 ··· (118)
7.1 多级库存系统简介 ··· (118)
7.2 二级确定性串行系统 ··· (122)
7.3 物料需求计划 MRP ··· (124)
7.4 分销资源计划 ··· (128)
7.5 看板系统 ··· (132)
7.6 牛鞭效应 ··· (133)
7.7 风险分担问题 ··· (137)
7.8 实验：啤酒游戏 ··· (139)
7.9 本章小结 ··· (143)
7.10 习题 ··· (143)

8 多级库存系统高级篇 ··· (150)
*8.1 2 的幂次批量假设下的 N 级串行系统 ··· (150)
*8.2 多产品协调问题 ··· (153)
*8.3 随机需求下的周期盘点二级串行系统 ··· (159)
*8.4 随机需求下的周期盘点多级分配形系统 ··· (166)
*8.5 随机需求下的连续盘点二级分配形系统 ··· (169)
8.6 MTO 装配线安全库存优化模型 ··· (171)
*8.7 案例 1：A 公司寻找有效的库存管理策略 ··· (176)
*8.8 案例 2：C 公司运营解决方案 ··· (179)
*8.9 本章小结 ··· (192)
*8.10 习题 ··· (193)

9 需求预测技术 ··· (195)
9.1 引言 ··· (195)
9.2 算术平均法 ··· (202)
9.3 移动平均法 ··· (203)

9.4　指数平滑法 …………………………………………………………（205）
9.5　带趋势的指数平滑法 ………………………………………………（207）
9.6　带趋势和季节因子的指数平滑法 …………………………………（209）
9.7　回归预测法 …………………………………………………………（210）
9.8　案例：彩电市场需求预测分析 ……………………………………（212）
9.9　本章小结 ……………………………………………………………（215）
9.10　习题 ………………………………………………………………（215）
附录A　概率论基础 ………………………………………………………（218）
附录B　最优化理论基础 …………………………………………………（221）
附录C　标准正态分布函数表 ……………………………………………（224）
附录D　标准正态分布的期望值表 ………………………………………（226）
附录E　Excel 基础 ………………………………………………………（227）
附录F　LINGO 基础 ……………………………………………………（231）
参考文献 ……………………………………………………………………（235）

1 库存的基本概念

1.1 引言

1. 库存的概念

当代世界经济正在以前所未有的速度向高度市场化和全球一体化发展,随着新科技不断涌现,经济信息化加速发展,市场竞争越来越激烈。在这种发展趋势下,物流在经济中所起的作用越来越重要。

所谓"物流",字面意思就是指物料的流动,也就是为了满足客户的需求,通过运输、保管、配送等方式,以最低的成本实现将原材料、半成品、成品由商品的产地送到商品的消费地的计划、实施和管理的全过程。

商品、物料既然有流动状态,就一定还存在静止和存储的状态,在商业界、企业界耳熟能详的所谓"库存"、"存货"、"盘存"、"存品"等词语表达了商品、物料的静止状态。这些词语虽然在名称上略有差异,但却具有相同的含义,为了统一起见,本书将它们统称为"库存"。

一般来说,库存(Inventory 或者 Stock)可以定义为,为了满足未来需要而暂时闲置的有价值的资源。例如,武汉钢铁公司的铁矿石储备;武汉神龙汽车公司生产车间的汽车零件备货;海尔(Haier)公司的电冰箱、电视机、空调等成品;沃尔玛(Walmart)连锁超市货架上的待售商品等。

值得注意的是,库存必须是具备价值的,因此不能回收的生产或者生活废弃物等,不能作为库存而存在。

在现实生活中,库存具有相当多的表现类型。

(1) 按照其所处物料状态,库存可以分为原材料库存(Raw Material Inventory)、在制品库存(Work-in-process Inventory)和成品库存(Finished Goods Inventory)。

原材料库存是指企业为了生产加工产品,通过采购或者其他方式取得和持有的生产所需的原材料、零件的库存。在制品库存是指存在于生产过程的各个环节中所持有的零件和中间产品。成品库存是指企业通过生产加工过程最终生产出来的产品所形成的库存,成品库存也就是等待上市销售的产品。

(2) 按照其所处的运动状态,库存可以分为在库库存(On-hand Stock)和在途库存(In-transit Stock)。

闲置的资源可以存放在仓库中、生产线上或者车间中,其状态是静止的,因此可以通称为在库库存。库存也可以处在运输状态中,如一汽大众汽车公司生产的捷达轿车通过物流渠道运输至天津地区销售,在从长春到天津运输的过程中,捷达轿车处于闲置状态,那么此时的捷达轿车仍然应该被视为库存,称为在途库存。

(3) 按照其在企业生产经营过程中所发挥的作用,库存可以分为经常库存(Cycle Stock)、安全库存(Safety Stock)、季节性库存(Seasonal Stock)、促销库存(Promotional Stock)、投机库存(Speculative Stock)、积压库存(Dead Stock)等。

这些名词从字面上很容易理解。经常库存是指在正常的经营环境下,企业为满足日常需要而建立的库存。安全库存是指为了防止不确定因素而准备的缓冲库存。季节性库存是指为了满足特定季节出现的特定需要而建立的库存,或者对季节性出产的原材料在出产的季节大量收购所建立的库存。促销库存是指为了解决企业促销活动引起的预期销售增加而建立的库存。投机库存顾名思义就是为了避免因物资价格上涨造成损失或者为了从物资价格上涨中获利而建立的库存。积压库存是指因没有市场销路而卖不出去的产品或者因为物资品质变坏不再有效用的库存。

实际上,库存的名称和种类还有很多,这里不一一列举了。

最后,需要明确的是,库存与仓库(Warehouse)的概念是不同的,一般地,库存是指保存的货物;仓库则是保存货物的场所。

2. 库存的作用及其弊端

库存在工商业、物流领域具有重要的意义。从一个典型的企业物流来说,其物流的起源是原材料储备库存,在生产加工环节中形成了中间在制品库存,而生产输出的是成品库存,再通过运输、中转库存到达销售地作为销售库存,最后面向市场进行销售。可见,库存基本上存在于企业物流的所有环节和过程之中。

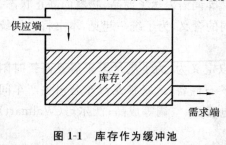

图 1-1 库存作为缓冲池

如果把上述企业物流过程中的一个特定的库存单元进行单独考察,如图 1-1 所示,这个库存单元的来源或者入口称为供应端,这个库存单元的下游出口称为需求端。那么总的来讲,库存主要是作为一个中间缓冲池,用于缓冲和平衡供应端和需求端之间存在的各种矛盾。

1) 库存的作用

库存的具体作用可以从平衡供应端和需求端、提高对需求端的服务水平、应对不确定性和获得规模效益等几个方面来说明。

(1) 平衡供应端和需求端。

库存最基本的功能是提供供应端与需求端之间的平衡。一般情况下,库存供应端的供应速度和需求端的消耗速度往往是不平衡的。这种不平衡通常很难通过供应端和需求端自身解决。例如,可能由于生产线技术条件的限制,或者其他条件限制导致在时间或者经济上短期不可改变的情况,即现有供应和消耗速度不能改变,因此在这种情况下,必须对供应端和需求端进行适当的隔离并进行速度的平衡。

以企业的原材料库存为例,其供应端是市场上的其他供货方企业;其需求端,则是本企业的生产线。通常从外面市场上买进原材料是有时间限制的,如供应方只能保证一个月供一次货,因此其供应是不连续的;而生产线在很多情况下是不能停止生产的,这就是说,其原料的消耗是连续的,每个工作日、工作小时都需要一定的量,那么在这种情况下,原材料库存至少要保证一个月以上的消耗量才能作为原料供应与生产线消耗之间的缓冲池。

例如,作为成品库存,其供应端为企业的生产及运输部门,其需求端为市场或者客户。众所周知,一种产品从设计、备货、生产和运输投放市场等过程都需要一定的时间,有时长达几个月之久,而市场上的客户是挑剔的,很少客户会同意从购买付款开始还要等待几个月后才拿到货的情况,因此必须总是在市场上维持一定量的成品库存,保证客户可以及时买到自己喜欢的产品。

当供应端和需求端在时间上或者速度上存在不平衡情况时,库存作为缓冲池,就可避免供应端和需求端之间的直接对接,缓解两者之间的矛盾。

(2) 提高对需求端的服务水平。

有时会发现,在现有库存完成了对供应端和需求端提供基本的速度平衡功能的基础上,适当提高库存持有量,可以大大提高对需求端供货的服务水平。所谓需求端的服务水平,粗略地讲,就是需求端的满意度水平,一般可以用从需求端提出需求到全部需求实现的时间长短来衡量,或者也可以用最后实际完成的供应量与最开始提出的总需求量之间的比率来表达。

例如,对于原材料库存,其需求端的服务水平可以定义为生产线的停工待料时间。显然,充足的库存可以将生产线因为等待原材料而导致误工时间降到最低。而对于成品销售库存,客户的满意度可以定义为客户能够拿到现货的比例,较高的销售库存可以使得绝大多数的客户满意度很高。

在这种意义下,库存不但可以作为供应端和需求端之间的缓冲池,还可以对需求端的服务水平进行适当调节。

(3) 应对不确定性因素。

试想:如果在物流过程中所有环节都是确定无误的,不存在任何不确定性因素,那么实际上可以避免很多库存。例如,准备在市场销售的成品库存,如果未来客户的需求是准确无误的,已经知道某客户下周一上午 10:00 会准时过来购买 1000 吨货物,那么企业就不必为此客户准备任何成品库存,只要做好计划,例如,提前一个月进行采购、生产,并最后保证在下周一上午 10:00 准时运到销售门店就可以了。因此如果其他所有客户的需求都是类似这样确定无误,那么成品库存就不需要存在了。

但是现实世界充满了不确定性因素,采购、运输、生产、市场等过程和环节中都存在不确定性,谁也不能保证将来哪个环节肯定就不出现问题。例如,可能停电、停水或者生产线上的设备坏了,一时间恢复不了,导致停工;可能高速公路堵车了,使运输出现额外的时间延迟;当然市场的需求预测通常总是不准确的,诸如此类。面对这些复杂情况,库存就是一个重要的、应对不确定性因素的工具。

(4) 规模效益。

很多情况下,在采购、运输、生产等过程中,人们发现,产品或者物料的量达到一定规模,可以大大节省单位物料的费用,这种情况称为规模效益。为了达到一定的物料规模而获得规模效益,通常都会不可避免地形成额外库存。例如,市场上的很多原材料供应商在报价中就包含了采购规模的因素,如规定一次采购 1000 吨以下的价格是每吨 2000 元,1000 吨以上 2000 吨以下的价格是每吨 1500 元,2000 吨以上的价格是每吨 1300 元。那么对企业采购部门来讲,若通常情况下采购一个月内的需要量,如 1000 吨,就可以满足企业的一般生产要求;但是如果发现每次采购 2000 吨的价格可以很优惠,就可能会改为每两个月采购一次,每次采购 2000 吨。

很多企业的生产线也存在所谓的"经济生产批量",就是说每次生产线开动后,连续生产多少小时或者多少量的产品对人员、设备、材料的费用是最经济的。在这种情况下,最好就按照生产线规定的经济生产批量组织生产规模。

又如,国内一些企业处理大批量货物的运输问题时,如果采用铁路运输,一般都会尽量按照装满一个整车皮的量发运货物;快递公司则会通过整合零散的客户快递业务并利用"拼货和配货技术"实现公路集装箱整车运输,这些都是出于运输中的规模效益考虑的。

另外我们还可以发现,虽然市场上人们对日常生活用品的需求基本上是每天连续不断的,但是大多数的生活超市的货物仍然是按照一定周期进行采购的,最短时间通常为 1 天,长的甚至为 1 周、1 个月,这样做的目的一方面可能出于供应方的要求,但是更加重要的原因可能在于适当提高日常库存,可以获得规模效益,节省订货费、作业交换费,提高超市管理人员与设备的利用率。

2) 库存的弊端

万事有利就有弊。库存的作用很大,但是它导致的问题也很多,具体可以归纳为下列几个方面。

(1) 库存需要投入额外的管理。

库存需要一系列的配套管理,库存货物会占据仓库中大量的空间资源;为了保存货物,需要专门的人员、设备、手段等对库存物质进行必要的检查和维护。

(2) 库存产生费用。

一般情况下,库存本身不能提供产品的增值过程(投机库存除外)。相反,维持库存需要有仓库、设备、人员、资金的配套,另外库存货物也会发生毁损、减值等情况。这些因素导致一定费用进入产品的总成本中,从而推高了产品的最终价格。在所有这些成本中,库存货物本身的资金占用通常是企业支出的最大部分,库存持有量越高,持有时间越长,企业所承受的资金压力就越大。据统计,库存持有成本一般占到企业成本的 10% 以上,因此很多企业将降低库存称为企业新的利润之源。特别是在供方市场环境,企业之间竞争激烈的微利市场环境下,库存的水平高低成为衡量企业管理水平的重要指标,直接关系到企业的生存和发展问题。

(3) 库存掩盖了企业经营中的一些问题。

一方面,库存可以作为采购、生产、销售等的缓冲池吸收一部分由于管理经营不当或者差错导致的不确定性,但是反过来看,当出现重大经营不当或者差错时,正是由于库存的存在和它的缓冲吸收作用,最后导致的后果往往反而变得不那么严重了,因此常常给人以"问题不大"的假相。传统的管理思想把库存看成是生产顺利进行的保障,因为当生产发生问题时,总可以用库存来缓解,库存越高,问题越容易得到解决。高库存成为大批量生产方式的重要特征,超量超前生产被错误地看成是高效率的表现,这也极大地掩盖了企业本身的一些问题。因此现代精益生产的思想认为:"库存是万恶之源"。恰恰是因为库存的存在,掩盖了企业中的问题,使企业意识不到改进的需要,从而阻碍了经营的改善。

3. 库存管理

为了发挥库存的优点,降低其不利影响,必须对库存进行有效的管理。

库存管理(Inventory Management),也称为库存控制(Inventory Control),是指以管理和控制库存为目的的方法、手段、技术及操作过程的总称,也就是企业根据外界对库存的要求与订购的特点,对所持有的库存(包括原材料、零件、半成品及产品等)和库存相关设施进行规划、预测、计划、协调、控制和执行的工作。

库存管理所包含的范围相当广泛,其内容可以从时间和作业两个不同角度来考察。

从时间角度来看,库存管理可以分为战略层库存管理、战术层库存管理及操作层库存管理。其中战略层库存管理面对库存的长期战略问题,如在 5~10 年内,怎样进行库存设施(包括仓库、设备、技术、人员等)的布局和规划等问题。战术层库存管理主要关注库存的运作问题,即怎样采购入库、怎样出货等中期到长期的决策问题。战术层库存管理通常可以用周、月为规划的时间单位,其总规划期可以达 1 年之久。操作层库存管理则是战略和战术决策库存管理的具体执行层次,它具体到库存管理执行过程中的各个细节问题,如仓库的进销存、设备运转和维护等日常作业问题,具体到填写入库单、盘点、倒库、叉车作业等日常操作和业务。

从库存作业的角度来看,库存管理是针对整个库存过程进行管理和控制的,而一个完整的库存过程大致可以分为:① 订货过程,决定怎样订货;② 进货过程,货物如何从供应方到达本地仓库;③ 保管过程,包括货物在本地仓库的所有存储管理和操作;④ 出库过程,货物出库,到达下游需求端。

本书主要关注战术层库存管理问题,特别是库存的订货决策是我们研究的重点。实际上,库存中的订货或者采购决策主要关注的因素有:① 订货的时间或者时机;② 要采购的产品品种;③ 采购的产品数量;④ 其他,如从什么进货渠道进行采购、怎样选择运输方式等。其中,订货的时机和数量决策是库存决策的核心内容。

虽然从表面上看,库存问题并不复杂,但实际上,不论对企业管理人员还是研究者而言,库存问题都具有相当大的挑战性,这是因为现实中面临的库存管理问题具有很多难点,主要包括以下几个方面。

1) 库存问题不是独立存在的

实际上,库存与营销、运输、生产、采购和财务等问题都有着密切的联系,各个部门对库存的态度和目标并不相同,甚至互相矛盾,如表 1-1 所示。因此库存管理的主要工作就是要平衡各方面的因素,获得最佳的库存控制措施。

表 1-1 企业的不同部门对库存的态度比较

部门	典型反映
市场经营与销售	必须保证库存。如果总是缺货或者无足够的品种,就不能保住客户,考核指标就完不成
生产	如果按照大批量生产,就可以降低单位生产成本,同时也容易组织生产
采购	如果整批大量购进,就能降低单位采购成本,就会减轻工作压力
财务	从哪里筹集资金来支付存货的货款?库存水平应更低一些
仓库	这里已经没有货位了,什么也不能放了

2) 库存管理面临高度不确定性

现实条件下存在大量的不确定性因素,这些不确定性可能变化很快,或者不确定程度很高,如很多企业面临需求的高度不确定性,另外在供应和运输中也可能存在很多不确定性。为了发挥库存的优点,必须研究这些不确定性的问题,以达到用最少的库存来缓冲和掩盖不确定性给系统带来的不利影响,获得较高的客户满意度。

3) 库存系统中的各种约束条件复杂

实际中的情况和问题很复杂,存在很多影响因素,如供应的品种、时间、供应量、供应速度及运输上的限制条件,仓库容量和处理能力,货物的保管损坏率,以及多个仓库之间的约束关系等。因此库存管理必须是在保证这些约束满足的条件下寻求好的管理方案。

一方面,现代企业正在面临高度复杂的库存管理问题,另外一方面,现代经济快速发展,竞争逐渐激烈,给企业的库存管理提出了更高的要求。传统粗放的库存管理,靠领导"灵光一闪"、"拍脑袋"进行库存决策的模式早已不能适应现代化管理的要求。绝大多数企业都认识到,必须依靠严格、正规的方法来解决库存决策问题,库存决策的质量来源于敏锐的问题分析、准确的数据收集和处理、精确可靠的计算过程,以及大量的试验和实践的检验。

4. 库存问题的研究概述

库存问题是一个复杂而又重要的问题,因此,有必要对它进行研究。然而真正规范性的库存理论研究是从 20 世纪才开始的,在第二次世界大战后才得到迅速发展,并初步形成了一定的规模和体系。当然,理论总是随着实践发展而发展的。随着世界经济的变化和发展,现实中新的内容和新的情况不断涌现出来,库存的理论和研究也处在不断发展中。

库存的研究,从方法上看,目前主要有以下三种研究思路。

1) 以数学工具特别是运筹学、优化理论等为研究手段的库存模型研究

库存模型,是针对库存问题建立的数学模型,也就是根据现实库存问题,经过简化和抽象,去除现实中不必要的因素,最后形成的能够反映库存问题的本质的数学模型,如图 1-2 所示。数学模型比现实情况简单,但是抓住了事物的本质。分析和研究数学模型,就有可能发现库存问题内在的规律性,得出库存管理的基本方法,从而起到指导实践的作用。数学模型是本书研究的重点。

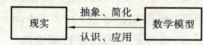

图 1-2 数学模型和现实问题的关系

目前库存模型的理论成果主要有下列一些方面。

(1) 单产品、单库存设施的确定性库存模型。

只包含一个仓库、一种产品的单产品、单库存设施的确定性库存模型是最早开始研究的库存模型,所谓"确定性"是假设模型中所有的参数都是已知并确定的。1913 年,Harris 首次提出了经济批量 EOQ 模型,开启了库存理论研究的新纪元;Wagner 和 Whitin 于 1958 年提出的多周期动态批量模型是库存理论研究的另外一个里程碑。

(2) 单产品、单库存设施的随机性库存模型。

所谓"随机性"是假设模型中至少有一个参数是随机不确定的。随机模型的优点在于能够研究不确定性问题,这更加贴合现实情况。这部分的研究可以按照订货时间周期性可分为单周期模型、多周期模型及连续时间补充模型等。

(3) 多产品库存模型。

当库存系统包含多个品种,而这些品种之间由于存在某种联系(如成比例的关系)必须将它们作为一个整体来考虑的情况下,单产品模型就不适用了,这时必须研究多产品库存模型。

(4) 多仓库或者多级库存模型。

现代经济全球化的发展,使得企业库存布局不再是局限于单仓库设施的系统,而是一个地理上分散的多仓库的大系统。在这个系统中,每个仓库之间存在紧密的联系,因此必须对它们进行系统的考查、筹划和管理,这就是多级库存系统,甚至是供应链管理系统。多级库存系统的经典模型是 Scarf 和 Clark 于 1960 年提出的随机需求的周期盘点串行系统模型,该模型首次证明了级库存 (s,S) 策略是这类系统的最优策略。在 Scarf 和 Clark 的工作基础上,更加复杂的多级系统,如装配形、分配形等系统的最优策略也逐渐被发现。而针对连续盘点系统,重要模型有 Sherbrook 于 1980 年提出的 METRIC 排队论模型,以及 De Bodt 和 Graves 于 1985 年提出的 (R,Q) 系统模型等。

2) 以仿真为手段的研究

仿真或者模拟,就是利用模型复现实际系统中发生的本质过程,并通过对系统模型的实验来研究当前存在的或者设计中的问题的方法。仿真的过程包括建立仿真模型、进行仿真实验及仿真的分析和验证等。仿真与前面提到的数学模型中使用的数值计算、求解算法的区别在于仿真首先是一种实验技术。

随着计算机技术的发展,包括库存系统在内的社会、经济、生态、管理等复杂系统都可以通过构建相应的计算机模型来进行仿真研究。特别是当需要分析的系统非常复杂,难以利用数学模型研究,或者造价昂贵,真实实验的危险性大,或者需要很长的时间才能了解系统参数变化所引起的后果时,仿真是一种特别有效的研究手段。

3) 案例调查研究

案例调查研究方法是结合实际,以典型案例为素材,并通过具体的观察、调研、分析和解剖,促使人们进入特定的情景和过程,建立真实的感受和寻求解决问题的方案的一种方法。案例研究通常是对现实库存系统进行的最早的、最直接的研究方法,因此有可能最早发现问题,提出解决方案,并为进一步的深入性理论研究打下良好的基础。

1.2 与库存相关的基本概念

在正式讨论库存问题和库存模型之前,有必要针对库存相关的一些概念做出解释或者定义。

1. 确定性库存模型与随机性库存模型

目前所有的库存模型习惯上主要分为确定性模型和随机性模型两大类。

确定性模型,就是假设模型中的所有参数均为已知并确定的模型。确定性模型是对实际库存系统的一种近似。

随机性模型,就是模型中至少包含一个未知参数,并一般将其假设为随机变量并服从某种已知分布的模型。在库存模型中,主要有两类随机性参数:需求随机和订货提前期随机。很多情况下,这些随机性模型更加能够反映实际问题。

2. 连续盘点模式与周期盘点模式

不同的库存系统可能对补充订货的时机有不同的要求,这些要求基本上可以分为连续盘点模式和周期盘点模式两种。

(1) 连续盘点模式,就是在任意时间点(时刻点)都可以进行补充、发出订单的模式。

连续盘点模式最理想,但因为允许随时发出订单,因此,必须保持对仓库状态随时监控,这对仓库系统运作要求很高。

(2) 周期盘点模式,就是补充订货只能在允许订货的周期时刻点上进行的模式。

在周期盘点模式下,由于只在周期时刻点上发出订单,因此实际上库存的状态并不需要进行随时监控,而只需在这些周期时刻点上进行监控就可以了,所以周期盘点模式下仓库管理较容易。但是另外一方面,在周期盘点模式下,在周期时刻点之间有可能会发生产品缺货,此时由于周期订货的限制,并不能马上进行补充,而是要等到下一个最临近的周期时刻点到来时才发出订单,因此周期盘点模式对库存的变化反应不够及时。

在连续盘点模式下,仓库状态必须随时监控;而在周期盘点模式下,仓库状态仅仅需要在周期时刻点上监控。当然,如果把周期盘点模式的周期设定为很小的时间单位,实际上也就可以近似地认为是连续盘点模式。

需要注意的是,周期时刻点、周期与订货间隔期具有不同含义,如图1-3所示。

(1) 周期时刻点,是指允许订货的时刻点,这些时刻点是按照一定周期出现的。

(2) 周期,是指在相邻两个周期时刻点之间的间隔期。

(3) 订货间隔期(也称为一次订货循环),是指相邻两次订货之间的时间间隔期。

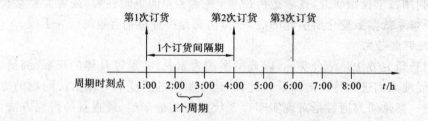

图1-3 周期时刻点、周期与订货间隔期的关系

如图1-3所示,以小时为周期,其周期时刻点规定为整点的时刻,如在1:00,2:00,3:00,…都可以进行订货。实际的订货是第1次订货在1:00发出,第2次订货在4:00发出,那么在1:00至4:00之间的3 h时间就是1个订货间隔期。

3. 单周期与多周期

在库存研究中,习惯上根据库存品的生命周期长短,将其分为单周期和多周期两种类型。

所谓单周期产品,是指生命周期很短暂的产品。例如,每天发行的某种日报报纸仅仅在当天有效,过了当天就基本变为废纸了。因此单周期问题也常常称为"报童问题"。

另外如果有关某种产品的活动是一次性、没有重复性的,也可以认为该产品是单周期产品。例如,2008年北京奥运会期间的某类比赛用奖牌的采购问题,就可以看成是单周期问题。

单周期产品以外的一般产品,生命周期比较长,可以持续多个周期并需要进行多次订货补充,前一次订货后的库存余额会延续到下一次订货发生的时刻,并对这次订货造成影响,这种库存问题称为多周期库存问题,当然,这里的"多周期"通常是指多次采购周期的意思。

4. 单产品与多产品

当库存系统只有一种产品时,这种系统称为单产品库存系统。如果有很多品种的产品在库存系统中同时存在,则称为多产品库存系统。当然,如果多种产品之间是相互独立并且没有什么联系的,则一般也可以按照单产品库存进行研究和处理。

在实践中,常常针对相互独立的多产品仓库采取 ABC 分类法。ABC 分类法是意大利经济学家帕累托(V. Pareto)于1879年提出的,该方法的核心思想是在决定一个事物的众多因素中分清主次,识别少数的但对事物起决定作用的关键因素和多数的但对事物影响较小的次要因素。"20/80"原则是 ABC 分类法的指导思想。所谓"20/80"原则,简单说就是20%的因素带来80%的结果。当然"20/80"原则也不是绝对的,也可能是25%/75%或者16%/84%等。总之,"20/80"原则作为一个统计规律,是指少数的因素起着关键作用。

库存 ABC 分类法正是在这个原则的指导下,依据某些重要性度量标准对物资进行分类,加强对重要作用物资的控制与管理,而对那些相对次要的物资投入较少的控制和管理人力的方法。例如,依据物资占用资金多少将物资分为 ABC 三类:将占用65%~80%的价值的15%~20%的物资划分为 A 类,占用15%~20%的价值的30%~40%的物资划分为 B 类,将占用5%~15%的价值的40%~55%的物资划分为 C 类,然后对每类物资进行不同程度的控制,如对于 A 类物资,严格控制采购及存量;对于 B 类物资,进行正常控制;对于 C 类物资,则实施简单控制。

5. 缺货与拖后

当需求端的货物需求量大于仓库中现有的库存量时,当前时刻仅仅能够将现有库存量交付给客户,而需求量不能被满足的部分,则称为缺货。一般地,针对缺货有以下两种不同的处理办法。

(1) 这部分不能马上满足的需求完全被忽略,称为需求损失或者缺货不补(Lost Sale)。

(2) 将这部分未满足的需求延后一定时间再满足,称为拖后满足(Backlogged 或者 Backordered),即一旦以后仓库有货,就马上先满足这部分需求,因此原需求量归根结底可以得到全部满足,仅仅是其中有一部分被拖后满足。

显然缺货对库存的经营企业是非常不利的。首先,缺货不补,直接的结果就是这部分需求没有抓住,企业盈利受到影响;而缺货拖后满足,虽然企业还可能针对这次缺货,组织单独的紧急订单或者进行其他处理,但这些会导致额外的成本。更为重要的是，不论是缺货不补还是拖后满足，都会影响需求端的客户满意度水平，如果库存面对的是市场上的消费人群，则可能会影响到企业的长期品牌声誉，这种声誉的损失有时可能比直接的经济损失还要严重。正是出于这种考虑，很多国际化的著名企业都极其重视缺货问题，为此花费大量的人力、物力，时刻监控客户服务水平，严格限制缺货发生的比例，有时还会对造成缺货的负责人和单位进行严厉的惩罚。

6. 提前期与在途库存量

一般地，库存的订货需要一定时间。通常使用提前期来反映这种时间延迟。

提前期(Leadtime, Lead Time)，是指从订单发出到实际到货所经历的时间，包括订单的处理、货物运输、货物查收等环节所需的时间。

和提前期密切相关的概念是在途库存量(In-transit Inventory)。

在途库存量，是指已经装运发出但是还没有实际到达仓库的那部分货物量。

如果提前期为零，就表示一发出订单，货物就可以马上到达并入库，当然也不会出现在途库存量。

7. 订货策略

库存问题一般都比较复杂，因此在实际库存运作中往往采取一定的库存运作规则，称为订货策略。

什么是策略？策略，简单讲，就是规则，实际上是从"所有可获得信息"到"决策"的一个映射。其中可获得信息原则上包括历史记录、当前状态、未来预测等所有内容，但是一般可以用广义的"系统状态"来表达。策略就是从所有系统状态到决策的一个映射。

(1) 策略可以非常复杂，如所有系统状态和决策的一个对应表，如表1-2所示，该表规定了在什么状态下应该采取什么行动。

表1-2 一个策略

系统状态	S_1	S_2	...	S_N
决策	A_1	A_2	...	A_M

(2) 策略也可以是一定的概括性的规则，它比(1)情况下的策略简单，如"当 S_1 低于10时采取行动 A_1，否则采取行动 A_M"等。

另外值得注意的是，严格来讲，不完全的映射不能算策略。如"人不犯我，我不犯人"仅仅说明了一种情况下的决策，另外一种情况下的决策没有说明，因此它一般地不能称为策略。

具体到库存问题的订货策略，实际上也可以具有相当多的形式，但是一般最常见的订货策略可以归纳为以下两种。

1) (R, Q) 策略

该策略中，R 称为订货点(Re-order Point)，或者称为重订货点、再订货点；Q 称为订货批量，或简称为批量(Batch Size)。(R, Q) 策略表示当库存量不大于 R 时，就订货 Q 的量，反之，则不订货。

(R, Q) 策略的变种为 (R, nQ) 策略，即当库存量不大于 R 时，就订货 nQ 的量，其中 n 为某个正整数。

(R,Q) 策略根据不同的补充或者盘点模式可以分为连续盘点 (R,Q) 策略和周期盘点 (R,Q) 策略。前者是当库存量不大于 R 时，就立即订货 Q 的量；而后者要等到最临近的下一个订货周期点到来时才订货 Q 的量。

在 (R,Q) 策略下运行的库存系统由于每次订货都是 Q 的订货量，因此这种系统常称为固定量系统。

对于 (R,Q) 策略，订货量与库存量之间可建立如图 1-4 所示的映射关系。

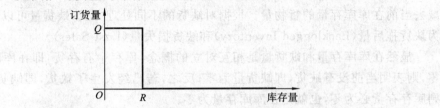

图 1-4　(R,Q) 策略对应的订货量与库存量之间的映射关系

2) (s,S) 策略

(s,S) 策略也称为最大最小量策略，其中，s 称为订货点（Re-order Point），或者重订货点、再订货点；S 称为最高库存（Order-up-to Level）。(s,S) 策略是指当库存量不大于 s 时，订货，其订货量的取值要保证将订货后的库存量提高到 S 的水平，也就是说，订货前的库存为 x，若 $x \leqslant s$，则订货量为 $S-x$，从而将订货后的库存提高到 S；若 $x > s$，则不订货，或者订货量为 0。

当 $s = S-1$ 时，称为 S 策略（S Policy），或者最大量策略、基准库存策略（Base Stock Policy）。S 策略是指当库存量不大于 $S-1$ 时，就将库存量提高到 S。也就是只要库存量小于 S，都将库存量提高到 S。

类似地，也有连续盘点 (s,S) 策略和周期盘点 (s,S) 策略的区分。

对于 (s,S) 策略，有如图 1-5 所示的订货量与库存量之间的映射关系。而图 1-6 所示的为在 S 策略下的订货量与库存量之间的映射关系。

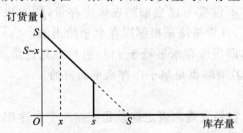

图 1-5　(s,S) 策略对应的订货量与库存量之间的映射关系

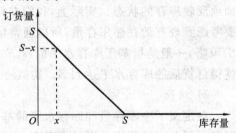

图 1-6　S 策略对应的订货量与库存量之间的映射关系

为什么要单独讲 (R,Q) 策略和 (s,S) 策略？这主要有如下几点原因。

（1）它们都非常简单，是在实际库存系统中最常用的策略。

（2）理论证明，在多数库存系统中，(s,S) 策略是最优的。这种最优包含以下两个含义。

① 在所有可能的策略中，(s,S) 策略是最优的。也就是不论你提出什么样的策略，总可以找到一个 (s,S) 策略比你的策略好或者不劣于你的策略。

② 在 (s,S) 策略中，存在最优的 $s=s^*$ 和 $S=S^*$ 的值。

8. 库存量的概念

1）库存量的定义

（1）在库库存量（On-hand Inventory），就是马上能满足需求的仓库中实际物理性存在的货物量。显然在库库存量总是不小于零，不可能为负值。

（2）在途库存量，是指已订货但尚未到达的货物量。

（3）缺货量，表示当前在库库存量不足以满足当前需求量的情况下，当前需求量减去当前在库库存量的货物量。根据对缺货的不同处理方式，缺货量可以进一步区分为缺货拖后量（Backlogged Inventory）和缺货损失量（Lost Sales）。

显然在库库存量和缺货量是相互对立的概念：库存中有存货，即在库库存量大于零，则表明当前没有缺货，即缺货量为零；反之，若已经发生了缺货，即缺货量大于零，则库存存货必为零，也就是在库库存量为零。

（4）净库存量（Net Inventory, Inventory Level），等于在库库存量减去缺货拖后量，即

$$\text{净库存量} = \text{在库库存量} - \text{缺货拖后量}$$

显然从上述定义不难看出，当净库存量大于零时，就是在库库存量；当净库存量小于零，就是缺货拖后量。所以净库存量是一个能够综合反映在库库存量和缺货拖后量的概念。

使用净库存量这个概念，可以很方便地计算出库存持有成本和缺货成本。

（5）库存水平（Inventory Position），或者称为将有库存量。

库存水平，表示可望用于满足需求的库存量，其中包括已订货尚未到达的货物量，具体定义为

$$\text{库存水平} = \text{在库库存量} + \text{在途库存} - \text{缺货拖后量}$$

或者

$$\text{库存水平} = \text{净库存量} + \text{在途库存量}$$

可以看到，库存水平包含了在库库存量、在途库存量及缺货量等，因此能够比较全面地反映库存的状态。实际上，我们在订货时不仅要考虑当前的在库库存量，同时也要考虑到现有的在途库存量，所以通常情况下，订货策略是根据库存水平给出的。(s, S)策略，一般是指基于库存水平的(s, S)策略，即当库存水平低于s时，进行补充订货，使得订货后的库存水平达到S。类似地，(R, Q)策略也是基于库存水平而言的。

2）结论

在定义了净库存量和库存水平的基础上，容易发现两者之间总是相差一个在途库存量。因此在不同提前期的情况下，容易得出下面的一些结论。

（1）当提前期$L=0$时，库存水平＝净库存量。

图1-7和图1-8所示的是在$L=0$情况下不同库存策略的库存变化图，其中库存水平和净库存量的变化曲线是重合的。

（2）当提前期$L>0$时，库存水平 $\neq$ 净库存量。

此时库存策略中的库存量概念必须明确，它们都是针对"库存水平"而言的，即它们都是基于库存水平的(R, Q)策略和(s, S)策略。图1-9至图1-13所示的是在$L>0$情况下不同库存策略的库存变化图，其中库存水平和净库存量的变化曲线是不重合的。需要说明的是，图中为了显示清晰，库存水平曲线和净库存量曲线重合的部分，将库存水平曲线作了技术上的微移。在本书的后续内容中也将类似处理，不再另行说明。

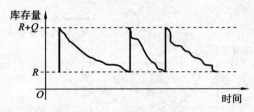

（a）连续盘点模式下的(R,Q)策略$(L=0)$

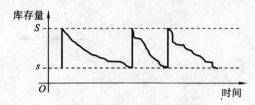

（a）连续盘点模式下的(s,S)策略$(L=0)$

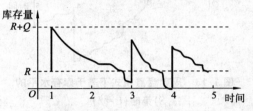

（b）周期盘点模式下的(R,Q)策略$(L=0)$

图 1-7 (R,Q)策略$(L=0)$

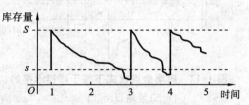

（b）周期盘点模式下的(s,S)策略$(L=0)$

图 1-8 (s,S)策略$(L=0)$

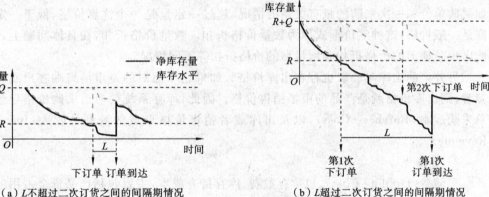

（a）L不超过二次订货之间的间隔期情况　　　　　（b）L超过二次订货之间的间隔期情况

图 1-9　连续盘点模式下(R,Q)策略$(L>0)$

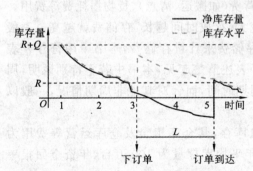

图 1-10　周期盘点模式下(R,Q)策略$(L=2)$

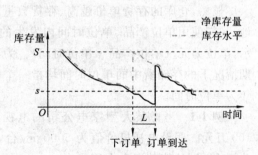

图 1-11　连续盘点模式下基于库存水平的(s,S)策略$(L>0)$

9. 与库存相关的费用

库存导致额外的费用或成本[①]。为了研究库存问题，必须明确库存费用的结构和组成。一般，与库存相关的费用主要包括产品购入费与销售收入、存储费、缺货费、订货费等。

---

① 本书中费用和成本的概念不做区分。

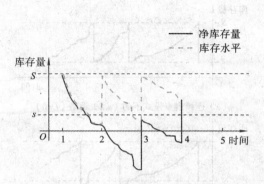

图 1-12 周期盘点模式下基于库存水平的 (s,S) 策略 $(L=1)$

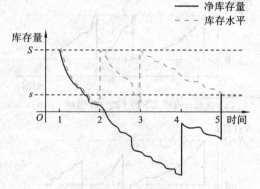

图 1-13 周期盘点模式下基于库存水平的 (s,S) 策略 $(L=2)$

1) 产品购入费与销售收入

通常库存产品存在固定的采购单价,但是有些情况也会出现不固定的采购单价,如采购单价和一次采购的量有关系的情况,超过一定量是一个优惠价格,低于一定量则是一般价格,这种定价形式称为数量价格折扣。数量价格折扣,在具体问题上还可能出现阶梯形的价格折扣和增量型的价格折扣等不同情况。

另外产品出库时一般也存在出库价格。如果仓库面对的是市场终端客户或者消费者,则出库价格就是产品的市场销售价格。因此,库存系统要考虑采购价格导致的总采购成本(Purchase Cost),以及出库或者销售价格形成的盈利性收入(Income,Revenue)。

2) 存储费

存储费(Holding Cost),也称存贮费、库存持有成本,主要包括产品资金占用的利率,其中资金利率一般可以取值为银行利率,或者本行业的平均利润率、资金回报率等,另外还包括仓库的租金、保险费、日常运营费(如搬运、清点)、货物损耗费等费用。

显然,仓库的存货单价越高、存货数量越大、存放时间越长,存储费就越高。一般地,我们使用单位产品、单位时间内发生的存储费来计量存储费,本书中用符号 h 表示,单位为元/(单位产品·单位时间)。为了表述清楚起见,本书中若不特别说明,周期情况下的存储费中的单位时间均指一个周期时间,而针对其他非周期情况,一般以年为单位时间。

例 1-1 考虑某大型家电公司的电视机库存,其仓库租金及仓库运营等费用为 100 万元。假设电视机价值为 5000 元/台,年平均库存量为 100 万台,年资金回报率为 10%,试计算其资金占用成本。

解 这些库存产品一年的资金占用成本为

$$100 \times 0.5 \times 10\% 亿元 = 5 亿元$$

由例 1-1 可见,资金占用成本对企业来讲是巨大的,基本上占据了存储费的大部分,因此有时为了计算简单,单位产品单位时间的存储费可用下式计算:

单位产品单位时间的存储费=产品单价×资金回报率或者利率

即
$$h = vr$$

或者
$$h = h_0 + vr$$

其中：v 为产品单价；r 为资金回报率或者利率；h_0 为单位产品单位时间的存储费的基准量。

例如，某家电公司的资金回报率为 10%，其电视机的价值为 5000 元/台，则其每台电视机的年存储费为

$$h = 5000 \times 10\% \text{元}/(\text{台}\cdot\text{年}) = 500 \text{元}/(\text{台}\cdot\text{年})$$

一般地，有

存储费＝净库存量大于零的部分随时间变化的面积×单位产品单位时间的存储费

如图 1-14 所示，用数学公式表示，就是时间在 $[t_1, t_2]$ 之间的持有成本为

$$C_{\text{hold}} = h \int_{t_1}^{t_2} \text{OHI}(t) \, \mathrm{d}t$$
$$= h \int_{t_1}^{t_2} \max[I(t), 0] \, \mathrm{d}t$$

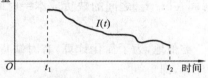

图 1-14 库存量随时间变化图

其中：$\text{OHI}(t)$ 为随时间变化的在库库存量函数；$I(t)$ 为随时间变化的净库存量函数；$\max(x, y)$ 为取 x 和 y 之间的较大者。

有时也利用在一段时间内的平均在库库存量计算存储费，即

时间在 $[t_1, t_2]$ 之间的存储费＝时间在 $[t_1, t_2]$ 之间的平均在库库存量
×持续时间 $(t_2 - t_1)$×单位产品单位时间的存储费

因此，有

一年内发生的库存持有成本＝年平均库存量×年单位产品存储费

但是，有时为了简化计算，平均在库库存量的计算采取近似的方法，即

平均在库库存量＝（期初在库库存量＋期末在库库存量）/2

有时甚至将期末在库库存量作为本期的平均在库库存量。这些都是近似的计算方法。

3）缺货费

现有库存不能满足当前需求以至发生缺货，会导致以下两种后果。

一是客户可能会转向其他产品，导致当前销售收入损失，从而导致利润的损失。

二是无形的声誉损失，缺货或者拖后交货都会导致客户的不满，并降低企业信誉。

为了抑止缺货，人们往往需要估算缺货造成的损失。缺货费（Shortage Penalty Cost）就是将这些损失折算为费用或成本的金额量。为了计算缺货费，一般使用单位产品缺货费（Shortage Penalty Cost per Unit）的计量单位，也就是每发生一件缺货的成本增加量，在本书中用符号 p 表示，其单位为元/单位产品。有时为了反映缺货发生的时间，也可以定义单位产品单位时间的缺货费（Shortage Penalty Cost per Unit per Time Unit），即每发生一件缺货，同时这种缺货持续了一个时间单位情况下的成本增加量。这种情况下 p 的单位为元/（单位产品·单位时间），显然有

缺货费＝缺货量随时间变化函数形成区域的面积×单位产品单位时间的缺货费

也就是

缺货费＝净库存量随时间变化的函数值小于零的区域面积
×单位产品单位时间的缺货费

如图 1-15 所示，用数学公式表达就是，时间在 $[t_1, t_2]$ 之间的缺货费为

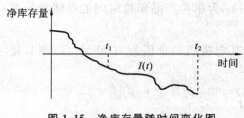

图 1-15 净库存量随时间变化图

$$C_{\text{penalty}} = p\int_{t_1}^{t_2} B(t)\,\mathrm{d}t = p\int_{t_1}^{t_2} \max[-I(t),0]\,\mathrm{d}t$$

其中：$B(t)$ 为随时间变化的缺货量函数；$I(t)$ 为随时间变化的净库存量函数；$\max(x,y)$ 为取 x 和 y 之间的较大者的函数。

一般，缺货成本也可以通过在一段时间内的平均缺货量来计算，即

时间在 $[t_1,t_2]$ 之间的缺货成本＝时间在 $[t_1,t_2]$ 之间的平均缺货量
×单位产品单位时间的缺货费×持续时间 (t_2-t_1)

类似地，为了简化计算，有时缺货成本的计算也是近似的，如对缺货取其平均量进行计算，即

平均缺货量＝（期初缺货量＋期末缺货量）/2

或者将期末缺货量作为本期的平均缺货量。

当然，如果是给定单位产品的缺货费，则

某个时刻 t 的缺货费＝在时刻 t 的缺货量×单位产品的缺货费

4）订货费

订货费（Ordering/Setup Cost），是指在处理订货过程中发生的、与订货的量无关的所有固定费之和。订货费一般包括订货手续费、通信费、差旅费等。当该仓库单元是一个生产单位时，订货费也包含生产准备费，就是指为准备生产所进行的机器设置、生产安排等固定费。一般使用每次订货的订货费（Ordering/Setup Cost per Order）来计算总订货费，在本书中用符号 A 表示，其单位为元/每次订货，显然有

订货费＝每次订货费×订货次数

1.3 案例：库存管理是一个大问题

早上八点半，嘉农网络超市的总经理杨波准时出门，上午九点公司要开月度部门主管总结会。杨波一边叫司机开车，一边把要在会议上讲的问题在脑中重新梳理了一遍。

的士才开过两个路口，杨波的手机突然叫了起来，是仓库经理黄豪的来电。杨波按下了通话键，还未开口，就听到黄豪心急火燎的声音："杨总，快到仓库来一趟，赵董在这大发脾气呢，已经有两个工人被解雇了……"。上午应该是仓库赶发当天订单的时候，杨波赶紧掉头直奔仓库。

果然，整个仓库就像一锅沸水。几个工人推着小车在货架间往来穿梭，也不知道是通道太窄还是他们跑得太快，老是互相堵住。出货口有三四个工人正在给货物打包，做标记，而他们身后已经累积了好几辆小车。还有些人在仓库里跑来跑去，不知道在忙什么。

"杨总，你可来了！"。黄豪一下就发现了站在门口的杨波，像看见救命稻草一样冲了过来。黄豪满头大汗，非常狼狈。原来一个多小时前，董事长赵志伟就到了配送中心，查问一张运丰公司的订单，当知道这份订单和其他需要今天送货的订单一样，都还

在货架上等着处理后,他就做起了监工,亲自在仓库里指挥工人。

可半个多小时下来,只完成了 30% 的拣货工作,而且还有不少货物短缺。更糟糕的是核验员还发现不少完成拣货的单子里有错误,根本无法发运。赵董开始暴跳如雷,而货架上的牛奶有一大半都是过期的,这一发现更是火上浇油。"已经有两个拣错货的工人被他解雇了,从来没见过赵董发那么大的脾气。"黄豪心有余悸,"现在我也得在线上帮着完成订单。"他扭头瞅瞅配送中心经理办公室,"赵董在里面,你去看看吧。"

杨波还没走进办公室,便透过玻璃墙看到赵董铁青的脸。他才推开门,赵董就嚷嚷起来:"这怎么行,一笔这样简单的订单都无法完成,这样下去,还说什么顾客至上,服务制胜?"

原来在昨天晚上,客户部接到运丰公司的电话,狠狠地埋怨了嘉农网络超市总不能按时按量送货,给他们带来了很大的麻烦,并威胁如果再发生这样的情况就中止合作。很不巧的是,当时正好客户经理不在,是他这个董事长亲自顶住了运丰公司那个凶神恶煞般的采购经理半个多小时的狂轰滥炸。

杨波赶紧叫黄豪优先处理运丰公司的订货,并向赵董保证下午前一定把货送到,以后再不会出现这种状况,赵董的火气才消了一些。他抓起衣服和杨波一起回公司参加部门主管会议,黄豪则暂时留在仓库里善后。

1. 三月之限

嘉农网络超市是一个组建不到三年的新兴企业,主要经营日用品、食物等杂货的网上销售业务。公司是几个年轻人筹集民间资本创立的,投资者就是现任董事长赵志伟的父亲,他们皆看好网络超市的前景,打算借此做一番大事业。

嘉农网络超市成立以来发展迅速,从十几个人、两台电脑,配送小礼品开始,业务范围逐渐扩大,包括了一些对质量及货架管理要求极高的水果、新鲜乳制品食物等。每天的订单量从几个发展到几百个,配送点覆盖了上海的 10 个区县,配送量每天达到十多辆货车,业务量突飞猛进。

可是网络神话的破灭使那些昔日五彩缤纷的泡沫无影无踪,裁员、降薪,甚至倒闭都已不再是新闻。国内经济也不复上演金融危机前的这边风景独好的景象,投资商纷纷修改了他们的预算,嘉农网络超市好几笔谈好的投资计划都搁浅了。但幸运的是还有赵志伟父亲的资金支持,嘉农网络超市尚有足够的资金以度过这个寒冷的冬天。想到这里,杨波与坐在旁边的赵志伟相视一笑。

但事实显然不如杨波想得那么乐观。赵志伟回到公司后没多久,就给杨波带来了一个噩耗。"我爸刚才来电话了,他的公司经营出现了问题,资金紧张,我们原本谈好的第二笔资金现在没法到位了……"赵志伟满脸愧色。

杨波一愣,很快他就说:"如果暂时没法全部到账,是不是可以先注入 1/2,或是 1/3 也行……"赵志伟摇摇头,脸色凝重。"我已经努力争取过了,可是实在没办法。我爸还说,如果我们不能在三个月内扭亏为盈的话,他就会把嘉农网络超市出售变现,要我们做好准备……"

这个消息无疑是一记重锤,杨波只觉得眼前有些发黑。网络公司被变卖,这是近期媒体上最耳熟能详的梦魇,难道也要落到自己头上?回想自己和这群伙伴创业三年的艰辛,杨波不知道该怎么告诉其他人这个事实。

看到杨波和赵志伟一起走进会议室,大家都把眼光投到他们身上。杨波清了清嗓子,"不怎么好的消息,如果我们不能在三个月内扭亏为盈的话,志伟的父亲会考虑出售公司。"他努力让自己的声音听起来平静点。

"什么?那,第二笔……"急性子的IT部门经理冯维话还没出口,就看到赵志伟在缓缓摇头。接着是半分多钟的沉默,几乎就像是过了半个钟头,整个办公室静得几乎可以听得到各人的呼吸声。最后还是财务总监沈亦芸先开口,"杨波,那现在你怎样打算呢?"

"到了现在,我们只能放手一搏,希望能有转机。如今外部的资金支持已经没有了,我们只有从公司内部挤出钱来进行下一步的发展,也就是说,我们的目标是同时改善净利润和现金流,至于具体怎样达到这个目标,我们现在就商量一下。"杨波说。"大家不妨说说自己的看法,只有三个月的时间,我们从什么方向着手改进最有效?"

2. 寻找突破口

会议室里一片安静,杨波首先转向财务总监沈亦芸:"亦芸,现在我们的财务报表上能透露什么信息?"

沈亦芸随即打开了她的笔记本电脑,熟练地点开费用清单,随之而来的是两个在电子表格中生成的饼状图。管理费和销售费都被切成了一块一块的,每块都代表了一个小项目。"大家可以先看看这个,我认为公司在管理费和销售费上还有潜力可挖。"

"原来我们每个月有那么多的货物坏掉呢?"赵志伟指着那块管理费中的一块黄色的饼状图说,"对了,昨天我去配送中心就看到一大批牛奶过期。是不是我们每次订货订得太多了?"

"可是如果减少订货量的话,我们无法得到供货商提供的订货折扣啊。"沈亦芸为现行的订货政策辩护。"而且你们看,由于无法满足客户订单而导致的缺货赔偿也不少呢。"

杨波有些迷惑了,一边看图一边试图理清自己的思绪。"如果我们减少订货量,就可以减少由于货物过期报废而导致的损失。但是这样,我们势必要损失订货折扣,货物的单价上升,销售成本也跟着上升,而且市场需求的不稳定可能会导致某些货物缺货,这部分缺货造成的损失也是不小的。"

"没错!反过来呢,尽管大量的订货可以降低销售成本及减少缺货现象,可又会使得那些没有及时销售掉的货物过期,增加管理费。"赵志伟接着说。

其他人似乎也不知道究竟该如何处理。"那么现金方面呢?"杨波问沈亦芸。就在相持不下的时候,转移阵地总是个好主意。"恐怕我们的现金都给喂了个大胖子。"沈亦芸微笑着指着资产负债表上的存货数字。

"就是它,存货是个罪魁祸首,"赵志伟好像发现了新大陆,嚷嚷着,"哪里都有它!"

3. 多了还是少了

对于存货的问题,嘉农网络超市内部也召开过多次会议,各个部门所持的意见大相径庭。销售部认为,货存不够导致频频缺货,越来越低的订单完成率和糟糕的服务水平限制了销售额的增加。而仓库部门和采购部门则认为现有的库存量已经太高,特别是那些货架期(保鲜要求)比较短的商品,过期损失的负担相当大。而财务经理的分析也显示,存货在公司的资产中占用了大量的现金,已经到了警戒水平,而且和业务量的发展相比,成几何级数的增长趋势。杨波的判断也觉得是存货的管理出了问题,但是要证实自己的想法和找到问题的症结所在,他需要更多数据分析的支持。开完会后,杨波就直奔仓库,他打算跟仓库的经理黄豪先谈一谈。

听杨波说明来意,黄豪叹了口气,说:"杨总,我知道缺货对于我们公司来说损失很大,但是这个我也没有办法。像牛奶、果汁等商品我们现在是每周进一次货,但是有时这些货物的需求量很大,到周五就开始陆续缺货。我经常和采购部说要多进些货,但是每次他们都说不能再多进了。"

然后他又指着右边几排货架说:"右边标着蓝色记号的货架存放的都是冷门货物,那些货物的需求量小,所以周转也慢。我们平均两三个星期进一次货。但是两个星期前订的货物,到今天差不多还剩下80%。这些货物占用了很多地方不说,很多时候由于货物存放时间太长,过了保质期,只好通通扔掉,我也觉得很心疼呢!"

"元凶果然是存货!"杨波又生气又高兴,生气的是存货管理不善,高兴的是这条路似乎走对了,应该从存货方面着手改进。可又是缺货,又是囤积过多,造成浪费,存货到底是多了还是少了?杨波禁不住在心里打了个大大的问号。

"存货的确是个问题,我们也已经想过各种办法,可就是……"黄豪在一旁说。杨波看了看货架上的冷门货物,"那么这些冷门货物每次订那么多也是采购部决定的?"黄豪没有说话,只是点了点头。

"老黄啊,依你的看法,我们该怎样改进呢?"杨波看着面前的货架问道。

"杨总,照我看来,每次订多少货不能一概而论。对待周转速度快的热门货物和周转速度慢的冷门货物应该有不同的方法。那些周转快同时保质期比较短的产品,比如牛奶、面包等,如果采购部不同意增加每次的订货量,我们可以增加订货次数,这样,既可使平均存货量有所减少,又可减少缺货的可能性。"

看到杨波露出迫不及待地想听下去的神情,黄豪接着说,"那些周转慢的货物,那就更简单了,我认为根本就不应该一次订这么多货。除占用地方、占用资金之外,还会因为货物过期而造成浪费。"

"对啊,正是这些存货吃掉了我们公司大量的现金,给我们的现金流造成问题,所以,当务之急是改变我们的采购策略。"听了黄豪的话,杨波好像已经有了一点头绪。

从仓库一回到办公室,杨波马上叫秘书小章把采购部经理李景请来。"李经理,我想问一下,我们公司现在的商品采购量是根据什么来定的?"杨波一边招呼他坐下,一边直截了当地问。

"通常我们是根据营销部每周的销售记录来预测下个星期的需求量。当然,某些产品如果订购的数量足够多的话,能够享受到供应商给我们的价格折扣,那么我们就会适当地比预测数目增加一些订货量。"

"有些货物老是短缺,这个情况你知道吗?"杨波又追问道。

李景叹了一口气,似乎也有他的难处。"一些保质期短的货物,营销部反映客户的要求很高,都希望是最新鲜的产品。好比牛奶,一旦超过三天,即使还有四天的保质期也得半价出售,那就亏本了。财务部已经和我说了几次了,一定要尽量避免这种不必要的损失。你说我还敢一次订很多货吗?"

"那么你们为什么不试着多订几次货?每次订的量可以少一些,这样既可以保证货物的新鲜,又可以减少缺货。"

李景想了想,把身体往前挪了挪,说道:"道理上讲是可以的。可供应商每次给我们送货,都要收取运输费等不少费用。所以增加订货次数,肯定会增加总的订货成本。其次订货次数一多,我这里的工作量也随之增加,单是加班费这一项的开销就不小了,更不要提目前财务部强调要降低运营成本,已经在抱怨我们采购部每个月的用度,再增加订货成本,恐怕财务部会有意见。"

这话说得没错,杨波在心里忖道,他知道沈亦芸的厉害。李景顿了顿,又接着说:"我们是根据过去的销售量来订货的,可有些货物的销售量很不稳定,时高时低,难以准确预测。这也是引起缺货的原因之一。另外,营销部经常会做不定期的促销活动,使得某些货物十分畅销。这原本是好事,但他们又没有事先通知我们采购部促销货物应该多进多少,结果反而引起货物的短缺。"

"那么那些堆积在货架上的货物又是怎么回事呢?我又想起黄豪对我讲起的那些周转慢的货物。"

"有些货物的保质期比较长,而我们的仓库反正也够大,这些货物进来了,早晚总是可以卖掉的,而且一次进货量大,不仅可以减少订货次数,降低订货成本,而且还可以享受到供应商给我们的价格折扣,降低销售成本。这一点我已经请示过财务部了。"

又和财务部有关。杨波提起话筒,让秘书小章把沈亦芸请到总经理办公室来,想了想又加了句,"叫黄经理也来一趟。"

4. 精明的财务总监

沈亦芸不一会儿就进来了。她的办公室就在隔壁。

李景看到沈亦芸,仿佛见到救星一般,从椅子上蹦了起来,对她说:"沈经理,关于批量订货,享受现金折扣的方案,是不是财务部批准的?"

"是的,为了降低销售成本,我们就要尽量享受供应商的折扣,而且如果我们在一个供货商那里订购的货物足够多,通常供货商还会承担货物的运费。"沈亦芸从容答道。

"杨总,其实我个人也认为销售折扣对我们很重要,30万的订货额,9.5折就能给我们节省一万五千元。"李景显然不觉得现行的订货策略有问题。

"可是,这些堆积如山的货物不但占了我们大部分的仓库空间,每月很大一部分人力都花在整理、保管这部分存货上,这也是一块不可忽视的成本。"这个时候,黄豪也到了。

"获得商业折扣直接就能够降低销售成本;反之,减少每次订货量,会大大提高我们的进货和销售成本,而所节省的存货管理成本与损失的销售折扣相比,孰多孰少还不知道。这个道理你不会不清楚吧?"沈亦芸站在了李景一边。

"可你不觉得,正是为了享受这个商业折扣,我们过度订货,会导致部分货物过期,造成浪费么?"黄豪反问道。

"即使我们放弃享受订货折扣,完全按照销售预测来订货,就能保证没有存货会坏掉么?"沈亦芸仍是振振有词。

"这个……"黄豪沉吟了半天,还是摇了摇头,"我想可能还是会有误差。因为毕竟无论用什么方法,预测总是不准确的。实际需求有时偏多有时偏少。所以没有人能保证每样东西都能卖出去,也不知道什么时候会缺货。"

黄豪好像打开了话匣子,继续在那里喋喋不休地埋怨。一切都是起伏不定的需求的错。常常让他和工人有时忙得焦头烂额,有时又无所事事。要是没有这个"无恶不作"的魔头,他会把仓库打理得井井有条,及时完成每张订单,也无须劳烦董事长和总经理频频光顾。其他人也似乎被他感染,纷纷开始诉苦。李景对那些要求很高订货量才给予价格折扣的供应商耿耿于怀,数落他们的不是;沈亦芸则始终坚持订货量没有问题,而是仓库与销售两个环节没有协调好,导致供销不平衡。办公室乱作一团,杨波的心情也降到了冰点。

现在的局势已经到了非改不可的地步了,但是有那么多的建议,公司的资源有限,一着棋错,可能满盘皆输。还剩下不到三个月的时间,面对着办公桌上堆满的咨询报告和建议书,此刻,对于公司是否能够摆脱困境,还是会一步一步陷入泥潭,最终因为无法盈利而难逃被卖掉的命运,说真的,杨波也看不清楚。

5. 专家观点1

嘉农网络超市现在遇到的问题在目前国内许多公司中都具有普遍性,主要是三个方面:一是部门之间缺乏协调,各自为本部门的利益而勤奋工作;二是缺乏对库存的系统管理;三是仓库管理不足。

根据案例中提供的事实进行具体分析,可以看出,现代的集成供应链管理理念并没有在公司内部体现出来,每个部门都根据自身利益的考虑来运作,并且不太注重沟通。如财务部需要控制成本,采购部需要尽可能减低采购成本,而市场部在推销的时候没有及时通知相关部门。

库存量大的货物不能销售,而销售好的产品又经常缺货,这在零售业非常普遍。这是缺乏科学的库存管理方法引起的。有统计资料显示,中国零售业的平均缺货率在10%左右,最好的公司也有2%左右。科学的库存管理方法,如 ABC 分类法,对库存量进行快、中、慢流动的统计,并没有在公司中得到大规模的使用,或者是只在小范围内实验。这就使得公司不断有缺货现象发生,同时又有许多积压的库存放在仓库里。

另外,仓库发现过期货物固然与货物订货过大有关,但仓库是否做到先进先出(FIFO),同时在管理中能否及时显示即将过时的货物,并及时通知相关部门进行促销或者退回给供应商。此外,配货速度慢,拣货单的错误,不能及时配送,都会造成销售的损失和客户投诉。一个好的仓库管理软件再加上好的运作流程,对解决这些问题将起到很好的作用。

对库存表现的分析,掌握其优劣的情况,就会实现减少库存和提高订单的满足率。在案例中,各方都在阐述各自的理由,但就是没有人通过分析并使用数字来说服各方。财务部应提升为销售部服务的意识,同时采购部也要受到库存周转的考核。成本低是会带来更多的毛利,集中采购需要一套计划,如何处理好尾货。财务考核是重要的,但更重要的是绝对不能使财务成为问题的一部分。

现代供应链是以整体费用的优化来考核成绩的,如库存资金占用、毛利、运输、仓库、周转率等,只有整体费用最优化,才能带动企业业绩。可惜在传统的财务和预算考核制度下,要做到的确会比较困难。但如果到了破釜沉舟的情况下,相信改革的推进将会快一些。

6. 专家观点2

分析目前嘉农网络超市的库存存货管理现状,概括起来有以下几点问题。

第一,资金紧张;第二,库房管理混乱,拣货效率低下,货物短缺,拣货单上也有不少错误；第三，库存货物积压严重，为了追求折扣而大量进货的冷门商品在仓库里放的时间太长；第四，从总体来看，嘉农网络超市似乎没有一个专业人员对库存数据进行专门统计和分析，只是在出了问题之后才由财务总监找出财务报表来进行总体分析，没有更精细的数据可以参考。管理和运作似乎是在"想当然"地开展，没有真正地落到实处；第五，很重要的一点，嘉农网络超市还忽视了一个最关键的存货，那就是"人"。人用好了，永远都是鲜活的。

嘉农网络超市就面临着这个大麻烦，董事长和总经理仅依据一份财务报表就凭普通逻辑推导出谁是谁非，反映了决策层的思维狭隘；各部门主管的自以为是体现了管理层职业素养的匮乏，生死关头难求一致；库房实际操作的混乱更凸现了员工业务技能的低下。如何盘活这个"存货"，是嘉农网络超市在三个月期限中甚至未来更长时间发展的瓶颈所在。

杨波的当务之急是要做一份未来三个月内的存货、销售计划，根据目前的存货品种、数量及前三个月的销售数据，结合进货折扣与过期报废货物的金额，做出科学、合理的分析，制订新的库存管理计划。

首先，要做的就是削减库存量。根据销售预测，确定一个适合现有情况的存货标准，然后请采购部与供应商协商，能退货的尽量都退回厂家，不能退货的搞促销活动，使资金尽快回笼。库房也应重新整顿，商品应以一种有利于拣货的方式重新摆放，制订确定的出货路线，以避免运输车辆在库房里"打架"，保证出货畅通。

其次，存货要做到分区管理，责任到人，各区人员的出货都必须做到先进先出，每日进行当天的存货盘点，每日工作完毕后就汇报日报表，包括每日的出货品种和数量，每日的过期报废货物数量及金额，以及每日的每人日工作效率。根据报表做出数据分析并把好的建议汇总一起上报，发现问题马上处理。

最后，嘉农网络超市应有专门的人员做数据分析，收集存货数据、过期报废货品数据、库存管理成本数据、销售预算、采购实际下的订单数据等，进行汇总分析，在各项数据中，发现问题及时反馈给各个部门作参考。例如，目前牛奶、果汁等货物时常出现的缺货问题，以及占用大量空间的冷门货物，这些都应该及时反馈给管理者并得到及时处理。物流存货负责人对存货发现的问题要与采购部、销售部沟通，对公司不利的要敢说"不"字，必要时拒收入库。

7. 专家观点 3

从案例中可以看出，嘉农网络超市的订货策略基本采用定期订货法，这是造成其存货成本高居不下的主要原因，定期订货法成本较低，管理方便，但是对于需求变化快的货物反应会较慢。除了定期订货法，常用的库存管理方法还有连续观察法（Continuous Review），此方法可以较好地解决需求变化而导致缺货或者过期的问题，但是需要时时观察，不定期补仓会加剧运输成本，总成本可能会不降反升，所以要解决目前的问题，保持一个合适的存货标准，使之既能满足客户需求，又不缺货，还要保持一定的客户服务水平，就必须对存货成本进行重新核算来确定什么样的货物适合什么样的观察方法。

一般情况下，存货成本由库存成本（Inventory Keeping Cost，货物在仓库里存放所需的成本）、订货成本（Ordering Cost，每种货物订购的单价）、过期处理成本（Long Aging Cost，货物过期被废弃的成本）、缺货赔偿成本（Stock-out Cost，因仓库缺货而赔偿客户的成本)、运货成本(Transportation Cost,货物运输成本按比例归结到单种货物的单位成本)五部分组成。而每种货物的主要相关成本则是这五种成本的总和。

这五个相关成本中,库存成本、过期处理成本和缺货赔偿成本是根据时间变化的,相对灵活,难以管理,而订货成本和运货成本则相对固定。存货管理的难点就在于这种灵活性上。

事实上从财务的角度看,很难把这五种成本精确地分摊到每种货物上去,因为有些货物是从不同的供应商那里进货,而和其他货物混合运输的,单就这点,每种货物的运货成本都难以得出一个精确值,所以理论上不可能精确算出每种货物的相关成本。

虽然无法精确算出每种货物的相关成本,但并不是所有货物的相关成本都无法计算,特别是那些周期短、流量大的主要商品,只要花点时间还是可以取得相对精确的近似值的。事实上,嘉农网络超市也不需要去关心每种商品的实际成本。

理想的方法就是利用统计学中样本抽查的方法,在仓库中选几十种货物的相关成本进行分析,然后对不同种类的货物采取不同的订货策略。

1.4 本章小结

库存问题广泛存在于企业、行业和物流、供应链中,一方面,库存对稳定生产、获得规模效益、提高服务水平有重要意义;另外一方面,库存也面临着巨大的资金占用,因此库存控制是一个重要的问题。

本章主要就库存问题的相关概念进行简单的介绍。为了方便本书后续章节的针对库存模型的讨论,本章介绍了库存的不同分类、成本结构及库存的控制策略问题,并明确了若干库存量的概念,其中库存水平、净库存量的概念是关键的,这些概念是研究库存问题的基础。

1.5 习题

1-1 请结合本章内容和案例思考下列问题:
(1) 库存的作用体现在哪些方面,其缺点有哪些?
(2) 对企业来说,库存问题为什么是一个困难的问题?
(3) 库存问题和哪些因素有关?
(4) 好的库存问题的解决思路有哪些方面?

1-2 试举例说明库存有哪些类型?

1-3 库存控制问题包括哪些内容,什么是战略层、战术层和操作层库存问题?

1-4 什么叫订货策略?为什么要使用订货策略来控制库存?

1-5 有哪些常用的库存策略?它们各自有哪些特点?

1-6 什么是库存的周期盘点模式,什么是连续盘点模式?它们各有哪些优、缺点?

1-7 请列举某个你熟悉的仓库(或者生产单位)中存在的各种成本和费用,并说明其中哪些成本和库存问题有关,它们和存储费、订货费、缺货费等费用之间存在怎样的关系?

1-8 试分别针对周期盘点模式和连续盘点模式及不同提前期情况,研究(s,S)、(R,Q)策略下的库存的走势图,并分别绘出在库库存量、在途库存量、缺货量及净库存量、库存水平的变化曲线。

2 确定性固定批量库存模型

2.1 经济订货批量模型基础

经济订货批量模型(Economic Order Quantity Model,EOQ Model),是库存领域中最基本的分析模型,最早由哈里斯(F. W. Harris)于1915年提出,但由于威尔逊(R. H. Wilson)于1934年独立再创并把它引入市场分析领域,因此,人们往往把威尔逊也视为经济批量模型的创始人。

1. 基本假设

经济订货批量模型只考虑一类最简单的单产品、单仓库设施的库存系统,其基本假设如下。

(1) 需求已知、均匀且稳定,令需求发生的速率(称为需求率)为 d,其单位为产品数/年。

(2) 不允许缺货。

(3) 供应量无限大,即订货量没有限制,同时供应速度无限大,即提前期为0,发出订货后可以马上到达。

(4) 每次订货费为 A 元。

(5) 单位产品的年存储费为 h 元/(件·年)。

在上述假设条件下,我们先看一下这个系统的库存量随时间变化而变化的情况。

(1) 假设 $t=0$ 时刻库存量为0,则发出订货,订货量设为 Q,使得库存量提高到 Q;随着时间推移,库存以 $-d$ 的速率均匀地消耗,一直到下一次订货发生并将库存量再次提高为止。由此可见,库存量在图中总是呈锯齿形变化的。

(2) 下一次订货会在什么时候发生呢?必然是等这次库存量消耗到零的时机,就马上订货。为什么要在库存为零的时刻发出下次订货,而不是如图 2-1 所示的箭头所指时刻进行订货?这是因为不等到库存为零就订货,会导致库存持有成本的不必要增加。

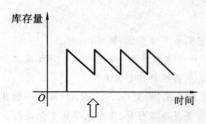

图 2-1 一种不经济的库存量变化图

(3) 由(1)和(2)可知,上一次订货和下一次订货的系统状态完全一样,系统将呈现稳定的订货循环。这也就是说,一定存在一个稳定的 Q,即

每次以 Q 的数量订货,可使得总成本最小。

因此,我们可以得出其库存量必然按照图 2-2 所示来变化。由图 2-2 可以看出,相邻两次订货的间隔期长度为 $\frac{Q}{d}$。

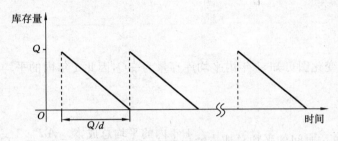

图 2-2 库存随时间变化图

2. 基本模型

在上述假设条件和分析的基础上,我们可以建立其优化模型。

决策变量为订货量,通常也称为批量,记为 Q。决策目标为总成本最小。

从假设条件可知,本问题中的总成本包括库存持有成本和订货成本。

这里还需要再明确总成本的概念。一方面,我们必须明确的是在怎样的时间段内发生的成本,如一年内发生的成本和一个月内发生的成本是不同的,因此,我们需要将总成本明确为"单位时间的成本"或者"一个固定时间期限内发生的成本之和"。另一方面,不同时间段内的成本也可能不同,如前半年的成本可能不等于后半年的成本,因此,还要进一步明确的是,这里的成本指的是"平均成本"。

综上所述,可以进一步明确我们的决策目标,即单位时间内的平均总成本最小化。

系统单位时间内的平均总成本可以用以下两种不同的方法来计算。

1) 从一个订货循环的角度来计算

从一次订货到下一次订货之间的时间间隔为一个订货循环。

一个订货循环的时间间隔期为 $\frac{Q}{d}$。

在一个订货循环内,订货一次,发生了一次订货费 A。

在一个订货循环内,库存持有成本为库存量随时间变化而变化的面积(图 2-2 中的三角形区域)$\times h$,即 $\frac{1}{2}Q\frac{Q}{d}h$。

因此,在一个订货循环内发生的总成本为

$$A+\frac{1}{2}Q\frac{Q}{d}h$$

所以,单位时间的平均总成本为

$$\frac{\text{一个订货循环内的成本}}{\text{一个订货循环的时间间隔期}}=\frac{A+\frac{1}{2}Q\frac{Q}{d}h}{\frac{Q}{d}}=\frac{Ad}{Q}+\frac{Qh}{2}$$

2) 从一个时间单位的角度来计算

设时间单位为 1 年。

在 1 年的时间内,平均共有 $\frac{d}{Q}$ 次订货发生(因为 1 年内每隔 $\frac{Q}{d}$ 的时间就会订一次货,则 1 年内的订货次数 $=\frac{1}{\frac{Q}{d}}=\frac{d}{Q}$),而每次的订货费为 A,则一年内的平均订货成本为 $\frac{Ad}{Q}$。

根据库存变化图可知,1 年内平均库存量为 $\frac{1}{2}Q$,因此 1 年内的平均库存持有成本为 $\frac{1}{2}Qh$。因此

$$\text{单位时间的平均总成本} = \frac{1 \text{年内的平均总成本}}{1 \text{年}} = \frac{Ad}{Q} + \frac{1}{2}Qh$$

总之,最后可以得出下列库存决策数学模型。

决定订货批量 Q,使得单位时间平均总成本最小化,即

$$\min_{Q \geqslant 0} C(Q) = \frac{Ad}{Q} + \frac{1}{2}Qh$$

容易验证上述目标函数是凸函数,它存在唯一的最小值,通过其一阶导数为零,即 $\frac{dC(Q)}{dQ} = 0$,可以得到决策变量 Q 的最优解为

$$Q^* = \sqrt{\frac{2Ad}{h}}$$

通常,把 Q^* 称为最优批量,把上述公式 $Q^* = \sqrt{\frac{2Ad}{h}}$ 称为 EOQ 公式。

在得到最优批量 Q^* 的基础上,还可以得出其他的一些结果,例如,最优批量对应的最小目标值(单位时间内的平均总成本)为

$$C^* = C(Q^*) = \sqrt{2Adh}$$

系统的平均库存量为

$$\frac{Q^*}{2} = \sqrt{\frac{Ad}{2h}}$$

由于每次订货的批量都是相等的,因此,相邻两次订货的时间间隔期也是相等的,即最优批量对应的订货时间间隔期为

$$T^* = \frac{Q^*}{d} = \sqrt{\frac{2A}{dh}}$$

对应的单位时间内的订货次数为

$$\frac{d}{Q^*} = \sqrt{\frac{dh}{2A}}$$

若时间单位为 1 年,1 年内的订货次数通常称为(年)库存周转次数。显然,库存周转次数越大,周转越快,(年)平均库存就越低。因此,很多企业习惯上使用库存周转次数来衡量平均库存的高低。

3. 经济订货批量模型的讨论

(1) 为什么图 2-3 所示的订货形式不是最优的? 注意其中每次的订货批量是不

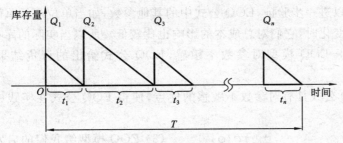

图 2-3　某订货图

相等的。

下面给出一个简略证明。假设在总时间长度 T 内，一共有 n 次订货。

第 i 次订货到第 $i+1$ 次订货之间的时间间隔期为 $t_i = \dfrac{Q_i}{d}$，则

第 i 次订货到第 $i+1$ 次订货之间的时间段内发生的成本 $= A + \dfrac{1}{2} Q_i t_i h$

因此，系统在总时间长度 T 内的单位时间平均总成本为

$$C(Q_1, Q_2, \cdots, Q_n) = \frac{1}{T} \sum_{i=1}^{n} \left(A + \frac{1}{2} h Q_i t_i \right)$$

将上式改写为 t_i 的函数，即

$$C(t_1, t_2, \cdots, t_n) = \frac{1}{T} \sum_{i=1}^{n} \left(A + \frac{1}{2} h d t_i^2 \right)$$

其中，$\sum_{i=1}^{n} t_i = T$。

最后可以证明（过程略），上述系统平均总成本最小化的条件为

$$t_1 = t_2 = \cdots = t_n = \frac{T}{n}$$

因此，最优的批量为

$$Q_1 = Q_2 = \cdots = Q_n = Q^* = \sqrt{\frac{2Ad}{h}}$$

(2) Q 稍微偏离最优解 Q^* 导致的总成本比最优成本增加多少呢？即 $C(Q)$ 相对于 $C(Q^*)$ 如何变化呢？

这可用相对量来衡量，即

$$\frac{C(Q)}{C(Q^*)} = \frac{Q}{2}\sqrt{\frac{h}{2Ad}} + \frac{1}{2Q}\sqrt{\frac{2Ad}{h}} = \frac{1}{2}\left(\frac{Q}{Q^*} + \frac{Q^*}{Q}\right)$$

容易验证，较大的 Q 偏离并不会导致总成本的大幅增加。

例如，当 $\dfrac{Q}{Q^*} = \dfrac{3}{2}$ 时，可以得 $\dfrac{C}{C^*} = 1.08$。这说明即使 Q 偏离最优解 Q^* 达 50%，总成本不过增加 8%而已。

这种情况表明，在 EOQ 公式中，总成本对订货批量的变化不敏感。这种参数不敏感的意义在于：在现实情况下应用 EOQ 公式，由于各种情况或者条件限制，最后采用的订货批量可能不严格等于理论计算的最优批量（后面也有些相应的例题再次说明这个问题），但是幸运的是，即使采取这种不严格优化的批量，最后的成本也不会增加很多。

我们还可以进一步验证，EOQ 公式中的其他参数，如当单位产品单位时间的存储费等数据发生变化时，它们对总成本的影响也比较低。所以当实际的库存系统中数据不准确时，由于 EOQ 模型对参数不敏感，EOQ 公式给出的订货结果表现是相当好的。

正是 EOQ 公式具有对参数不敏感的优点，使得 EOQ 公式在实践中得到广泛的应用。

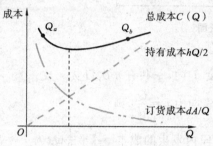

图 2-4 EOQ 模型平均总成本的构成图

(3) EOQ 模型给我们的启发。它在库存持有成本和订货成本之间取得了平衡。看一下 EOQ 模型中目标函数的具体组成，即平均总成本＝平均库存持有成本＋平均订货成本，如图 2-4 所示。

由图 2-4 可以看出，最优的订货批量一定出现在库存持有成本恰好等于订货成本的时候。反过来，如果两者不平衡，如图 2-5 中的 Q_a 和 Q_b 情况，都是一方较大，而另外一方较小，则它们都是较差的解。

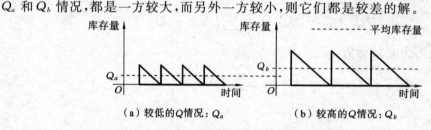

图 2-5 Q_a 和 Q_b 点对应的库存随时间的变化图

(4) EOQ 模型相当于在 $R=0$ 条件下的连续盘点的 (R,Q) 策略。也就是说，一旦库存降到 0 点，就马上发出 Q 的订单量，其中 $Q=Q^*=\sqrt{\dfrac{2Ad}{h}}$。

同时容易看出，EOQ 模型也相当于在 $s=0$ 条件下的连续盘点的 (s,S) 策略，其中，$S=Q^*=\sqrt{\dfrac{2Ad}{h}}$。

(5) 由 EOQ 公式 $Q^*=\sqrt{\dfrac{2Ad}{h}}$ 可知，当每次订货费为 $A=0$ 时，$Q^*=0$，意味着平均库存量为 0，一旦发生需求，应马上订货以满足这个需求。当然，这种情况在实际系统中表现为 $Q^*=1$，即一旦需求需要一件产品，马上就订一件货。

(6) EOQ 最优订货批量与采购单价、销售单价都没有关系。下面进行简单分析。

假设采购单价为 v，销售单价为 w。那么，在单位时间内平均销售量是多少呢？一定是 d。对应的销售收入为 dw，转换为成本表示就是 $-dw$。

在单位时间内平均采购多大的量呢？一定也等于 d，因为如果平均采购量和平均销售量不相等，就必然造成要么持续缺货，要么库存持续累积增加。当然采购量 d 对应的采购成本为 dv。

因此，包括采购成本和销售收入在内的单位时间内的系统平均总成本为

$$C(Q)=dv+\dfrac{Ad}{Q}+\dfrac{1}{2}hQ-dw$$

显然其中的 dv、$-dw$ 项与 Q 都没有关系,因此最优批量仍然是 $Q^*=\sqrt{\dfrac{2Ad}{h}}$。

需要说明的是,EOQ 与采购单价在什么情况下有关系呢?实际上,如果当单位产品单位时间的存储费 h 不再是固定值,而是通过单价×资金回报率计算,即 $h=vr$,则其最优经济批量为 $Q^*=\sqrt{\dfrac{2Ad}{vr}}$,这种情况下,最优批量显然就与采购单价有直接关系了。

例 2-1 一家公司每年需要 500 个尾灯,每次订货费为 5 元,一件尾灯的年存储费为 0.08 元/(件·年),求该公司的最优订货批量。

解 因为 $A=5$ 元/次,$d=500$ 件/年,$h=0.08$ 元/(件·年),因此 $Q^*=\sqrt{\dfrac{2Ad}{h}}=\sqrt{\dfrac{2\times5\times500}{0.08}}$ 件 $=250$ 件。

每年的订货次数 $=\dfrac{d}{Q^*}=2$ 次,订货时间间隔期为半年一次。

注意:现实中需求往往是整数消耗的,不是平滑的直线,严格意义下不满足需求无限均匀消耗的假设条件,但是可以在一定的条件下用 EOQ 策略来近似。例 2-1 的库存消耗图如图 2-6 所示。

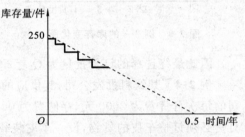

图 2-6 现实中的库存消耗图

例 2-2 某农产品经销商,市场需求率为 100 吨/周,进货单价为 750 元/吨,订货费为 500 元,假设资本的年度回报率为 30%,求经济订货批量。

解 将周折算为年,即 1 年 $=\dfrac{365}{7}$ 周 $=52.14$ 周,则年需求率为 $d=100\times52.14$ 吨/年 $=5214$ 吨/年;存储费为 $h=750\times30\%=225$ 元/(吨·年);每次订货费为 $A=500$ 元。因此 $Q^*=\sqrt{\dfrac{2Ad}{h}}=\sqrt{\dfrac{2\times500\times5214}{225}}$ 吨 ≈152.23 吨。

每年的订货次数 $=\dfrac{d}{Q^*}=\dfrac{5214}{152.23}$ 次 ≈34.25 次,订货时间间隔期 $=\dfrac{Q^*}{d}=\dfrac{152.23}{5214}$ 年 $=0.0292$ 年 ≈1.52 周。

值得注意的是,在例 2-2 中,最优的订货间隔不是整数的周。因此,前一星期的实际成本≠后一星期的实际成本,但是它们的平均值等于 $C(Q^*)$,如图 2-7 所示。

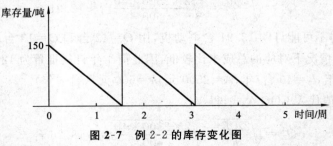

图 2-7 例 2-2 的库存变化图

例 2-3 某面包销售店,通常从食品厂采购整箱的面包然后进行销售。市场需求为每天 1 箱,每次订货费为 13 元,存储费为 12 元/(箱·天),假设每次订货必须订整箱,试计算经济批量 EOQ。

解 时间单位为天,则所有参数都统一为此时间单位,EOQ 公式仍然适用,即需求率 $d=1$ 箱/天,存储费 $h=12$ 元/(箱·天),每次订货费 $A=13$ 元。因此 $Q^*=\sqrt{\dfrac{2Ad}{h}}=\sqrt{\dfrac{2\times13\times1}{12}}$ 箱 ≈1.47 箱。

显然,上述最优批量 Q^* 不能满足整数的约束,因此要将它取整为 $Q_1=1$ 箱或者 $Q_2=2$ 箱,那么,到底选哪个呢? 这就要看最终成本哪个较小,即

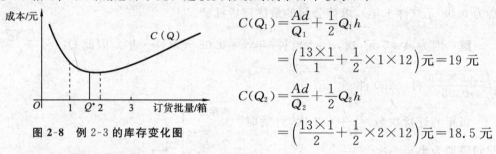

$$C(Q_1)=\frac{Ad}{Q_1}+\frac{1}{2}Q_1 h$$
$$=\left(\frac{13\times1}{1}+\frac{1}{2}\times1\times12\right)\text{元}=19\text{元}$$

$$C(Q_2)=\frac{Ad}{Q_2}+\frac{1}{2}Q_2 h$$
$$=\left(\frac{13\times1}{2}+\frac{1}{2}\times2\times12\right)\text{元}=18.5\text{元}$$

图 2-8 例 2-3 的库存变化图

因此最终选择的订货批量为 $Q_2=2$ 箱,每 2 天订一次货,如图 2-8 所示。

例 2-4 某饮料批发公司,其供应的零售店的需求总和为每天 1300 箱,该批发公司的每次订货费为 2000 元,存储费为 0.2 元/(箱·天),假设该公司每次向上游工厂订货必须订整车皮的货物,设一车皮装载 5000 箱,该公司应该怎样订货?

解 需求率 $d=1300$ 箱/天,存储费 $h=0.2$ 元/(箱·天),每次订货费 $A=2000$ 元。因此 $Q^*=\sqrt{\dfrac{2Ad}{h}}=\sqrt{\dfrac{2\times2000\times1300}{0.2}}$ 箱 $=5099$ 箱。

考虑到订货量必须是 5000 的整数倍,因此最终的订货批量为 5000 箱,每次订一个车皮,约每 4 天订一次货。

例 2-5 某航空公司每年工作 50 周,该公司生产需要用一种电动机。具体数据为,前半年需求速度为 $d_1=20$ 台/年,后半年为 $d_2=40$ 台/年,每次订货费 $A=2500$ 元,采购价 $v=50000$ 元/台,存储费 $h=600$ 元/(台·年),请计算最佳订货批量。

解 考虑到前半年和后半年具有不同的需求率,因此,应针对前半年和后半年分别计算各自的最优批量。

(1) 前半年 $d_1=20$ 台/年,$A=2500$ 元,$h=600$ 元/(台·年)。

把上述数值代入 EOQ 公式,得

$$Q_1^*=\sqrt{\frac{2Ad_1}{h}}=\sqrt{\frac{2\times2500\times20}{600}}\text{台}\approx12.91\text{台}$$

显然,公司不可能订购 12.91 台电动机,用 $Q=12$ 台和 $Q=13$ 台分别进行试算,得出 $Q=12$ 台情况下对应的总成本比较低,因此前半年订货批量为 12 台。

(2) 后半年 $d_2=40$ 台/年,$A=2500$ 元,$h=600$ 元/(台·年)。

把上述数值代入 EOQ 公式,得

$$Q_2^*=\sqrt{\frac{2Ad_2}{h}}=\sqrt{\frac{2\times2500\times40}{600}}\text{台}\approx18.26\text{台}$$

用 $Q=18$ 台和 $Q=19$ 台分别进行试算,得出 $Q=18$ 台对应的总成本比较低,因此后半年的订货批量为 18 台。

综合(1)和(2),可得最后结论为前半年订货批量为 12 台,后半年订货批量为 18 台。

例 2-6 某家公司,假设它满足 EOQ 的所有假设条件,其实际订单为每个月采购 40 个单位的某种产品。有了这个数据,你可得到该公司的什么成本情况?如果其每次订货费为 160 元,该公司的单位产品单位时间的存储费又是多少?

解 该公司的订货时间间隔期为 $T^*=1$ 月,因此每年订货 12 次。其订货批量为 $Q^*=40$ 台,则其年需求为 $d=40\times12$ 台/年$=480$ 台/年。因此,根据 EOQ 公式 $Q^*=\sqrt{\dfrac{2Ad}{h}}$,可得 $40=\sqrt{(2\times A\times 480)/h}$ 即 $A/h=5/3$。所以,该公司的每次订货费约是每件年存储费的 1.67 倍。

如果实际的每次订货费是 160 元的话,那么,相应的年存储费是 96 元/(件·年),或者每件月存储费为 8 元/(件·月)。

2.2 考虑生产速率的 EOQ 模型

基本经济批量 EOQ 模型假设对仓库订货的供应是相当理想化的,即供应量无限大并且供应速度无限大,实际上这不符合现实。以下介绍考虑生产速率的经济批量模型,这种模型也称为经济生产批量(Economic Production/Manufacturing Quantity, EPQ/EMQ)模型。

如图 2-9 所示,假设仓库的供应方是一个生产厂,它具有生产速率 m,即单位时间内可以生产 m 件产品。当然必须 $m\geq d$(d 为仓库面对的需求),否则,生产会总是供不应求。

假设工厂每生产一件产品马上就运到仓库,在生产厂不停留,同时产品向仓库的运输速度无限大,因此仓库的订货提前期为零。

图 2-9 经济生产批量模型

其他假设条件与基本经济批量 EOQ 模型的相同。

由于仓库不允许缺货发生,因此,当其库存为零时向工厂发出订单,设仓库每次的订货量为 Q。

工厂接到这一订货量 Q 的同时就开始生产,当然本次的生产量也是 Q。针对这一生产量 Q,工厂需要 Q/m 时间才可以生产完。

由于工厂生产的产品将一直源源不断地运输到仓库,在 Q/m 时间内,仓库的库存从 0 增加到 $Q-dQ/m$,其中 dQ/m 部分是在 Q/m 时间内发生的需求消耗。因此,当工厂生产完 Q 的瞬间,仓库的库存量是 $Q(1-d/m)$。

在工厂生产期间,仓库的库存以 $m-d$ 的速率均匀增加,而在生产时间结束后,仓库的库存将以速率 $-d$ 均匀下降。

因此,该仓库的库存变化如图 2-10 所示。

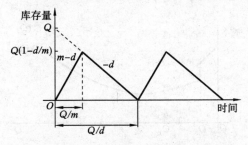

图 2-10 EPQ 模型库存变化图

从一次订货循环内计算系统的单位时间

内的平均总成本为

$$C(Q)=\frac{\frac{1}{2}Q\left(1-\frac{d}{m}\right)\frac{Q}{d}h+A}{\frac{Q}{d}}=\frac{Q\left(1-\frac{d}{m}\right)}{2}h+A\frac{d}{Q}$$

通过运算，可得最优批量为

$$Q^*=\sqrt{\frac{2Ad}{h\left(1-\frac{d}{m}\right)}}$$

2.3 带价格折扣的 EOQ 模型

基本经济订货批量模型假设采购价格或者供应价格是固定的，不随其他因素变化而变化。但是在很多情况下，采购价格可能会根据每次订货量的大小有一定折扣，也就是说，每次采购量超过一个给定值 Q_0 时，供应方会给予一定的价格优惠，例如，v 是 $Q<Q_0$ 时的价格，而 v' 是 $Q\geqslant Q_0$ 时的价格，其中 $v'<v$。如图 2-11 所示，价格和订货量之间的关系呈阶梯形，这种价格模式也称为阶梯定价。

如果单位产品单位时间的存储费也与价格有关，即

$$h=h_0+rv \quad (Q<Q_0)$$
$$h'=h_0+rv' \quad (Q\geqslant Q_0)$$

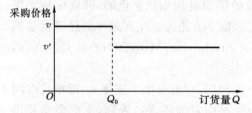

图 2-11 价格折扣

其中，r 为利率或者资金回报率；h_0 为单位产品单位时间的存储费的基准值，显然有 $h'\leqslant h$。值得注意的是，当单位产品单位时间的存储费是与价格无关的固定值时，只要令上述公式中的 $r=0$ 即可。

在这种情况下，单位时间内的系统平均总成本可以分为两种情况，即

$$C(Q)=\begin{cases} C_1(Q)=dv+\frac{Q}{2}(h_0+rv)+A\frac{d}{Q} & (Q<Q_0) \\ C_2(Q)=dv'+\frac{Q}{2}(h_0+rv')+A\frac{d}{Q} & (Q\geqslant Q_0) \end{cases}$$

显然该式是一个分段函数式。

在计算 $C(Q)$ 的最优解之前，有必要研究下列解。

考虑 $C_1(Q)$ 在 Q 无限制情况下的最优解，即 $Q_1=\sqrt{\frac{2Ad}{h_0+rv}}$，以及考虑 $C_2(Q)$ 在 Q 无限制情况下的最优解，即 $Q_2=\sqrt{\frac{2Ad}{h_0+rv'}}$。

一般地，容易验证 $Q_1\leqslant Q_2$，同时 $C_1(Q)\geqslant C_2(Q)$。

因此，Q_0 与 Q_1、Q_2 之间的关系有以下三种情况。

(1) 情况 1：$Q_0\leqslant Q_1\leqslant Q_2$。

如图 2-12 所示，显然 Q_2 最优。

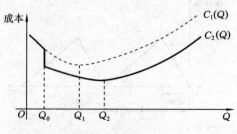

图 2-12 情况 1

(2) 情况 $2: Q_1 \leqslant Q_0 \leqslant Q_2$。

如图 2-13 所示,显然也是 Q_2 最优。

(3) 情况 $3: Q_1 \leqslant Q_2 \leqslant Q_0$。

此时要检查图 2-14 中的点 A 和点 B,也就是 $(Q_1, C_1(Q_1))$、$(Q_0, C_2(Q_0))$,看它们哪个具有更小的成本,较小的才是问题的最优解。

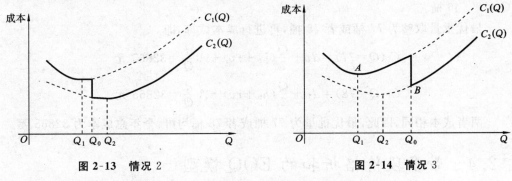

图 2-13　情况 2　　　　　　　　　图 2-14　情况 3

因此,带价格折扣的最优经济批量的计算步骤如下。

第一步,先考虑函数 $C_2(Q) = dv' + \dfrac{Q}{2}(h_0 + rv') + A\dfrac{d}{Q}$ 在 Q 无限制的情况下的经济批量 $Q_2 = \sqrt{\dfrac{2Ad}{h_0 + rv'}}$,若 $Q_2 \geqslant Q_0$,则最优解 $Q^* = Q_2$(对应情况 1 和情况 2),停止。否则,进入第二步(对应情况 3)。

第二步,求 $Q_1 = \sqrt{\dfrac{2Ad}{h_0 + rv}}$。此时有 $Q_1 < Q_2 < Q_0$,比较 $C_1(Q_1) = \sqrt{2Ad(h_0 + rv)}$ $+ dv$ 与 $C_2(Q_0) = dv' + \dfrac{Q_0}{2}(h_0 + rv') + A\dfrac{d}{Q_0}$ 的大小,若 $C_1(Q_1) > C_2(Q_0)$,则最优解为 Q_0;反之,若 $C_1(Q_1) \leqslant C_2(Q_0)$,则最优解为 Q_1。

例 2-7　假设通常情况下 $v = 100$ 元/件,当批量 $Q \geqslant Q_0 = 100$ 件时,$v' = 95$ 元/件。$h_0 = 5$ 元/(件·年),每年 $r = 0.2$,也就是 $h = 25$ 元/(件·年),$h' = 24$ 元/(件·年),需求 $d = 300$ 件/年,每次订货费 $A = 200$ 元。求最优订货批量。

解　第一步,计算 $Q_2 = \sqrt{\dfrac{2Ad}{h_0 + rv'}} = \sqrt{\dfrac{2 \times 200 \times 300}{5 + 0.2 \times 95}} = 70.71$ 件。因为 $Q_2 < Q_0$,因此进入第二步。

第二步,计算 $Q_1 = \sqrt{\dfrac{2Ad}{h_0 + rv}} = \sqrt{\dfrac{2 \times 200 \times 300}{5 + 0.2 \times 100}} \approx 69.28$ 件,比较 $C_1(Q_1) = 31732$ 元与 $C_2(Q_0) = 30300$ 元,因此最优解 $Q^* = Q_0 = 100$ 件。

例 2-8　假设某家包装生产厂家每年需要 900 桶胶粘剂,每次订货费为 20 元,存储费为 6 元/(桶·年)。供应商胶粘剂的价格是随着购买数量的变化而变化的,数量在 100 桶以下时价格为 36 元/桶,100 桶以上(含 100 桶)的价格为 35.5 元/桶。试确定最优订货量和总成本。

解　本例为固定单位产品单位时间存储费,也可以用上述步骤求解,只要令 $r = 0, h_0 = 6$ 元/(桶·年),$v = 36$ 元/桶,$v' = 35.5$ 元/桶。

第一步,计算 $Q_2 = \sqrt{\dfrac{2Ad}{h_0 + rv'}} = \sqrt{\dfrac{2 \times 20 \times 900}{6 + 0}}$ 桶 ≈ 77.46 桶。因为 $Q_2 < Q_0$,因此

进入第二步。

第二步,计算 $Q_1=\sqrt{\frac{2Ad}{h_0+rv}}=77.46$ 桶,比较 $C_1(Q_1)=\sqrt{2Ad(h_0+rv)}+dv=32864.76$ 元与 $C_2(Q_0)=dv'+\frac{Q_0}{2}(h_0+rv')+A\frac{d}{Q_0}=32710$ 元,因此,最优解为 $Q^*=Q_1=77.46$ 桶。

最优批量取整为 77 桶或者 78 桶,再进行成本试算,即

$$C_1(Q=77)=dv+\frac{Q}{2}(h_0+rv)+A\frac{d}{Q}=32865 \text{ 元}$$

$$C_1(Q=78)=dv+\frac{Q}{2}(h_0+rv)+A\frac{d}{Q}=32865 \text{ 元}$$

两者成本相同,因此,最优批量为 77 桶或者 78 桶均可,全年总成本为 32865 元。

*2.4 带多段价格折扣的 EOQ 模型

如果采购价格存在多段价格折扣,如价格分别为 $v_1(0\leqslant Q<Q_1)$, $v_2(Q_1\leqslant Q<Q_2)$, $\cdots$, $v_{n-1}(Q_{n-2}\leqslant Q<Q_{n-1})$, $v_n(Q_{n-1}\leqslant Q)$。

单位产品单位时间存储费也相应存在多段存储费,即

$$h_1=h_0+rv_1 \quad (0\leqslant Q<Q_1)$$
$$h_2=h_0+rv_2 \quad (Q_1\leqslant Q<Q_2)$$
$$\vdots$$
$$h_{n-1}=h_0+rv_{n-1} \quad (Q_{n-2}\leqslant Q<Q_{n-1})$$
$$h_n=h_0+rv_n \quad (Q_{n-1}\leqslant Q)$$

其中,r 为利率或者资金回报率;h_0 为单位产品单位时间存储费的基准值。

因此,单位时间内的平均总成本也可以表达为分段函数,即

$$C(Q)=\begin{cases} C_1(Q)=dv_1+\frac{Q}{2}(h_0+rv_1)+A\frac{d}{Q} & (Q<Q_1) \\ C_2(Q)=dv_2+\frac{Q}{2}(h_0+rv_2)+A\frac{d}{Q} & (Q_1\leqslant Q<Q_2) \\ C_{n-1}(Q)=dv_{n-1}+\frac{Q}{2}(h_0+rv_{n-1})+A\frac{d}{Q} & (Q_{n-2}\leqslant Q<Q_{n-1}) \\ C_n(Q)=dv_n+\frac{Q}{2}(h_0+rv_n)+A\frac{d}{Q} & (Q_{n-1}\leqslant Q) \end{cases}$$

设 $Q_1^*,Q_2^*,\cdots,Q_n^*$ 为 $C_1(Q),C_2(Q),\cdots,C_n(Q)$ 的各自单独计算的在 Q 无约束下的经济批量,即 $Q_i^*=\sqrt{\frac{2Ad}{h_0+rv_i}}$ $(i=1,2,\cdots,n)$。显然有 $Q_1^*<Q_2^*<\cdots<Q_n^*$,同时 $C_1(Q_1^*)>C_2(Q_2^*)>\cdots>C_n(Q_n^*)$。

图 2-15 所示的为一种 4 段价格折扣情况,从中我们可以得到以下几个求解多段价格折扣问题的结论。

(1) 在所有 $Q_i^*=\sqrt{\frac{2Ad}{h_0+rv_i}}$ $(i=1,2,\cdots,n)$ 中,有些落在图中的虚线上,根本不起作用。因此,我们只要关心起作用的,也就是落在实线上的(称为有效的)就可以了,如

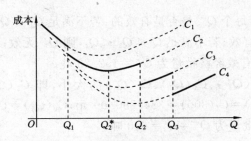

图 2-15 多段价格折扣的 EOQ 模型

图 2-15 中的 Q_2^*。

怎样判断 Q_i^* 是否有效呢？可以通过 Q_i^* 与 Q_{i-1} 和 Q_i 之间的关系来判断，即如果 $Q_{i-1} \leqslant Q_i^* < Q_i$ 成立，Q_i^* 就是有效的；反之，Q_i^* 就是无效的。

进一步，实际上我们关心的是其中最大的那个，称为最大有效的经济批量，如图 2-15 中的 Q_2^*。

最大有效经济批量可以定义为，在所有满足 $Q_{i-1} \leqslant Q_i^* < Q_i$ 的点 Q_i^* 中的最大者，记为 Q_j^*。

(2) 由图 2-15 可知，需要判断最大有效经济批量对应的 $C_2(Q_2^*)$ 与 $C_3(Q_2)$、$C_4(Q_3)$ 之间的大小关系，才能决定最优解。

(3) Q_2^* 与 Q_2^* 之前的折扣点进行比较，一定有 $C_1(Q_1) \geqslant C_2(Q_2^*)$。

因此，最优批量的计算步骤可以归纳如下。

第一步，计算 $Q_1^*, Q_2^*, \cdots, Q_n^*$，它们分别为 $C_1(Q), C_2(Q), \cdots, C_n(Q)$ 各自在 Q 无约束下的经济批量，即 $Q_i^* = \sqrt{\dfrac{2Ad}{h_0 + rv_i}}$ $(i=1,2,\cdots,n)$。

第二步，找到最大有效经济批量，即所有满足 $Q_{i-1} \leqslant Q_i^* < Q_i$ 的点 Q_i^* ($i=1, 2, \cdots, n$) 中间的最大者，记为 Q_j^*。

第三步，比较 $C_j(Q_j^*), C_{j+1}(Q_j), \cdots, C_n(Q_{n-1})$ 的大小，其中的最小者对应的即为最优批量。

例 2-9 设需求率 100 吨/周，每次订货费 500 元，资本年度回报率 30%，$h_0=0$。假定订货单价和批量之间的关系为：当批量在 $0 \leqslant Q < 100$ 吨时，单价为 780 元/吨；当批量在 100 吨 $\leqslant Q < 300$ 吨时，单价为 750 元/吨；当批量在 300 吨 $\leqslant Q < 600$ 吨时，单价为 730 元/吨；当批量在 600 吨 $\leqslant Q$ 时，单价为 720 元/吨。试求最优订货批量。

解 设 1 年 $=52.14$ 周，因此年需求率 $d=100 \times 52.14$ 吨/年 $=5214$ 吨/年。

第一步，先计算各个 Q_i^*，即

$$Q_1^* = \sqrt{\dfrac{2Ad}{h_0+rv_1}} = \sqrt{\dfrac{2 \times 500 \times 5214}{0.3 \times 780}} \text{ 吨} = 149.27 \text{ 吨}$$

$$Q_2^* = \sqrt{\dfrac{2Ad}{h_0+rv_2}} = \sqrt{\dfrac{2 \times 500 \times 5214}{0.3 \times 750}} \text{ 吨} = 152.23 \text{ 吨}$$

$$Q_3^* = \sqrt{\dfrac{2Ad}{h_0+rv_3}} = \sqrt{\dfrac{2 \times 500 \times 5214}{0.3 \times 730}} \text{ 吨} = 154.30 \text{ 吨}$$

$$Q_4^* = \sqrt{\dfrac{2Ad}{h_0+rv_4}} = \sqrt{\dfrac{2 \times 500 \times 5214}{0.3 \times 720}} \text{ 吨} = 155.37 \text{ 吨}$$

第二步,以下判断每个 Q_i^* 是否是有效的:若不满足 $Q_1^* < Q_1$,则 Q_1^* 无效;若满足 $Q_1 \leqslant Q_2^* < Q_2$,则 Q_2^* 有效;若不满足 $Q_2 \leqslant Q_3^* < Q_3$,则 Q_3^* 无效;若不满足 $Q_3 \leqslant Q_4^*$,则 Q_4^* 无效。因此,最大有效经济批量为 $Q_2^* = 152.23$ 吨。

第三步,比较 $C_2(Q_2^*)$、$C_3(Q_2)$、$C_4(Q_3)$ 的大小,即 $C_2(Q_2^*) = C_2(152.23) = 3944751.28$ 元,$C_3(Q_2) = C_3(300) = 3847760.00$ 元,$C_4(Q_3) = C_4(600) = 3823225.00$ 元,因此,最后取最优批量为 $Q^* = Q_3 = 600$ 吨。

*2.5 带增量价格折扣的经济批量模型

有时采购价格不是按照批量的阶梯定价的,而是以增量形式给出的,即所谓"增量价格折扣"形式,用数学式表示就是:

当 $0 \leqslant Q < Q_1$ 时,全部 Q 采购量的价格为 v_1;

当 $Q_1 \leqslant Q < Q_2$ 时,在全部 Q 中,Q_1 的部分的价格为 v_1,剩下的 $Q - Q_1$ 部分价格为 v_2;

当 $Q_2 \leqslant Q < Q_3$ 时,其中 $0 \sim Q_1$ 的部分的价格为 v_1,$Q_1 \sim Q_2$ 的部分的价格为 v_2,剩下 $Q - Q_2$ 的部分价格为 v_3;

$\vdots$

当 $Q_{n-1} \leqslant Q$ 时,其中 $0 \sim Q_1$ 的部分的价格为 v_1,$Q_1 \sim Q_2$ 的部分的价格为 v_2,$\cdots$,剩下的 $Q_{n-1} \sim Q$ 的部分价格为 v_n。

为方便起见,记 $R_1 = Q_1, R_2 = Q_2 - Q_1, \cdots, R_{n-1} = Q_{n-1} - Q_{n-2}$。

因此,上述价格表中共含 n 段价格和 $(n-1)$ 个批量点。在这种定价形式下,定义等效价格 $v(Q)$ 为

$$v(Q) = \begin{cases} \dfrac{v_1 Q}{Q} = v_1 & (0 \leqslant Q < Q_1) \\[6pt] \dfrac{v_1 Q_1 + v_2(Q - Q_1)}{Q} = \dfrac{v_1 R_1 + v_2(Q - R_1)}{Q} & (Q_1 \leqslant Q < Q_2) \\[6pt] \dfrac{v_1 Q_1 + v_2(Q_2 - Q_1) + v_3[Q - Q_1 - (Q_2 - Q_1)]}{Q} \\[4pt] \quad = \dfrac{v_1 R_1 + v_2 R_2 + v_3(Q - R_1 - R_2)}{Q} & (Q_2 \leqslant Q < Q_3) \\[6pt] \vdots \\[4pt] \dfrac{\sum_{i=1}^{j-1} v_i R_i + v_j \left(Q - \sum_{i=1}^{j-1} R_i\right)}{Q} & (Q_{j-1} \leqslant Q < Q_j) \\[6pt] \vdots \\[4pt] \dfrac{\sum_{i=1}^{n-1} v_i R_i + v_n \left(Q - \sum_{i=1}^{n-1} R_i\right)}{Q} & (Q_{n-1} \leqslant Q) \end{cases}$$

在此情况下,单位产品单位时间的存储费也是分段的,设 $h(Q) = h_0 + r \cdot v(Q)$,总成本 $C(Q) = dv(Q) + \dfrac{Q}{2}[h_0 + rv(Q)] + A\dfrac{d}{Q}$ 也是分段的,共分为 n 段,其中第 j 段的成本函数为

$$C(Q) = C_j(Q)$$
$$= d\frac{\sum_{i=1}^{j-1} v_i R_i + v_j(Q - \sum_{i=1}^{j-1} R_i)}{Q} + \frac{Q}{2} r \frac{\sum_{i=1}^{j-1} v_i R_i + v_j(Q - \sum_{i=1}^{j-1} R_i)}{Q} + A\frac{d}{Q}$$
$$= d\frac{A + \sum_{i=1}^{j-1}(v_i - v_j)R_i}{Q} + \frac{Q}{2} r v_j + \left[dv_j + \frac{r}{2}\sum_{i=1}^{j-1}(v_i - v_j)R_i \right]$$

式中,方括号部分与 Q 无关,而前两项与基本 EOQ 模型的成本公式形式相同,因此,可以求得本段成本函数对应的在 Q 无约束下的经济批量为

$$Q_j^* = \sqrt{\frac{2\left[A + \sum_{i=1}^{j-1}(v_i - v_j)R_i\right]d}{h_0 + rv_j}} \quad (j = 1, 2, \cdots, n)$$

图 2-16 所示的为在一个包含 4 段价格折扣下各分段和全局的成本函数随 Q 变化而变化的情况。

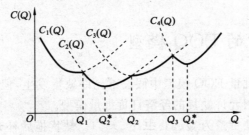

图 2-16 增量价格折扣下的 EOQ 模型

通过对图 2-16 的观察,可得:① 为求最优解,仅需考虑 $Q_1^*, Q_2^*, \cdots, Q_n^*$ 中起作用的有效经济批量,即 Q_2^* 和 Q_4^*,而不用考虑其他点;② Q_2^* 和 Q_4^* 哪个最优?要看 $C_2(Q_2^*)$ 和 $C_4(Q_4^*)$ 哪个最小。

因此,一般地,最优批量的计算可以采取下列步骤。

第一步,计算 $Q_1^*, Q_2^*, \cdots, Q_n^*$,它们分别是 $C_1(Q), C_2(Q), \cdots, C_n(Q)$ 各自在 Q 无约束下的经济批量,即

$$Q_j^* = \sqrt{\frac{2\left[A + \sum_{i=1}^{j-1}(v_i - v_j)R_i\right]d}{h_0 + rv_j}} \quad (j = 1, 2, \cdots, n)$$

第二步,根据价格对应的区段 $[0, Q_1], (Q_1, Q_2], \cdots, [Q_{n-1}, \infty)$,判断有效经济批量。

第三步,在所有有效经济批量中,成本最小的就是全局的最优批量。

例 2-10 假定订货单价和批量之间的关系如下。

当 $0 \leqslant Q < 100$ 吨时,单价为 780 元/吨;当 100 吨 $\leqslant Q < 600$ 吨时,单价为 750 元/吨;当 600 吨 $\leqslant Q < 1600$ 吨时,单价为 730 元/吨;当 1600 吨 $\leqslant Q$ 时,单价为 720 元/吨。

其他条件同例 2-9,试计算最优订货批量。

解 $Q_1 = 100$ 吨,$Q_2 = 600$ 吨,$Q_3 = 1600$ 吨,$R_1 = 100$ 吨,$R_2 = (600 - 100)$ 吨 $= 500$ 吨,$R_3 = (1600 - 600)$ 吨 $= 1000$ 吨。

第一步,计算所有经济批量 Q_j^* ($j = 1, 2, 3, 4$),即

$$Q_1^* = \sqrt{\frac{2Ad}{h_0+rv_j}} = 149.27 \text{ 吨}$$

$$Q_2^* = \sqrt{\frac{2[A+(v_1-v_2)R_1]d}{h_0+rv_2}} = 402.76 \text{ 吨}$$

$$Q_3^* = \sqrt{\frac{2\left[A+\sum_{i=1}^{2}(v_i-v_3)R_i\right]d}{h_0+rv_3}} = 859.10 \text{ 吨}$$

$$Q_4^* = \sqrt{\frac{2\left[A+\sum_{i=1}^{3}(v_i-v_4)R_i\right]d}{h_0+rv_4}} = 1233.19 \text{ 吨}$$

第二步，Q_2^* 和 Q_3^* 在有效区间内，它们是有效经济批量。

第三步，计算成本值分别为 $C_2(Q_2^*) = C_2(402.76) = 4001570.36$ 元，$C_3(Q_3^*) = C_3(859.10) = 3996613.15$ 元。$C_3(Q_3^*)$ 的成本最小，因此，最后选 $Q^* = Q_3^* = 859.10$ 吨。

2.6 允许缺货的 EOQ 模型

在基本经济订货批量 EOQ 模型中假设不允许缺货发生，但是实际中还是有允许缺货的情况。以下介绍允许缺货的经济订货批量模型。

假设允许的最大缺货量为 Qx，其中 $0 < x < 1$。缺货拖后补充。单位时间、单位货物的缺货费为 p。其他假设条件与基本经济订货批量 EOQ 模型相同。

每次订货发生在缺货量达到最大缺货量为 Qx 的时刻，设每次订货量为 Q，这一订单将马上到达并入库。由于限定缺货拖后满足，所以这次订单 Q 到达后，马上要先满足当前的缺货量 Qx，因此此刻完成缺货补充后库存量还剩 $Q(1-x)$。

系统库存以需求率 $-d$ 均匀消耗。那么，什么时候库存变为 0 呢？要再等 $\frac{Q(1-x)}{d}$ 的时间。再以后就发生缺货，直到达到最大允许缺货量 Qx，然后启动下次订货。

综上所述，库存量必然按照图 2-17 所示进行变化。

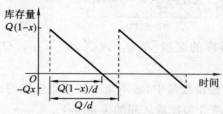

图 2-17 允许缺货的 EOQ 模型

在一次订货循环内进行计算，可以得到系统单位时间平均总成本为

$$C(Q) = \frac{\frac{1}{2}Q(1-x)\frac{Q(1-x)}{d} \cdot h + \frac{1}{2}Qx\left[\frac{Q}{d} - \frac{Q(1-x)}{d}\right] \cdot p + A}{\frac{Q}{d}}$$

$$= \frac{Q(1-x)^2}{2}h + \frac{Qx^2}{2}p + A\frac{d}{Q}$$

容易得最优解为 $x^* = \frac{h}{h+p}, Q^* = \sqrt{\frac{2Ad(h+p)}{hp}}$。

例 2-11 一家公司每年的生产需要采购 $d = 300$ 件尾灯，每次订货费为 $A = 200$ 元，一件尾灯的年存储费为 $h = 20$ 元/(件·年)，在允许缺货情况下，缺货费为 $p = 100$ 元/(件·年)，求该公司的最优订货批量。

解 $x^* = \frac{h}{h+p} = \frac{20}{100+20} = \frac{1}{6}$

$$Q^* = \sqrt{\frac{2Ad(h+p)}{hp}} = \sqrt{\frac{2 \times 200 \times 300 \times (20+100)}{20 \times 100}} \text{件} \approx 84.85 \text{件}$$

如果批量需要取整，则为 84 件，同时最大缺货量为 14 件。

2.7 提前期不为零情况

基本 EOQ 模型假设提前期为零。如果提前期不为零会如何呢？

假设提前期 $L > 0$，这就是发出订单到订单实际到达有一个时间滞后。在这种情况下，仅仅需要提前发出订单就可以了，提前多长时间呢？就是 L，如图 2-18 所示。

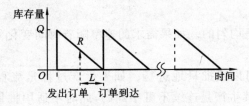

图 2-18 L 小于订货间隔期时的订货图

这种提前发出订单的策略可以等价地表达为一个 (R, Q) 策略，其中，Q 就是原来的 EOQ 批量，而订货点 R 有 $R = Ld$，也就是不等库存降至零，而是库存一旦降至 R，马上发出订货量 Q，这个订单恰好在 L 之后当库存降为零的时刻到达。

思考 当 L 大于一个订货间隔期怎么办？

如图 2-19 所示，L 跨越约 1.5 个订货间隔期。在这种情况下仍然可采用 (R, Q) 策略，其 R 的计算可以采取下列方法。

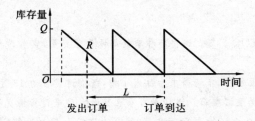

图 2-19 L 大于订货间隔期时的订货图

先定义 $L' = \frac{Q}{d} \cdot \text{mod}\left(\frac{L}{Q/d}\right)$，其中 $\text{mod}(x)$ 表示取正数 x 的小数部分，则 R 可以表示为 $R = L' \cdot d$。

例 2-12 某印刷原料的消耗速率为 72 公斤/天,每次订货费为 431 元,存储费为 1.06 元/(公斤·天),其补货提前期为 12 天,则如何进行补货?

解 系统为连续盘点 (R,Q) 策略。

$A=431$ 元;$d=72$ 公斤/天;$h=1.06$ 元/(公斤·天)。

计算经济批量,即 $Q^*=\sqrt{\dfrac{2Ad}{h}}=\sqrt{\dfrac{2\times 431\times 72}{1.06}}$ 公斤 $=241.97$ 公斤,订货时间间隔期为 $T^*=\dfrac{Q^*}{d}=\dfrac{241.97}{72}$ 天 ≈ 3.36 天,$L'=\dfrac{Q^*}{d}\times \text{mod}\left(\dfrac{L}{Q^*/d}\right)=3.36\times \text{mod}\left(\dfrac{12}{3.36}\right)=3.36\times \text{mod}(3.5714)=3.36\times 0.57$ 天 ≈ 1.92 天,因此订货点 $R=L'd=1.92\times 72=138.24$。

2.8 本章小结

本章主要介绍 EOQ 模型及其各种推广模型,这些模型原理清晰、计算简单,对参数的敏感度低,在实践中得到广泛的应用。值得注意的是,虽然 EOQ 模型是一种优良的模型,但是不顾实际情况而不恰当地随便使用 EOQ 模型可能导致不良的后果。在使用 EOQ 模型时必须满足它所要求的假设条件,其中最重要的假设条件包括以下两个条件。

(1) 需求的速率是均匀的。如果需求的速率随着时间变化发生了较大的变化,则 EOQ 模型是不适用的。

(2) 产品的采购可以成批量地进行。如果生产过程是流程生产,如化工提炼过程、生铁冶炼等行业,其生产是连续不可中断的,此时不适用批量的概念,因此也就不能使用 EOQ 模型了。

当然,EOQ 模型及其推广模型也具有很多不足,如没有考虑有多少可供使用资本的约束等。另外,很多企业面临实际发生的成本和盈利因素也没有包含在 EOQ 模型中,因此在很多实际应用中,理论上"最低费用"的 EOQ 订货批量并不一定意味着企业获利最多。这些都是我们在使用 EOQ 模型时要注意的方面。

2.9 习题

2-1 试推导 EOQ 模型。

2-2 试利用 Excel 计算 EOQ 问题。请将各种参数都设为可变量,实验改变不同的参数,考察系统总平均成本的不同。

2-3 例 2-3 的再思考。面包房,市场需求为每天 1 箱,每次订货费为 13 元,存储费为 12 元/(箱·天),假设每次订货必须订整箱。请计算当采取变化的 Q 来订货情况下的系统成本变化,如第 1 次为 $Q_1=1$ 箱,第 2 次订货为 $Q_2=2$ 箱,第 3 次订货为 $Q_3=1$ 箱,第 4 次订货为 $Q_4=2$ 箱,……试比较前面的解有何不同?

2-4 某公司有扩充业务的计划,每年需要招聘和培训新工作人员 $d=120$ 名(假定这 120 名工作人员在一年内是均匀需要的)。培训采取办训练班的办法,开班一次需要的费用 $A=1000$ 元(不管学员多少)。每位应聘工作人员的一年薪金为 $h=600$ 元/(人·年),所以公司不愿意在不需要时招聘并训练这些人员。另一方面,在需要他们时却又不能延误,这要求事先成批训练。在训练期间,虽未正式使用,但仍要支付全薪。每次应训练几名工作人员才经济?隔多长时间办一期训练班?全年的总费用是多少?

2-5 某公司以单价 10 元的成本购入 8000 件某种产品,每次订货费为 30 元,资金年利息率为 12%,单位持有成本按照货物价值的 18% 计算,若每次订货的提前期为 2 周,试求最优经济批量、最低年总成本、年订货次数和订货点。

2-6 根据预测,市场每年对某公司生产的产品的需求量为 20000 台,一年按照 250 天(工作日)计算。生产率为 100 台/天,生产提前期为 4 天。单位产品的生产成本为 50 元,单位产品的年持有库存费为 10 元,每次生产的生产准备费为 30 元。试求经济生产批量、年生产次数、订货点和最低年总费用。

2-7 某公司每年要购入 1200 台 X 产品。供应商的条件是:① 当订货量不小于 75 单位时,单价为 32.50 元/单位;② 当订货量小于 75 单位时,单价为 35 元/单位。每次订货费为 8 元;单位产品的年存储费按照单价的 12% 计算。试求最优订货量。

2-8 某自行车公司计划下年度生产 40000 只特种轮胎,生产率为 200 只/天,一年按照 250 天计算,一次生产准备费为 200 元,提前期为 5 天。单位生产费为 15 元,单位库存持有费为 11.50 元,试求经济生产批量和订货点。

2-9 某公司每年需使用某元件 3000 单位,每次订购费为 250 元,单位持有为货物价值的 25%。现有三个货源可供选择:① 不论订购多少单价都为 10 元;② 订购量必须不小于 600 单位,单价为 9.50 元/单位;③ 订货起点为 800 单位,单价为 9 元/单位。试确定该公司的订货策略,并计算年最低库存费。

2-10 某公司每年要按照单价 4 元购入 36000 个 C 零件,每次订货费为 90 元,订货提前期为 5 天,每年按照 250 天计算。单位持有库存费为单价的 25%。试求经济订货批量、订货时间间隔期、最高库存量和最低总成本。

2-11 某公司每年需要 10000 个某种零件,假设定期订购,且订购后供货单位能及时供应。每次订购费为 25 元,每个零件每年的存储费为 0.125 元/(个·年)。
(1) 在不允许缺货的情况下,求最优订购批量及年订货次数。
(2) 在允许缺货的情况下,当单位缺货费为多少时,一年只需订购三次?

2-12 某汽车厂的多品种装配线轮换装配各种牌号汽车。已知每天需要 10 辆某种牌号汽车,装配能力为 50 辆/天,该牌号汽车成本为 15 万元/辆,当更换产品时需要准备结束费 200 万元/次。若规定不允许缺货,存储费为 50 元/(辆·天)。
(1) 试求该装配线最佳的装配批量。
(2) 当装配线批量达到每批 2000 辆时,汽车成本可降至 14.8 万元/辆(存储费、准备结束费不变),则该厂可否采纳此方案。

2-13 某厂以每月 6000 件的速率生产一种产品入库,以平均每月 4000 件的提取速率销出。每件产品的月库存费为 0.1 元,生产准备费为 15 元/次。允许脱销,但要付出缺货费。缺货费为 2.48 元/(件·月)。试求经济订货批量、最大缺货量及月最小费用。

2-14 某出租汽车公司有 2500 辆出租车,由该公司维修厂统一维修。出租车中一个易损部件每月需求量为 8 件,每件价格为 8500 元。已知每提出一次订货需要订货费 1200 元,该部件年存储费为价格的 25%,订货提前期为 2 周。又出租车因该部件缺货不能及时维修更换,停车损失为 1600 元/月,要求为该公司维修部门确定以下数据。
(1) 当库存量达到多大时应提出订货。
(2) 每次订购的最优批量。

2-15 一种物资在四个季度的需求量和其他数据如表 2-1 所示,且第一季度的存货为 $x_1 = 15$ 单位。

表 2-1 题 2-15 表

季度 i	需求量 d_i/(件/度)	订购费 A_i/元	存储费 h_i/(元/(件·季度))	单价 v_i/元
1	76	98	1	2
2	20	114	1	2
3	90	185	1	2
4	67	70	1	2

试确定各季度的最佳订货批量 Q_i^*，使全年的各项费用之和为最小。

2-16 某电话制造公司购买大量半导体管用于制造电子开关系统，不允许缺货，需求速率为 $R=250000$ 只/年，每次订货费为 100 元，年度单位库存费是单位购进价格的 24%，供应者的价格如表 2-2 所示，试确定最优订货批量。

表 2-2 题 2-16 表

订货量	$0<Q<4000$ 只	$4000\leqslant Q<20000$ 只	$20000\leqslant Q<40000$ 只	$Q\geqslant 40000$ 只
单位价格/元	12	11	10	9

3

确定性动态批量库存模型

3.1 基本模型

本章主要研究单产品、单仓库设施的确定性多周期动态批量模型。我们知道,经济订货批量 EOQ 模型假设需求是按照一定的速率均匀消耗的,但是实际中往往需求是不均匀的。如表 3-1 所示的需求序列,它是按照一个固定的周期(月份)分别给出的。

表 3-1 某需求序列

周期	1月份	2月份	3月份	4月份	5月份	6月份	7月份	8月份	9月份	10月份	11月份	12月份
需求量	50	60	90	70	30	100	60	40	80	15	60	20

在这种动态需求情况下很难再使用 EOQ 模型,因为仅仅当需求是分段均匀的条件下才可以用不同的 EOQ 模型来近似,如 1 月份到 6 月份的需求是每月 50,7 月份到 12 月份的需求是每月 90 的情况。那么具体到本例,不具备这种条件,因此必须研究新的模型来处理这种情况。以下我们研究一个一般化的问题。

考虑周期 $1,2,\cdots,T$ 共 T 个周期的情况。用 d_t 表示在第 t 周期需求量,则周期 $1,2,\cdots,T$ 对应的需求序列为 $d_1,d_2,\cdots,d_T$。

我们规定系统在每个周期内的动作顺序如下。

(1) 期初:决定本周期的订货,假设这个订货可以马上到达,即提前期为 0。

(2) 期中:需求发生。

(3) 期末:盘点库存,计算本周期发生的成本。假设本周期内的平均库存以期末库存量计算。

用 y_t 表示在第 t 周期的订货量。显然 $y_t=0$ 表示本周期不订货。

用 x_t 表示在第 t 周期的期末库存量,则第 t 周期的期初库存量(这个库存量规定为期初订货发生之前时刻的库存量),也就是第 $(t-1)$ 周期的期末库存量为 x_{t-1}。

显然有 $x_t=x_{t-1}+y_t-d_t$。

假设第 1 周期的期初库存量为 0,则在第 t 周期的期末库存量为 $x_t = \sum_{j=1}^{t}(y_j - d_j)$。

设订货费为 A 元/次,如果第 t 周期的期初时刻有订货,即 $y_t>0$,则本期发生订货

成本为 A 元。当然如果这个周期没有订货，则不会发生 A 元的费用。

设存储费为 h 元/(件·周期)。

因为事先规定每个周期的平均库存用本周期期末的库存来近似，则

$$\text{本周期的库存持有成本}=\text{本周期期末库存量}\times h$$

设系统不允许缺货，如果给定了订货序列，则可以推算出任意周期的库存量及相应的成本，如表 3-2 所示。

表 3-2　两种不同的订货序列

周期	1月份	2月份	3月份	4月份	5月份	6月份	7月份	8月份	9月份	10月份
需求量	50	60	90	70	30	100	60	40	80	20
订货序列 1	270				130		180			20
订货序列 2	280				130		180			20

在第 1 周期期初订货前的库存为 0 情况下，有

订货序列 1 的总成本

$=A+(220+160+70+0)h+A+(100+0)h+A+(120+80+0)h+A+0h$

订货序列 2 的总成本

$=A+(230+170+80+10)h+A+(110+10)h+A+(130+90+10)h+A+10h$

因此，一般多周期的订货问题可以描述为一个订货序列 $(y_1,y_2,\cdots,y_T)$，使得在周期 $1,2,\cdots,T$ 共 T 个周期内的总成本（包括订货成本和库存持有成本）最小化，即

$$\min C = \sum_{t=1}^{T}[A\delta(y_t)+hx_t]$$

$$\text{s.t.}: x_t = \sum_{j=1}^{t}(y_j-d_j)$$

$$x_t \geqslant 0 \ (t=1,2,\cdots,T;x_0=0)$$

其中，$\delta(y_t)=\begin{cases}1 & (y_t>0)\\ 0 & (y_t=0)\end{cases}$。

讨论：什么样的订货方式可以使得上述总成本最小？

我们先看两种极端情况。

(1) 每个周期都订货，第 t 周期订货量为 d_t，这种策略称为批对批策略(Lot-for-lot Policy 或 Lot4lot Policy，LFL Policy)。此时，每个周期的期末库存量最低(皆为 0)，但是由于每个周期都订货，订货成本最大，其值为 $T\cdot A$。

(2) 在第 1 周期开始就订货 $\sum_{i=1}^{T}d_i$，全程只订这一次货。其订货成本最低，而库存持有成本最高。

一般，最优策略不大可能是上述两种情况，而要找到最优策略，则要比较各种订货的可能情况。

3.2　整数规划模型

3.1 节介绍的模型还可以进一步简化，它容易表达为一个整数规划模型，即

$$\min C = \sum_{t=1}^{T}[Az_t + hx_t]$$

$$\text{s.t.}: x_t = \sum_{j=1}^{t}(y_j - d_j) \quad (t=1,2,\cdots,T)$$

$$y_t \leqslant Mz_t (t=1,2,\cdots,T), M \text{ 是一个足够大的数}$$

$$x_t \geqslant 0 \ (t=1,2,\cdots,T)$$

$$z_t = 1 \text{ 或者 } 0 \ (t=1,2,\cdots,T)$$

上述模型中为了去掉3.1节介绍的模型中的非线性函数$\delta(y_t)$,引入辅助变量z_t。z_t的取值要么为0,要么为1,称为0/1变量。模型中另外增加约束$y_t \leqslant Mz_t$的目的是保证当$y_t > 0$时,$z_t = 1$;当$y_t = 0$时,虽然对z_t无约束,但是第一行的优化目标要求尽量满足$z_t = 0$。因此$\delta(y_t)$可以用z_t代替,上述模型和3.1节模型是等价的。

上述整数规划模型一般可以使用求解整数规划的专门算法求解,如分支定界法或者割平面法等。也有很多商业软件支持整数规划求解。

例3-1 $A=300$元,$T=10$,$h=1$元/(件·周期),需求如表3-3所示。

表3-3 每个周期的需求量

周期	1	2	3	4	5	6	7	8	9	10
需求量/件	50	60	90	70	30	100	60	40	80	20

解 可以编制Lingo程序如下:

```
! Dynamic Lot Size Model-MIP model;
model;

sets:
period/1..10/: x,y,z,d;
endsets

data:
d=50 60 90 70 30 100 60 40 80 20;
A=300;
h=1;
enddata

min=@sum(period(t):A*z(t)+h*x(t));

@for (period(t):
    x(t)=@sum(period(j)|j#LE#t:y(j)-d(j));
    y(t)<10000*z(t);
    @bin(z(t));
    );

end
```

该程序的运算结果如下:

```
Global optimal solution found at iteration:        2362
Objective value:                                1550.000
         Variable      Value      Reduced Cost
           y(1)      110.0000       0.000000
           y(2)        0.000000     0.000000
           y(3)      190.0000       0.000000
           y(4)        0.000000     0.000000
           y(5)        0.000000     0.000000
           y(6)      200.0000       0.000000
           y(7)        0.000000     0.000000
           y(8)        0.000000     0.000000
           y(9)      100.0000       0.000000
           y(10)       0.000000     0.000000
```

结果 y(1), y(2), ⋯, y(10) 对应的 Value 列,就是最优订货序列。

利用软件求解很方便,但是当涉及的周期数 T 很大,如超过 100 个周期,整数规划模型的求解会非常慢,这是因为一般整数规划算法的计算时间是随着问题规模的增大呈指数增长的。

3.3 Wagner-Whitin 算法

3.2 节介绍的整数规划模型可以利用一般的分支定界法或者割平面法等整数规划求解算法求解,但是实际上还有更好的算法。1958 年,H. M. Wagner 和 T. M. Whitin 构造了一种动态规划求解算法,这就是著名的 Wagner-Whitin(W-W)算法。

在介绍 Wagner-Whitin 算法之前,我们先分析一下原问题,可以得出以下一些基本原理。

原理 1 最优的订货应该是:每次订货都要恰好满足若干后续周期的需求量,即刚订货后,达到的库存量恰好等于若干后续周期的需求量之和。

如表 3-4 所示的订货序列 1:第 1 次订货 270 件,订货后,库存量为 270 件,它恰好要满足 1、2、3、4 周期的需求量之和。

表 3-4 订货序列 1

周期	1	2	3	4	5	6	7	8	9	10
需求量/件	50	60	90	70	30	100	60	40	80	20
订货序列 1/件	270				130		180			20

如果不是这样,如第 1 次订货多订了 10 件,为 280 件,则在第 4 周期期末下次订货之前,除了满足 1、2、3、4 周期的需求量之外,还剩余库存量 10 件,这 10 件库存没有任何好处,白白增加了库存持有成本,具体计算参见 3.1 节表 3-2 及其成本计算。

原理 2 最优的订货还应该是:每次订货都恰好发生在前一周期期末的库存存货量不能满足这一周期需求量的情况下。

如果不是这样,如表 3-5 所示的订货序列 2:在第 3 周期期末形成存货 70 件,恰好满足第 4 周期的需求。但是在第 4 周期还要再订货 200 件。在第 4 周期期末则形成存货200件。

如果将第2次订货推迟到第5周期,就可以节省库存持有成本。

表3-5 订货序列2

周期	1	2	3	4	5	6	7	8	9	10
需求量/件	50	60	90	70	30	100	60	40	80	20
订货序列2/件	270				200		180			20

综合(1)和(2),最优的订货是:每次订货都要恰好满足若干后续周期的需求量,即订货后,库存量恰好等于若干后续周期的需求量之和。下次订货发生的时刻是在库存恰好全部用完(剩余库存为0)的紧后一个周期。

原理3 如果(Q_1, Q_2, Q_3)是表3-6所示的问题1的最优订货序列,那么,(Q_1, Q_2)必然是表3-7所示的问题2的最优策略。

表3-6 问题1

	周期	1	2	3	4	5	6	7	8	9	10
问题1	需求量/件	50	60	90	70	30	100	60	40	80	20
	最优订货序列1/件	Q_1	0	0	Q_2	0	0	Q_3	0	0	0

表3-7 问题2

	周期	1	2	3	4	5	6
问题2	需求量/件	50	60	90	70	30	100
	最优订货序列2/件	Q_1	0	0	Q_2	0	0

为什么?原理3可以考虑用反证法证明,证明如下。

如果(Q_1, Q_2)不是问题2的最优策略,而另外一个策略(Q_1', Q_2')是问题2的最优策略,也就是说(Q_1', Q_2')导致问题2的成本比(Q_1, Q_2)情况下的成本小,则可以把(Q_1', Q_2')结合Q_3形成一个新的策略。为什么可以结合呢?根据原理1和原理2,订货Q_2后库存全部消耗完再开始订货Q_3。这个新的策略(Q_1', Q_2', Q_3),肯定会使得问题1的成本得到减小,因为从1~6周期内通过(Q_1', Q_2')的作用使成本得到降低,而Q_3导致的成本不变。反过来说明(Q_1, Q_2, Q_3)不再是问题1的最优订货序列,这与原假设"(Q_1, Q_2, Q_3)是问题1的最优订货序列"矛盾。

另外,原理3等同于:如果在最优策略中最后一次订货发生在第7周期,则系统最小的总成本等于1~6周期的子问题的最优策略导致总的最小成本加在最后一次订货下7~10周期内发生的最小成本。

在此基础上,我们还可以得到一系列类似结论,若(Q_1, Q_2)是问题2的最优订货序列,则(Q_1)必然也是表3-8所示的问题3的最优解。

表3-8 问题3

	周期	1	2	3
问题3	需求量/件	50	60	90
	最优订货序列/件	Q_1	0	0

依此类推,原问题得到一层一层的分解,变为一系列子问题,这些子问题的规模得到逐渐减小,更加容易求解。

反过来,我们可以先计算子问题的最优解,然后一层一层进行扩展,直到得到原全局问题的最优解为止。这就是动态规划的基本思想。

针对例3-1中的问题,我们可以利用下列步骤求解:

(1) 先看子问题1,如表3-9所示。

表3-9 子问题1

周期	1
需求量/件	50
最优订货序列/件	50

显然,我们的订货量没有别的选择,就是50件,因此其最优订货量为50件。

问题1的最优总成本记为f_1,则$f_1=A+0=A$。

(2) 再看子问题2,如表3-10所示。

表3-10 子问题2

周期	1	2
需求量/件	50	60
最优订货序列/件	?	?

其"最后"一次订货,有两种订货可能。

① 发生在第1周期:第1周期订(50+60)件,第2周期不订,其对应的总成本记为$f_{2,1}$。

② 发生在第2周期:第1周期订50件,而第2周期订60件,其对应的总成本记为$f_{2,2}$。

显然$f_{2,1}=A+60h$,而$f_{2,2}=A+A=2A$。但是我们可以把$f_{2,2}$改写一下,即$f_{2,2}=f_1+A$。

这是因为:如果情况②是最优解(Q_1,Q_2),则在第1周期和第2周期之间存在分割关系,Q_1必然是问题1的最优解。所以这个最优成本$f_{2,2}=f_1+Q_2$发生后多出来的成本。

因此,问题2的最优订货序列对应最优总成本,记为f_2,就是要在①、②两种情况下选择成本最小的,即$f_2=\min\{f_{2,1},f_{2,2}\}$。

(3) 再看子问题3,如表3-11所示。

表3-11 子问题3

周期	1	2	3
需求量/件	50	60	90
最优订货序列/件	?	?	?

"最后"一次订货只可能是下列情况之一。

① 发生在第1周期,其对应的总成本记为$f_{3,1}$。

② 发生在第 2 周期,其对应的总成本记为 $f_{3,2}$。
③ 发生在第 3 周期,其对应的总成本记为 $f_{3,3}$。

先看情况①,最后一次订货在第 1 周期,第 2、3 周期不订货,那么第 1 周期订货 $50+60+90$,因此 $f_{3,1}=A+60h+2\times 90h$。

情况②,即第 2 周期订货、第 3 周期不订货,因此 $f_{3,2}=f_1+$ 第 2 周期订货以后多出来的成本 $=f_1+A+90h$。

情况③,有 $f_{3,3}=f_2+$ 第 3 周期订货以后多出来的成本 $=f_2+A$。

因此子问题 3 的最优订货序列对应的最优总成本记为 f_3,即 $f_3=\min\{f_{3,1},f_{3,2},f_{3,3}\}$。

继续进行类似的过程……直到找到 f_{10},它就是原全局问题的最优订货序列对应的最优总成本。

上述计算思路就是 Wagner-Whitin 算法的基本思路。

下面介绍 Wagner-Whitin 算法。首先定义变量:f_k 表示子问题(周期 $1,2,\cdots,k$ 内问题)的最小成本,$f_{k,t}(t\leqslant k)$ 表示子问题(周期 $1,2,\cdots,k$ 内问题)最后一次订货发生在 t 周期的最小成本。

在此基础上,定义迭代公式,即

$$f_k=\min_{1\leqslant t\leqslant k}f_{k,t}$$

f_k 表示应该取在所有可能的最后一次订货情况 $t=1,2,\cdots,k$ 对应的 $f_{k,t}$ 中的最小值,令初值 $f_0=0$。另外

$$f_{k,t}=f_{t-1}+A+h[d_{t+1}+2d_{t+2}+\cdots+(k-t)d_k]$$

$f_{k,t}$ 是最后一次订货发生在第 t 周期时的子问题(周期 $1,2,\cdots,k$ 内问题)的总成本最优值,即这个最优值=子问题(周期 $1,2,\cdots,t-1$ 内问题)的成本最优值+t 周期订货后新发生的成本。

针对 t 周期订货后新发生的成本,考虑到在周期 $t+1,\cdots,k$ 内没有再订货,因此没有发生订货成本,而仅仅发生库存成本,这部分多出的库存成本如图 3-1 所示,也就是 $h[d_{t+1}+2d_{t+2}+\cdots+(k-t)d_k]$。

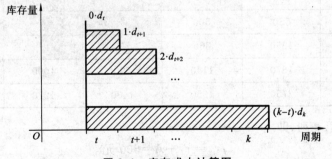

图 3-1 库存成本计算图

根据上述两个迭代公式进行迭代,可以求出全部 T 周期对应的最小的成本 f_T。

注意在计算中,实际上不需要将所有 $f_{k,t}(T\geqslant k\geqslant 1)$ 都求出来。如果有 j 使得 $h(j-t)d_j>A$ 成立,则不再需要求出 j 以后的 $k(T\geqslant k\geqslant j)$ 对应的所有 $f_{k,t}$。

求得最小的成本 f_T 之后,怎样获得最优订货序列 $(y_1,y_2,\cdots,y_T)$ 呢?可以进行如下寻找。

首先,要看 f_T 是由哪一个 $f_{T,t}$ 取到的(从式 $f_T = \min\limits_{1 \le t \le T} f_{T,t}$ 中),假设它为 $t = t'$,则说明在 t' 周期应该发出最后一个订单,此订单要覆盖 $t', t'+1, t'+2, \cdots, T$ 周期的需求之和。

然后,再看 $f_{t'-1}$ 是由哪个 $f_{t'-1,t}$ 取到的,如果当 $t = t''$ 时取到,则说明倒数第 2 次订货发生在 t'' 周期。

依此类推,直到第 1 次订货发生在第 1 周期为止,得出全部的订货序列,即为最优订货序列。下面用例子说明具体计算过程。

例 3-2 $A = 250$ 元,$T = 5$,$h = 1$ 元/(件·周期),需求如表 3-12 所示。试计算最优订货序列。

表 3-12 需求表 1

周期	1	2	3	4	5
需求量/件	220	280	360	140	270

解 初始设定 $f_0 = 0$。

(1) 先计算第 1 列,即

$$f_{1,1} = f_0 + A = 250 \text{ 元}$$
$$f_{2,1} = f_0 + A + hd_2 = 530 \text{ 元}$$
$$f_{3,1} = f_0 + A + h(d_2 + 2d_3) = 1250 \text{ 元}$$
$$f_{4,1} = f_0 + A + h(d_2 + 2d_3 + 3d_4) = 1670 \text{ 元}$$
$$f_{5,1} = f_0 + A + h(d_2 + 2d_3 + 3d_4 + 4d_5) = 2750 \text{ 元}$$

f_1 为第 1 行的最小值,即 $f_1 = \min f_{1,1} = 250$ 元。在表 3-13 中用带下画线的数值表示这个最小值。

表 3-13 $f_{k,t}$ 计算表 1

k	t				
	1	2	3	4	5
1	<u>250</u>				
2	530	<u>500</u>			
3	1250	860	<u>750</u>		
4	1670	1140	<u>890</u>	1000	
5	2750	1950	1430	1270	<u>1140</u>

(2) 计算第 2 列,即

$$f_{2,2} = f_1 + A = 500 \text{ 元}$$
$$f_{3,2} = f_1 + A + hd_3 = 860 \text{ 元}$$
$$f_{4,2} = f_1 + A + h(d_3 + 2d_4) = 1140 \text{ 元}$$
$$f_{5,2} = f_1 + A + h(d_3 + 2d_4 + 3d_5) = 1950 \text{ 元}$$

f_2 为第 2 行的最小值,即 $f_2 = \min\{f_{2,1}, f_{2,2}\} = \min\{530, 500\} = 500$ 元。

(3) 计算第 3 列,即

$$f_{3,3} = f_2 + A = 750 \text{ 元}$$

$$f_{4,3} = f_2 + A + hd_4 = 890 \text{ 元}$$
$$f_{5,3} = f_2 + A + h(d_4 + 2d_5) = 1430 \text{ 元}$$

f_3 为第 3 行的最小值,即 $f_3 = \min\{f_{3,1}, f_{3,2}, f_{3,3}\} = \min\{1250, 860, 750\} = 750$ 元。

(4) 计算第 4 列,即
$$f_{4,4} = f_3 + A = 1000 \text{ 元}$$
$$f_{5,4} = f_2 + A + h \cdot d_5 = 1270 \text{ 元}$$

f_4 为第 4 行的最小值,即 $f_4 = \min\{f_{4,1}, f_{4,2}, f_{4,3}, f_{4,4}\} = \min\{1670, 1140, 890, 1000\} = 890$ 元。

(5) 计算第 5 列,即
$$f_{5,5} = f_4 + A = 1140 \text{ 元}$$

f_5 为第 5 行的最小值,即 $f_5 = \min\{f_{5,1}, f_{5,2}, f_{5,3}, f_{5,4}, f_{5,5}\} = \min\{2750, 1950, 1430, 1270, 1140\} = 1140$ 元,这就是全局问题的最优成本值。

(6) 从 f_5 的最后取值为 $f_{5,5}$ 说明,在最优的订货序列中,最后一次订货发生在第 5 周期。

那么倒数第二次订货发生在哪里呢? 因 $f_{5-1} = f_4$, f_4 的取值是 $f_{4,3} = 890$ 元, 这说明是在第 3 周期。

倒数第三次订货, $f_{3-1} = f_2$, 它取值为 $f_{2,2} = 500$ 元, 说明是在第 2 周期。

倒数第四次订货, $f_{2-1} = f_1$, 就是第 1 周期。

因此最优订货序列为,在周期(1,2,3,5)订货,订货量如表 3-14 所示,其对应的最优总成本为 1140 元。

表 3-14 最优订货序列 2

周期	1	2	3	4	5
需求量/件	220	280	360	140	270
订货量/件	220	280	500		270

例 3-3 $A = 300$ 元, $T = 10$, $h = 1$ 元/(件·周期), 需求如表 3-15 所示。试计算最优订货序列。

表 3-15 需求表 2

周期	1	2	3	4	5	6	7	8	9	10
需求量/件	50	60	90	70	30	100	60	40	80	20

解 利用表 3-16 进行计算,初始设定 $f_0 = 0$。

(1) 计算第 1 列,即
$$f_{1,1} = f_0 + A = 300 \text{ 元}$$
$$f_{2,1} = f_0 + A + hd_2 = 360 \text{ 元}$$
$$f_{3,1} = f_0 + A + h(d_2 + 2d_3) = 540 \text{ 元}$$
$$f_{4,1} = f_0 + A + h(d_2 + 2d_3 + 3d_4) = 750 \text{ 元}$$
$$f_{5,1} = f_0 + A + h(d_2 + 2d_3 + 3d_4 + 4d_5) = 870 \text{ 元}$$

当计算到第 1 列第 6 行,即 $f_{6,1}$ 时,我们发现 $h(6-1)d_6=500$ 元 $>A=300$ 元,因此以后的 $f_{6,1},f_{7,1},f_{8,1},\cdots,f_{10,1}$ 都没有计算的必要了。这些值可以设为无穷大,在表 3-16 中用空格表示。

f_1 为第 1 行的最小值,即 $f_1=\min f_{1,1}=300$ 元。

(2) 计算第 2 列,即

$$f_{2,2}=f_1+A=600 \text{ 元}$$

$$f_{3,2}=f_1+A+h\cdot d_3=690 \text{ 元}$$

$$\vdots$$

f_2 为第 2 行的最小值,即 $f_2=\min\{f_{2,1},f_{2,2}\}=\min\{360,600\}=360$ 元。

(3) 计算第 3 列,即

$$f_{3,3}=f_2+A=660 \text{ 元}$$

$$\vdots$$

(4) 一直进行计算直到把 $f_{k,t}$ 表填满。最后,f_{10} 为第 10 行的最小值,即 $f_{10}=\min\{f_{10,5},f_{10,6},\cdots,f_{10,10}\}=1550$ 元。

表 3-16 $f_{k,t}$ 计算表 2

k	\	\	\	\	t	\	\	\	\	\
	1	2	3	4	5	6	7	8	9	10
1	300									
2	360	600								
3	540	690	660							
4	750	830	730	840						
5	870	920	790	870	1030					
6			1090	1070	1130	1090				
7			1330	1250	1250	1150	1370			
8			1530	1410	1370	1230	1410	1450		
9						1470	1570	1530	1530	
10						1550	1630	1570	1550	1770

(5) f_{10} 的最后取值为 $f_{10,9}$(或者 $f_{10,6}=1550$ 元),这说明在最优的订货序列中,最后一次订货发生在第 9 周期。那么倒数第二次订货发生在哪里呢?由 $f_8(f_{9-1}=f_8)$ 的取值看,它取值为 $f_{8,6}=1230$,说明是在第 6 周期。依此类推,可以得到前面的最优订货时间为第 3,1 周期。最终的最优订货序列为(1,3,6,9)周期。

另外一个最优解为第(1,3,6)周期。f_{10} 的最后取值 $f_{10,6}=1550$ 元,最后一次订货发生在第 6 周期,倒数第二次订货 $f_{6-1}=f_5$,它取值 $f_{5,3}=790$ 元,说明是在第 3 周期。倒数第三次订货 $f_{3-1}=f_2$,它取值 $f_{2,1}=360$ 元,说明是在第 1 周期。

两个最优解具有相同的最优成本值 1550 元,如表 3-17 所示。

表 3-17 最优订货序列 3

周期	1	2	3	4	5	6	7	8	9	10
最优解 1/件	110		190			200			100	
最优解 2/件	110		190			300				

3.4 订货成本和持有成本平衡法

Wagner-Whitin 是精确算法，总可以找到最优解。但是其计算量还是太大，特别是当总周期数很多的情况下。

如果不追求"最"优解，有没有更加简单的方法？有很多经验计算方法(称为启发式算法)能够达到这种效果，其中一种算法就是订货成本和持有成本平衡法。

回顾基本经济订货批量 EOQ 模型给我们的启发：EOQ 最优解恰好是在订货成本=持有成本的那个 Q 点上。因此可以大胆设想：针对多周期动态需求问题，求解方法可能也差不多。唯一不同的是，可能找不到严格相等的点，但只要找到大致接近的点就可以了。

如表 3-18 所示，从第 3 周期出发，往后看，在下次订货(第 6 周期)之前，订货成本在下次订货之前不会发生变化，而持有成本在持续增加。

表 3-18 订货序列 3

周期	1	2	3	4	5	6	7	8	9	10
需求量/件	50	60	90	70	30	100	60	40	80	20
订货序列 3/件	110		190			300				

因此订货成本和持有成本平衡法的思想是，前一次订货为第 t 周期情况下，下一次订货的选择规则为，选择那个使得以后发生的持有成本之和 $Ch(k) = h\sum_{j=1}^{k}(j-1)d_{t+j-1}$ (其中，$k=1,2,\cdots,T-t$)。最接近每次订货费 A 的 k，则下一次发出订货的周期为第 $t+k$ 周期。下面用一个例子说明上述思想。

例 3-4 $A=300$ 元，$h=1$ 元/(件·周期)，需求序列如表 3-18 所示。试用订货成本和持有成本平衡法求解订货序列。

解 (1) 第一次订货在第 1 周期，$t=1$。以下针对这个订单可以支持第 $1,2,\cdots$ 周期的需求进行分别计算。

若该订单仅支持 d_1 需求，$k=1$，持有成本 $Ch(k)=0$ 元。

若该订单仅支持 $d_1\sim d_2$ 需求，$k=2$，持有成本 $Ch(k)=60$ 元。

若该订单仅支持 $d_1\sim d_3$ 需求，$k=3$，持有成本 $Ch(k)=(60+90\times2)$元$=240$ 元。

若该订单仅支持 $d_1\sim d_4$ 需求，$k=4$，持有成本 $Ch(k)=(60+90\times2+70\times3)$元$=450$ 元。

其中，订单覆盖 $d_1\sim d_3$ 需求情况下的持有成本最接近 $A=300$ 元，因此下次订货安排在第 4 周期。

(2) 第 2 次订货在第 4 周期，$t=4$。分别对该次订单支持以下需求进行试算。

需求 d_4, $k=1$, 持有成本 $Ch(k)=0$ 元。
需求 $d_4 \sim d_5$, $k=2$, 持有成本 $Ch(k)=30$ 元。
需求 $d_4 \sim d_6$, $k=3$, 持有成本 $Ch(k)=(30+100\times 2)$元$=230$ 元。
需求 $d_4 \sim d_7$, $k=4$, 持有成本 $Ch(k)=(30+100\times 2+60\times 3)$元$=410$ 元。

其中,支持 $d_4 \sim d_6$ 需求情况下的持有成本最接近 $A=300$ 元,因此下次订货安排在第 7 周期。

(3) 第 3 次订货在第 7 周期,$t=7$。该次订单支持以下需求。
需求 d_7, $k=1$, 持有成本 $Ch(k)=0$ 元。
需求 $d_7 \sim d_8$, $k=2$, 持有成本 $Ch(k)=40$ 元。
需求 $d_7 \sim d_9$, $k=3$, 持有成本 $Ch(k)=(40+80\times 2)$元$=200$ 元。
需求 $d_7 \sim d_{10}$, $k=4$, 持有成本 $Ch(k)=(40+80\times 2+20\times 3)$元$=260$ 元。
至此完成全部周期。

其中支持 $d_7 \sim d_{10}$ 需求情况下的持有成本最接近 $A=300$ 元,因此第 3 次订货在 $d_7 \sim d_{10}$ 周期的需求之和为 200 件,它是最后一次订货。订货序列比较如表 3-19 所示。

表 3-19 订货序列比较

周期	1	2	3	4	5	6	7	8	9	10
需求量	50	60	90	70	30	100	60	40	80	20
订货成本和持有成本平衡法的解	200			200			200			
Wagner-Whitin 最优解	110		190			300				

该解对应的总成本为

$(A+60+90\times 2)+(A+30+2\times 100)+(A+40+80\times 2+20\times 3)=1630$ 元

相比上述问题的 Wagner-Whitin 最优成本 1550 元(见例 3-3),约高出 5%,效果还是不错的。

3.5 Silver-Meal 启发式算法

在所有求解多周期动态批量模型的启发式算法中,Silver-Meal(S-M)算法具有重要的地位。

Silver-Meal 算法于 1975 年由 E. A. Silver 和 H. C. Meal 提出。Silver-Meal 算法的主要思想是,设第 t 周期为上次订货,当 $k=1,2,3,\cdots T-t$ 时,依次计算 $z(k)$ 的值。其中 $z(k)$ 的定义为

$$z(k) = \frac{A + h\sum_{j=2}^{k}(j-1)d_{t+j-1}}{k}$$

即若一旦满足条件:若 $z(k)$ 的值在 $k=n$ 时首次增加,则在第 $(t+n-1)$ 周期发出下次订货,即

$$z(1) \geq z(2) \geq \cdots \geq z(n-1) \quad 而 \quad z(n-1) < z(n)$$

下面用一个例子来说明 Silver-Meal 算法的具体应用。

例 3-5 $A=250$ 元，$T=5$，$h=1$ 元/(件·周期)，需求表如表 3-20 所示。试用 Silver-Meal 算法求解订货序列。

表 3-20 需求表 3

周期	1	2	3	4	5
需求量/件	220	280	360	140	270

解 （1）先计算第一次订货。第一次订货必然发生在第 1 周期，$t=1$，那么它订货多少呢？也就是它要支持以后几个周期的需求呢？

假设只支持第 1 周期需求，计算式为 $z(1)=A=250$ 元。

假设只支持第 1、2 周期需求，计算式为 $z(2)=\dfrac{250+280}{2}$ 元 $=265$ 元，成本 $z(k)$ 首次上升。

因此下次订货要定在第 2 周期，即第一次订货支持第 1 周期的需求，订货量为 220 件。

（2）第二次订货发生在第 2 周期，$t=2$。那么它要支持以后几个周期的需求呢？

假设只支持第 2 周期的需求，计算式为 $z(1)=A=250$ 元。

假设只支持第 2、3 等两个周期，计算式为 $z(2)=\dfrac{250+360}{2}$ 元 $=305$ 元，成本 $z(k)$ 首次上升。

因此本次订货量为 280 件，下次订货发生在第 3 周期。

（3）第三次订货发生在第 3 周期，$t=3$。

假设只支持第 3 周期需求，计算公式为 $z(1)=A=250$ 元。

假设只支持第 3、4 等两个周期的需求，计算式为 $z(2)=\dfrac{250+140}{2}$ 元 $=195$ 元。

假设只支持第 3、4、5 等三个周期的需求，计算式为 $z(3)=\dfrac{250+140+270\times 2}{3}$ 元 $=310$ 元，成本 $z(k)$ 首次上升。

因此本次订货量为 500 件，下次订货在第 5 周期。

（4）最后一次订货在第 5 周期，$t=5$。

显然本次订货量为 270。

全部周期都完成。

所得到的解恰好就是 Wagner-Whitin 最优解（见例 3-2），总成本 $=(4\times 250+140)$ 元 $=1140$ 元，订货序列如表 3-21 所示。

表 3-21 订货序列 4

周期	1	2	3	4	5
需求量/件	220	280	360	140	270
Silver-Meal 订货/件	220	280	500		270

例 3-6 $A=300$ 元，$T=10$，$h=1$ 元/(件·周期)，需求量如表 3-22 所示。试用 Silver-Meal 算法求解订货序列。

表 3-22 需求量 4

周期	1	2	3	4	5	6	7	8	9	10
需求量/件	50	60	90	70	30	100	60	40	80	20

解 （1）先计算第一次订货。第一次订货必然发生在第 1 周期，那么应订货多少呢？也就是应支持以后几个周期的需求呢？

假设只支持第 1 周期需求，计算式为 $z(1)=300$ 元。

假设只支持第 1、2 周期需求，计算式为 $z(1)=\dfrac{300+60}{2}$ 元 $=180$ 元。

假设只支持第 1~3 周期需求，计算式为 $z(3)=\dfrac{300+60+2\times 90}{3}$ 元 $=180$ 元。

假设只支持第 1~4 周期需求，计算式为 $z(4)=\dfrac{300+60+2\times 90+3\times 70}{4}$ 元 $=187.5$ 元，成本 $z(k)$ 首次上升。

因此下次订货要定在第 4 周期，即第一次订货支持第 1~3 周期的需求。

（2）第二次订货发生在第 4 周期，那么它要支持以后几个周期的需求呢？

假设只支持第 4 周期的需求，计算式为 $z(1)=300$ 元。

假设只支持第 4、5 等两个周期，计算式为 $z(2)=\dfrac{300+30}{2}$ 元 $=165$ 元。

假设只支持第 4、5、6 等三个周期，计算式为 $z(3)=\dfrac{300+30+2\times 100}{3}$ 元 $=176.7$ 元，成本 $z(k)$ 首次上升。

说明支持第 4、5 等两个周期是合理的，下次订货发生在第 6 周期。

（3）第三次订货发生在第 6 周期。

假设只支持第 6 周期，则计算式的值为 $z(1)=300$ 元。

假设只支持第 6、7 等两个周期的需求，计算式为 $z(2)=\dfrac{300+60}{2}$ 元 $=180$ 元。

假设只支持第 6~8 等三个周期的需求，计算式为 $z(3)=\dfrac{300+60+2\times 40}{3}$ 元 $=146.7$ 元。

假设只支持 6~9 等四个周期的需求，计算式为 $z(4)=\dfrac{300+60+2\times 40+3\times 80}{4}$ 元 $=170$ 元，成本 $z(k)$ 首次上升。

说明支持第 6~8 等三个周期是合理的，下次订货发生在第 9 周期。

（4）第四次订货发生在第 9 周期。

假设只支持第 9 周期的需求，则计算式的值为 $z(1)=300$ 元。

假设只支持第 9、10 等两个周期的需求，计算式为 $z(2)=\dfrac{300+20}{2}$ 元 $=160$ 元。

10 个周期的需求全部结束，因此最后这次订货支持第 9、10 等两个周期是合理的。

最终结果如表 3-23 所示。

表 3-23 订货序列 5

周期	1	2	3	4	5	6	7	8	9	10
Silver-Meal 订货量/件	200			100		200			100	

对应的总成本 $=(3\times180+2\times165+3\times147.7+2\times160)$元$=1630$元。

比最优的 Wagner-Whitin 结果(见例 3-3)的总成本多出 5%,但是计算速度显然快很多。

3.6 一些扩展问题

前面几节的内容都是在 3.1 节介绍的基本模型假设的条件下讨论的。下面讨论这个基本模型的一些扩展情况。

1. 提前期不为零的情况

3.1 节介绍的基本模型假设是,提前期为 0。但实际提前期 $L>0$ 该怎么办?设 L 为正整数个周期。处理办法:先按照提前期为 0 计算最优批量,然后再将结果按照 L 提前,如表 3-24 所示。

表 3-24 订货序列转换

周期	−1	0	1	2	3	4	5
需求量/件			220	280	360	140	270
$L=0$ 情况下的订货序列/件			220	280	500		270
$L=2$ 情况下的订货序列/件	220	280	500		270		

2. 初始库存不为零的情况

3.1 节介绍的基本模型中假设初始库存为 0。若实际初始库存 $x>0$ 该怎么办?

处理办法:可以根据初始库存量 x 与第 1 周期的需求 d_1 之间的大小关系分为两种情况:① 情况 1,$x\leqslant d_1$;② 情况 2,$x>d_1$。

情况 1 的处理:将原问题转化为其对应的等价问题。首先把等价问题的初始库存设定为 0,然后把 d_1-x 作为等价问题第 1 周期的新的需求。其他条件同原问题,如表 3-25 所示。

表 3-25 原问题和等价问题的转换 1

(a) 原问题

周期	0	1	2	3	4	5	6
需求量/件		50	60	90	70	30	100
期末库存/件	30						

(b) 等价问题

周期	0	1	2	3	4	5	6
需求量/件		20	60	90	70	30	100
期末库存/件	0						

很容易验证,原问题的解等于等价问题的解,而等价问题是标准的多周期动态批量问题,可以使用 3.1 节至 3.5 节介绍的方法求解。

情况 2 的处理：类似情况 1 的处理，也是转化为等价问题，首先把等价问题的初始库存设定为 0，然后从第 1 周期开始，依次把等价问题的第 $1,2,\cdots$ 周期的需求设定为 0，直到能够抵消初始库存的周期为止，如这个周期是 t，则将第 $1,2,\cdots,t-1$ 等周期的需求全部设定为 0，第 t 周期的需求设定为 $\sum_{j=1}^{t}d_j-x$，如表 3-26 所示。

表 3-26 原问题和等价问题的转换 2

(a) 原问题

周期	0	1	2	3	4	5	6
需求量		50	60	90	70	30	100
期末库存	130						

(b) 等价问题

周期	0	1	2	3	4	5	6
需求量		0	0	70	70	30	100
期末库存	0						

容易验证，原问题的解等于等价问题的解，而等价问题是标准的多周期动态批量问题。

3.7 案例：某摩托车自行车专营商店的库存控制

1. 概况

某摩托车自行车专营商店，是一家批发和零售各种型号摩托车、自行车及其零配件的商店，每年销售各种类型摩托车约 7000 辆，自行车 30000 辆，年销售额近 5000 万元。过去几年产品畅销，商店效益好，但是管理比较粗放，主要靠经验管理。由于商店所在地离生产厂家距离较远，前几年铁路运输比较紧张，为避免缺货，该摩托车自行车专营商店经常保持较高的库存量。近两年来，经营同类业务的商店增加，市场竞争十分激烈。

该摩托车自行车专营商店经销部最近聘任徐先生担任主管，徐先生具有大学本科管理专业学历，又有几年在百货商店实际工作的经验。他上任以后，就着手了解情况，寻求提高经济效益的途径。

该摩托车自行车专营商店采购的具体方式是，参加生产厂家每年一次的订货会议，签订下年度的订货合同，然后按期到生产厂家办理提货手续，组织进货。

徐先生认为经销部应当按照库存控制理论，在保证市场供应的前提下，尽量降低库存，这是提高经济效益的主要途径。

2. 经济订购批量的计算

该摩托车自行车专营商店销售不同型号的摩托车，徐先生首先选择 XH 公司生产的产品，计算其经济订购批量。

1) 已知条件

徐先生为计算 XH 公司供应的摩托车的经济批量，收集了如下数据。

(1) 每年对 XH 公司生产的摩托车需求量为 3000 辆,平均每辆价格为 4000 元。

(2) 采购成本。主要包括采购人员处理一笔采购业务的差旅费、住宿费、通信费等费用。以往采购人员到 XH 公司乘飞机出差,住宾馆,坐出租车,一次采购平均用 16 至 24 天,采购员各项支出每人平均为 6700 元,每次订货去两名采购员,采购成本为 6700×2 元/次=13400 元/次。

(3) 每辆摩托车的年库存维持费。

① 所占用资金的机会成本。每辆摩托车平均价格为 4000 元,银行贷款利率年息为 6%,所占用资金的机会成本=4000×6% 元/(辆·年)=240 元/(辆·年)。

② 房屋成本(仓库房租及折旧、仓库维修、仓库房屋保险费等平均每辆摩托车分担的成本)。该摩托车自行车专营商店租用一间仓库,年租金为 52000 元。仓库最高库存量为 700 辆,最低时不足 100 辆,平均约为 400 辆,因此,每辆摩托车年房屋成本可取为 130 元/(辆·年)。

③ 仓库设施折旧费和操作费。吊车、卡车折旧费和操作费平均为 10 元/(辆·年)。

④ 存货的损坏、丢失、保险费平均为 20 元/(辆·年)。

以上各项合计年保存维持费为(240+130+10+20)元/(辆·车)=400 元/(辆·年)

2) 经济订购批量的计算

徐先生将以上数据代入经济订购批量计算公式,计算经济订购批量及订购间隔期、订购点、年库存维持成本等。

(1) 经济订购批量=$\sqrt{\dfrac{2\times 3000\times 13400}{400}}$ 辆≈448 辆。

(2) 每年订购次数=3000/448 次≈7 次。

(3) 订购间隔期。

该摩托车自行车专营商店每周营业 7 天,除春节放假 5 天外,其他节假日都不停业。年营业日为 360 天,订购间隔期为

订购间隔期=360/7 天=52 天

若采用定期订购方式,订购间隔为 52 天,即每隔 52 天订购一次。

(4) 订购点。

若采用定量订购方式,则要计算订购点。

徐先生为计算订购点量,需要订货提前期的有关数据,他了解到订货提前期由表 3-27 所示的几个部分组成。

表 3-27 订购提前期的组成

采购准备时间	与供应商谈判时间	供应商提前期	到货验收
4 天	4 天	15 天	2 天

表 3-27 中,采购准备工作时间,包括了解采购需求、采购员旅途时间。供应商提前期是指与供应商谈判结束一直到摩托车运送到达该摩托车自行车专营商店仓库所需的时间。由表 3-27 可算出,订购总提前期为 25 天。

若安全库存为 40 辆,订购点=(25×3000/360+40)辆≈250 辆。

(5) 年库存维持费。

年库存维持费等于年订购成本与年保存费之和,即年库存维持费=[7×13400+(448/2+40)×400]元/年=(93800+105600)元/年=199400 元/年。

经过上面的数据收集、分析与计算,徐先生对库存各种费用的大体情况,以及在哪些方面可以采取措施,降低费用,有了一个初步的认识。

3. 时变需求下的库存控制

徐先生在仔细调查了该摩托车自行车专营商店 XH 公司摩托车的销售数据后发现,XH 公司摩托车的销售量在一年之中并不是均衡的,它与季节有一定的关系。根据前两年的销售数据,各月销售量如表 3-28 所示。

表 3-28　XH 公司摩托车销售月分布情况　　　　　　　　　　　单位:辆

月份	1	2	3	4	5	6	7	8	9	10	11	12
月需求量	650	120	200	220	240	360	180	180	250	200	200	200
累积需求量	650	770	970	1190	1430	1790	1970	2150	2400	2600	2800	3000

由表 3-28 可见,XH 公司摩托车在 1 月份的销售量较大,1 月份即新年到春节之间,许多单位发年终奖或双工资,在春节前形成购买高峰,在高峰过后,销售量骤减。其余各月销售量有波动,但不是很大。

徐先生根据 Silver-Meal 算法和销售量的分布,重新安排了订购时间及订购量。新安排的全年订购计划及库存成本如表 3-29 所示。

表 3-29　订购计划及库存成本　　　　　　　　　　　　　单位:辆

月份	1	2	3	4	5	6	7	8	9	10	11	12	总计
期初存货	0	0	420	220	0	360	0	180	0	200	0	200	
订购量	650	540	0	0	600	0	360	0	450	0	400	0	3000
需求量	650	120	200	220	240	360	180	180	250	200	200	200	3000
期末库存	0	420	220	0	360	0	180	0	200	0	200	0	1580

由于全年订购次数为 6 次,每次订购成本为 13400 元,全年总订购成本为 13400×6 元=80400 元。

每辆摩托车年保存成本为 400 元,每月的保存成本应为 400/12 元,即 33.3 元,期末库存总计为 1580 辆,总保存成本应为 1580×33.3 元=52614 元,总订购成本为 80400 元。

因此,总库存成本=总订购成本+总保存成本=133014 元。

这种算法忽略了订购提前期及安全库存。徐先生认为可按订购提前期为一个月考虑安排订购,即按表 3-29 中订购量一栏提前一个月安排订购。订购提前期原为 25 天,现增加至一个月,增加的 5 天可视为安全库存。

4. 降低库存成本的建议

为进一步降低库存费,徐先生提出以下改进措施。

1) 降低订购费

实行订购费承包,每次出差去 XH 公司,承包开支如表 3-30 所示,并考虑每次只派一名采购员去订购。

表 3-30 承包开支表

项目	金额/元	计算依据
差旅费	1200	
住宿费	2400	120×20 元＝2400 元
通信费	200	10×20 元＝200 元
合计	7600	3800×2 元＝7600 元

2）降低保存费

保存费中资金的机会成本由摩托车价格和银行利息所决定，没有降低的余地。仓库设施的折旧费和操作费，存货的损坏、丢失、保险费等在保存费中所占比例很少，压缩这些费用可节省的开支十分有限。徐先生将降低保存费主要集中在降低仓库租金方面。

现在该摩托车自行车专营商店租用的仓库，最多可存放 700 辆摩托车，由表 3-29 可看到，全年只有一个月摩托车的销售量达到 650 辆，其余月份最高销售量为 360 辆。若按表 3-29 订购，徐先生提出以下两种设想。

(1) 上半年租用原有仓库面积，下半年按 450 辆摩托车需用面积租仓库，大约可节省 1 万元。

(2) 将 5 月份订购 600 辆，改为 5 月订购 240 辆，6 月订购 360 辆。这样，除 1、2 月份要租用较大仓库外，其余 10 个月份可按 450 辆存放面积租仓库。这样仓库租用费大约可节省 1.6 万元。

徐先生做了初步估算，如果上述两项建议能实现，在优化订购的基础上，每年大约可再节约 6.8 万元库存费。

5. 思考

问题 1：采用 Silver-Meal 计算出的库存费明显低于用经济订购批量模型计算出费用，为什么？

问题 2：徐先生的计算有什么不符合实际的地方，他建议的改进措施是否可行，为什么？怎样做才合理？

6. 网友解答

徐先生使用了有关 Silver-Meal 算法，该算法是一个属于启发式的算法，仅次于 WW（瓦格纳·怀丁）的优化算法。而平时大家使用的 Lot4lot、FPO、POQ 模型都是简单的方法，EOQ、PUB、Silver-Meal 和 Least Unit Cost 模型属于较为流行的算法，且好的 ERP 基本都支持。但可惜，他在案例里还是算错了。徐先生的计算如表 3-31 所示。

表 3-31 网友的计算

月份	1	2	3	4	5	6	7	8	9	10	11	12
月需求量	650	120	200	220	240	360	180	180	250	200	200	200
订量	770	0	420	0	780	0	0	430	0	400	0	200
库存	120	0	220	0	540	180	0	250	0	2000	0	120

累积期末库存为 1510 辆。

比案例中的 1580 辆还少！总成本＝(6×13400＋33.3×1510)元＝130683 元。

针对问题 1，徐先生用了不同的计算方法：对于 EOQ 算法，库存是按平均库存计算的(448/2＋40)辆，而对于 Silver-Meal 算法，库存是按月末库存计算的。如把前者转换成后者的方法，相当于月末库存累积 2472 辆，再乘以 33.3 就不至于原先的那么多了。

针对问题 2，有如下解答。

(1) 计算需求的 CV 值(波动系数)＝0.62，本来就不应该用 EOQ 的算法。

(2) 没有期初库存，即使用 EOQ 方法，在第一个月也应该订货 2×448 辆，或者干脆合为一次订货，订货次数就是 6 次(比 7 次少了一次)，订货成本也就少了 13400 元。

3.8 本章小结

本章主要介绍在确定性时变需求下的动态批量模型。通过与确定性 EOQ 模型的比较，我们可以得出，当需求随时间变化而变化时，所谓最优的订货批量也必然是随时间变化而变化的，是"动态的批量"，不再像 EOQ 模型一样是固定的。

本章还重点讨论了不同的动态批量的求解方法，当然它们具有不同的计算效率。如在整数规划模型中，一共有 T 个普通变量和 T 个 0/1 变量，从原理上来讲，其计算效率是最低的。Wagner-Whitin 算法是最优算法，其平均计算次数为 $T(T-1)/2$ 次。而 Silver-Meal 算法，计算次数为 $T\sim 2T$，其计算速度提高的代价是降低了解的质量，不再保证可以得到最优解。

3.9 习题

3-1 试讨论 3.8 节案例问题，给出你的解答。

3-2 $A=250$ 元，$T=10$，$h=1$ 元/(件·周期)，初始库存为 0，订货提前期为 0，不允许缺货，需求量如表 3-32 所示。

表 3-32 需求量 5

周期	1	2	3	4	5	6	7	8	9	10
需求量/件	100	100	100	100	100	100	100	100	100	100

(1) 试用 Wagner-Whitin 算法计算订货序列。

(2) 试用 Silver-Meal 算法计算订货序列。

(3) 考虑到每个周期的需求都是均匀相等的，请利用基本 EOQ 公式进行计算，并比较其结果与(1)、(2) 的区别。

3-3 试计算下列 $T=5$ 个周期订货系统的最优订货序列，如表 3-33 所示。已知每次订货费 $A=250$ 元，$h=1$ 元/(件·周期)，初始库存为 0，订货提前期为 0，不允许缺货。

表 3-33 需求量 6

周期	1	2	3	4	5
需求量/件	200	280	300	150	270

3-4 某公司按星期采购某原材料，采购价格为 50 元/件，每次订购费为 $A=250$ 元，一个星期的存

储费为 $h=1$ 元,初始库存为 0,订货提前期为 0,不允许缺货,未来 10 个星期的需求量如表 3-34 所示。

表 3-34 需求量 7

周期	1	2	3	4	5	6	7	8	9	10
需求量/件	10	3	30	100	7	15	80	50	15	0

(1) 试用 Wagner-Whitin 算法计算订货序列及其总成本。
(2) 试用 Silver-Meal 算法计算订货序列及其总成本。
(3) 试用订货成本和持有成本平衡法计算订货序列及其总成本。
(4) 若该公司使用 Lot4lot 方法进行采购,试计算其总成本。

3-5 某企业按周期采购并生产产品,假设其生产单价为 200 元/件,采购一次的固定费为 300 元,一种周期单件产品的库存持有成本按照其生产单价的 1% 计算,初始库存为 0,订货提前期为 0,不允许缺货,未来 12 个周期的需求量如表 3-35 所示。试计算订货批量。

表 3-35 需求量 8

周期	1	2	3	4	5	6	7	8	9	10	11	12
需求量/件	120	50	0	360	70	0	0	85	205	0	70	145

(1) 试用 Wagner-Whitin 算法计算订货序列。
(2) 试用 Silver-Meal 算法计算订货序列。
(3) 试用订货成本和持有成本平衡法计算订货序列。

3-6 某服装批发企业按月采购并向一些固定的大客户进行批发销售,假设其采购单价为 100 元/件,采购一次的固定费为 200 元,一个月内单件产品的库存持有成本按照其采购单价的 2% 计算,初始库存为 0,订货提前期为 0,不允许缺货,未来 12 个月的结果汇总的各大客户的需求量如表 3-36 所示。试计算其订货批量。

表 3-36 需求量 9　　　　　　　　　　　　单位:1000 件

周期	1	2	3	4	5	6	7	8	9	10	11	12
需求量/件	10	10	15	20	70	180	250	270	230	40	0	10

(1) 试用 Wagner-Whitin 算法计算订货序列。
(2) 若订货提前期为 2,其他条件不变,试重新计算最优批量。
(3) 若初始库存为 50 件,其他条件不变,试重新计算最优批量。

4

需求随机的单周期库存模型

4.1 引例

本章主要讨论随机需求情况下的单产品、单仓库设施单周期库存问题,这种问题也称为报童问题。报童问题是库存中的一类经典问题,其基本结论对理解随机需求下的库存问题的规律有重要意义。下面就从卖报纸问题开始讨论。

例 4-1 卖报纸问题。报童早晨从报社批发一定数量的《××日报》,每份批发价为 0.25 元;然后到各处售卖,每份卖 1.00 元;晚上收工时,剩下的报纸成为废纸,计算当天的盈利。这个报童面临的问题是,早晨从报社批发多少份《××日报》?

解 订得太多,则卖不完,成为废纸;订得太少,则可能会有客户来买报纸而没有货,损失了盈利。

因此,报童的决策内容是确定早晨的报纸批发份数,目标要使得当天的成本最小或者收益最大。

显然,这个问题有下列一些特点。

(1) 属于库存问题。报童批发报纸可以看成一个订货过程,订货后货物入库形成库存,需求发生则是库存消耗。

(2) 产品为单周期产品。产品的生命周期维持一个单位时间,最后处理掉期末存货,不会影响到下次订货活动。

(3) 需求不确定。报童早晨批发报纸的时候并不知道当天会有多少人来买报纸,这是问题的难点所在。

人们习惯上把具有上述特点的所有类似问题称为报童问题,对应的数学模型称为报童模型。也就是说,现有的称呼报童问题和报童模型并不再局限于卖报纸问题,而是这一类单周期产品、需求不确定的库存问题的总称。

很多类似的一些问题也属于报童问题。例如,生鲜超市的进货问题:这个月要向供应商预订多少水果、水产品、鲜奶等? 还有农民种植蔬菜问题:今年该种多少蔬菜? 还有会议问题:为了召开某次学术会议,要预订多少客房? 也都可以认为是报童问题。

下面就一般的报童问题进行讨论。

假设某单周期产品,其采购进来的单价为 v,单位产品的存储费为 h,单位产品的缺货费为 p,销售出去的单价为 w,订货提前期为 0。

同时规定系统的运作顺序为:在期初进行订货决策,订货马上到达;之后需求发生;最后在期末计算所有的成本(以期末库存量计算库存持有成本),如图4-1所示。

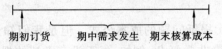

图4-1 报童问题的时序规定

设需求为随机变量D,已知其分布密度函数为$\phi()$,分布函数为$\Phi()$。我们假设$D \geqslant 0$,也就是说,当$x<0$时,$\Phi(x)=0$,$\phi(x)=0$,这种需求根据分布函数的定义,有$P(D \leqslant x) = \Phi(x) = \int_0^x \phi(\xi) \mathrm{d}\xi$,其中$P(D \leqslant x)$表示$D \leqslant x$情况出现的概率。

设期初(订货之前时刻)的库存量为x,由于订单马上到达,订货后货物马上入库,库存量达到y的水平,$y \geqslant x$,即订货量为$y-x$,因此产品的总购入成本为$v(y-x)$,发生需求为D。下面分析期末的情况。

1) 针对库存持有成本,期末会有以下三种不同的情况发生

(1) 如果库存量y大于需求量D,则在期末形成存货,计算库存持有成本为$h(y-D)$。

(2) 如果库存量y小于需求量D,则没有存货,库存持有成本为0。

(3) 如果库存量y等于需求量D,则这种情况可以归为情况(1),也可以归为情况(2)。

因此可以将上述三种情况最后合并为以下两种。

(1) 如果库存量y不小于需求量D,则在期末形成存货,库存持有成本为$h(y-D)$。

(2) 如果库存量y不大于需求量D,则没有存货,库存持有成本为0。

将上述两种情况下的库存持有成本合起来可以记为$h(y-D)^+$,其中,$()^+$表示当其中的变量大于0时取变量值本身,否则取0值,用数学式表示就是$(\xi)^+ = \max(\xi, 0)$。

2) 针对缺货成本,会有以下两种情况发生

(1) 如果库存量y不小于需求量D,则没有发生缺货情况,缺货成本计为0。

(2) 如果库存量y不大于需求量D,则缺货量为$(D-y)$,缺货成本为$p(D-y)$。

缺货成本的两种情况合起来可以记为$p(D-y)^+$。

3) 针对销售收入,会有以下两种情况发生

(1) 如果库存量y不小于需求量D,销售收入wD。

(2) 如果库存量y不大于需求量D,销售收入wy。

两种情况合起来记为$w[y-(y-D)^+]$。

综上所述,总的成本为上述采购成本、库存持有成本和缺货成本之和并减去销售收入,即

$$v(y-x) + h(y-D)^+ + p(D-y)^+ - w[y-(y-D)^+]$$
$$= (v-w)y + (h+w)(y-D)^+ + p(D-y)^+ - vx$$

因为D是随机变量,因此决策的目标是使得上述总成本的期望值最小化,即求最优值y,使得总成本对D的概率期望最小化,即

$$\min_y E[(v-w)y + (h+w)(y-D)^+ + p(D-y)^+ - vx]$$

4.2 报童问题的经典表达

4.1节我们推导了卖报纸问题的成本公式。但是我们知道,实际上现实中的其他报童问题包含的成本因素非常复杂,例如,每天没有卖掉的报纸可以卖给过刊、过报的回收人,如果在原模型中增加这种成本考虑,则必须重新推导成本公式,这样做就太麻烦了。那么,有没有一个统一的办法,能够避免每次都重新推导呢?下面介绍报童问题的经典表达式,它解决了报童问题的不同成本构成情况。

在4.1节介绍的成本公式中 $\min_y E[(v-w)y+(h+w)(y-D)^+ + p(D-y)^+ - vx]$,我们注意到有 $y=(y-D)^+ - (D-y)^+ + D$,同时,$-vx$ 项与决策变量 y 无关,因此原问题可以等价地转换为

$$\min_y E[(h+v)(y-D)^+ + (w-v+p)(D-y)^+] \tag{4-1}$$

那么原问题是否可以统一地化为

$$\min_y E[c_o(y-D)^+ + c_u(D-y)^+]$$

其中,c_o 为超储边际费率,也就是每存货一件的成本(Overage Cost per Unit);c_u 为缺货边际费率,也就是每缺货一件的成本(Underage Cost per Unit)。

这里边际费率也称为单位边际成本,即每增加一件产品而导致的总成本的增加值。

实际上,所有报童问题都可以统一为上述形式。因此通常的报童模型一般使用这种方式来表述。

那么,如何计算 c_o 和 c_u 呢?可以按照下面的方法求得。

设 D 为需求量,y 为订货后的库存量,如果总成本表达为

$$C(D,y) = c_o y + (\text{不含 } y \text{ 的项}) \quad (y \geqslant D)$$
$$C(D,y) = -c_u y + (\text{不含 } y \text{ 的项}) \quad (y \leqslant D)$$

则根据式中 y 前面的系数可以得到 c_o 和 c_u。下面用一个例子说明其计算过程。

例4-2 报童批发报纸问题。报纸批发单价为 v,每张报纸的存储费为 h,每张报纸的缺货费为 p,销售出去的单价为 w,订货提前期为0。试计算其 c_o 和 c_u。

解 设期初库存为 x,订货后的库存为 y。

(1) 当 $y \geqslant D$ 时,包括这些成本,即预定成本为 $v(y-x)$,销售额为 $-wD$,存货持有成本为 $h(y-D)$,合计成本为 $(v+h)y+(-vx-wD-hD)$,因此 $c_o=v+h$。

(2) 当 $y \leqslant D$ 时,包括这些成本,即预定成本为 $v(y-x)$,销售额为 $-wy$,缺货成本为 $p(D-y)$,合计成本为 $-(w-v+p)y+(-vx+pD)$,因此 $c_u=w-v+p$。

故 $E[c_o(y-D)^+ + c_u(D-y)^+] = E[(v+h)(y-D)^+ + (w-v+p)(D-y)^+]$

该结果就是式(4-1)中的成本式。

4.3 模型推导

下面推导报童模型经典表达式的最优订货策略问题。

首先,令 $C(y)=E[c_o(y-D)^+ + c_u(D-y)^+]$,按照随机变量期望的求解公式得

$$E[c_o(y-D)^+ + c_u(D-y)^+] = c_o \int_0^{+\infty}(y-t)^+ \phi(t)dt + c_u \int_0^{+\infty}(t-y)^+ \phi(t)dt$$

其中

$$\int_0^{+\infty}(y-t)^+\phi(t)\mathrm{d}t=\int_0^y(y-t)^+\phi(t)\mathrm{d}t+\int_y^{+\infty}(y-t)^+\phi(t)\mathrm{d}t$$

$$=\int_0^y(y-t)\phi(t)\mathrm{d}t+\int_y^{+\infty}0\times\phi(t)\mathrm{d}t$$

$$=\int_0^y(y-t)\phi(t)\mathrm{d}t$$

$$\int_0^{+\infty}(t-y)^+\phi(t)\mathrm{d}t=\int_0^y(t-y)^+\phi(t)\mathrm{d}t+\int_y^{+\infty}(t-y)^+\phi(t)\mathrm{d}t$$

$$=\int_0^y 0\times\phi(t)\mathrm{d}t+\int_y^{+\infty}(t-y)\phi(t)\mathrm{d}t$$

$$=\int_y^{+\infty}(t-y)\phi(t)\mathrm{d}t$$

因此，$C(y)=c_\mathrm{o}\int_0^y(y-t)\phi(t)\mathrm{d}t+c_\mathrm{u}\int_y^{+\infty}(t-y)\phi(t)\mathrm{d}t$，其导函数（参见附录B：最优化理论基础中的带参变量的积分求导公式）为

$$\frac{\mathrm{d}C(y)}{\mathrm{d}y}=c_\mathrm{o}\int_0^y\phi(t)\mathrm{d}t-c_\mathrm{u}\int_y^{+\infty}\phi(t)\mathrm{d}t$$

$$=c_\mathrm{o}\int_0^y\phi(t)\mathrm{d}t-c_\mathrm{u}\int_y^{+\infty}\phi(t)\mathrm{d}t-c_\mathrm{u}\int_0^y\phi(t)\mathrm{d}t+c_\mathrm{u}\int_0^y\phi(t)\mathrm{d}t$$

$$=c_\mathrm{o}\int_0^y\phi(t)\mathrm{d}t-c_\mathrm{u}\left[\int_y^{+\infty}\phi(t)\mathrm{d}t-\int_0^y\phi(t)\mathrm{d}t\right]+c_\mathrm{u}\int_0^y\phi(t)\mathrm{d}t$$

$$=c_\mathrm{o}\int_0^y\phi(t)\mathrm{d}t-c_\mathrm{u}+c_\mathrm{u}\int_0^y\phi(t)\mathrm{d}t=-c_\mathrm{u}+(c_\mathrm{o}+c_\mathrm{u})\int_0^y\phi(t)\mathrm{d}t=-c_\mathrm{u}+(c_\mathrm{o}+c_\mathrm{u})\Phi(y)$$

最后，根据求最优解的条件 $\dfrac{\mathrm{d}C(y)}{\mathrm{d}y}=0$，得最优解 $y=y^*$，它满足 $\Phi(y^*)=\dfrac{c_\mathrm{u}}{c_\mathrm{o}+c_\mathrm{u}}$。

从上述推导，可得出最优的 y^* 值，那么怎样进行订货呢？显然根据总成本式 $C(y)$，如图 4-2(a)所示，当期初库存 x 不大于此临界值 y^* 时，订货量为 y^*-x，即将库存量增加到 y^* 的水平，因为在点 y^* 处具有最低的总成本。而当期初库存 x 大于此临界值 y^* 时，因为订货量至少要不小于0，所以当前库存下的总成本已经不可能再降低了，如图 4-2(b)所示，增加订货只能导致总成本上升，因此在这种情况下不订货，库存维持在现状 x 的水平。

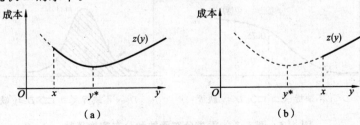

图 4-2　不同 x 情况下的订货

上述订货决策恰好就是 S 策略形式，也就是说，S 策略是报童问题的最优策略，只不过 S 的具体取值为 y^*。

报童模型的最优策略给我们的启发是，在需求是随机变化的情况下，不管我们怎样订货，总会发生缺货，这种缺货也是随机的，我们不能像在允许缺货的确定性 EOQ

模型中那样规定缺货的具体大小,但是我们可以控制缺货发生的概率,$\Phi(y^*) = \dfrac{c_u}{c_o+c_u}$实际上就告诉我们缺货的概率问题。

这是因为,按照分布函数的定义 $P(D \leqslant x) = \Phi(x) = \int_0^x \phi(\xi)\mathrm{d}\xi$,因此

$$P(D \leqslant y^*) = \Phi(y^*) = \dfrac{c_u}{c_o+c_u}$$

其中,$P(D \leqslant y^*)$是在 $D \leqslant y^*$ 的情况下会发生的概率。$D \leqslant y^*$ 显然是不缺货的情况,因此 $P(D \leqslant y^*)$ 就是指不发生缺货的概率。

反之,发生缺货的概率$= P(D > y^*) = 1 - P(D \leqslant y^*) = 1 - \Phi(y^*) = 1 - \dfrac{c_u}{c_o+c_u}$。

例 4-3　报童每天早晨以每份 0.25 元的批发价从报社拿到报纸,然后以每份 1.00 元的售价将报纸卖出去,卖不掉的报纸的价值为 0,同时不考虑库存持有成本和缺货成本。若报童当天面对的需求为正态分布 $N(\mu, \sigma^2) = N(300, 60^2)$,则当天早上应该订多少份报纸?

解　初始库存为 0,订货后的报纸量为 y,则预订量为 y,实际需求量为 D。

(1) 当 $y \geqslant D$(报纸没有卖完)时,包含以下成本,即预订成本为 $0.25y$,销售收入为 $-1.00D$,合计成本为 $C(D,y) = 0.25y - 1.00D$,因此 $c_o = 0.25$ 元。

(2) 当 $y \leqslant D$(报纸不够)时,包含以下成本,即预订成本为 $0.25y$,销售收入为 $-1.00y$,合计成本为 $C(D,y) = -0.75y$,因此 $c_u = 0.75$ 元,则

$$\Phi(y^*) = \dfrac{c_u}{c_o+c_u} = \dfrac{0.75}{0.25+0.75} = 0.75$$

查 $N(0,1)$ 正态分布表(见附录 C),知 $z = 0.51$ 时的分布函数值为 0.7517,即 $\Phi_{N(0,1)}(z=0.68) \approx 0.7517$,则 $\dfrac{y-\mu}{\sigma} = z$,即 $\dfrac{y-300}{60} = 0.68$,得 $y = 340.8$ 份。

也可以利用 Excel 输入公式"=norminv(0.75,300,60)"来计算 y。

因此报童订约 340 份报纸是合适的。订货量和需求的分布函数、分布密度函数之间的关系如图 4-3 所示。

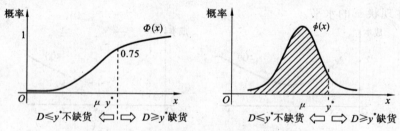

图 4-3　例 4-3 的需求分布函数和分布密度函数

例 4-4　同例题 4-3,需求为 [0,500] 的均匀分布,其他条件不变。

解　由例 4-3 的解知,

$$\Phi(y^*) = \dfrac{c_u}{c_o+c_u} = \dfrac{0.75}{0.25+0.75} = 0.75$$

根据均匀分布的性质,如图 4-4 所示,可得 $y^* = 375$ 份。

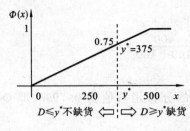 

图 4-4 例 4-4 的需求分布函数和分布密度函数

例 4-5 某公司要提前为一次大型活动预订宾馆客房,假设此次活动所需的客房数满足正态分布 $N(500,200^2)$。客房的协议价 50 元/间,预订时就要交。若预订的房间不够,则不够的量要在附近的宾馆按照单价 80 元/间的标准租用,另外还要导致额外的费用 10 元/间。应该提前预订多少个房间,使得期望总成本最小。

解 初始库存为 0,订货后的库存量为 y,则预订量为 y,实际需求量为 D。

(1) 先计算每预订一间没有人住的成本 c_o。

当 $D \leqslant y$ 时,总的成本包括以下成本,即预订成本 $50y$,合计成本为 $50y$。因此 $c_o = 50$ 元。

(2) 计算每缺一个房间的成本 c_u。

当 $D \geqslant y$ 时,总的成本包括以下成本,即预订成本为 $50y$,临时在附近宾馆租房的成本为 $80(D-y)$,额外成本为 $10(D-y)$,合计成本为 $50y+80(D-y)+10(D-y)=90D-40y$。因此 $c_u = 40$ 元,则有

$$\Phi(y^*) = \frac{c_u}{c_o+c_u} = \frac{40}{90} = \frac{4}{9}$$

查 $N(0,1)$ 正态分布表,当 $z = 0.14$ 时,$\Phi_{N(0,1)}(z=0.14)=0.5557$。因此当 $z=-0.1408$ 时的分布函数值为 $1-0.5557=0.4443$,即 $\Phi_{N(0,1)}(z=-0.1408)=0.4443$。

因此对于一般的正态分布 $N(\mu,\sigma^2)$,有 $\frac{y-\mu}{\sigma} = \frac{y-500}{200} = -0.14$,最后得 $y=472$ 个。

例 4-6 机票超售在国际上非常普遍,这是航空公司降低座位虚耗、提高收益率的一种销售策略。航空公司为降低损失往往多卖几张票,如果起飞时真有旅客坐不上飞机,会给予相应补偿。某航空公司发现,一趟航班持有机票而未登机("不露面")的人数满足平均值为 20 人、标准差为 10 人的正态分布。根据这家航空公司的测算,每一个空座位的机会成本为 100 美元。乘客确认票后但因满座不能登机有关的罚款费估计为 400 美元。飞机上共有 150 个座位。该航空公司想限制该航班的"超额预订",请计算最优的可预订机票数。

解 设 $y=150$ 张为飞机座位数对应的票数,对应订货量;D 为有票实际来登机的人数,对应需求量;δ 为有票没来的人数,满足正态分布 $N(20,10^2)$;X 为预售的机票数,则有 $D=X-\delta$。

(1) $y \geqslant D$ 表示有空座位,包含以下成本,即机会成本为 $100(y-D)$,合计成本为 $100y-100D$。因此 $c_o = 100$ 美元。

(2) $y \leqslant D$ 表示座位不够的情况,包含以下成本,即补偿成本为 $400(D-y)$,合计成本为 $-400y+400D$。因此 $c_u = 400$ 美元。

因此,最佳的安排应当满足

$$P(D \leqslant y = 150) = \frac{400}{400+100} = 0.8$$

由 $D = X - \delta$,知 D 的分布为 $N(X-20, 10^2)$。

查 $N(0,1)$ 正态分布表,知 $z = 0.84$ 时的分布函数值为 0.7995,即 $\Phi_{N(0,1)}(z = 0.84) = 0.7995$,因此,有

$$\frac{y-\mu}{\sigma} = \frac{150-(X-20)}{10} = 0.84$$

得 $X^* = (150 + 20 - 0.84 \times 10)$ 张 = 161.8 张。

最佳预售机票数约为 162 张。

4.4 离散需求情况下的报童问题

在离散随机需求情况下,由于其分布函数的不连续性,可能不存在恰好等于最优缺货概率 $\frac{c_u}{c_o + c_u}$ 的值 $\Phi(y^*)$,因此一般取最小的 $y = y^*$,以满足

$$P(D \leqslant y^*) = \Phi(y^*) \geqslant \frac{c_u}{c_o + c_u}$$

也就是在需求的(累积)分布表中将首次不小于 $\frac{c_u}{c_o + c_u}$ 的最小需求量作为 $y = y^*$ 值。

下面用一个例子来说明为什么这样做。

例 4-7 同例 4-3 的报童问题,但是其需求量是离散随机变量,如表 4-1 所示,求最优订货量。

表 4-1 需求量及其概率 1

需求量 D_i/份	概率 $P(D_i)$	累积概率 $P(D \leqslant D_i)$
100	0.30	0.30
150	0.20	0.50
200	0.30	0.80
250	0.15	0.95
300	0.05	1.00

解 首先,如图 4-5 所示需求量是离散的,因此订货量 y 也必然是与需求量一致的,

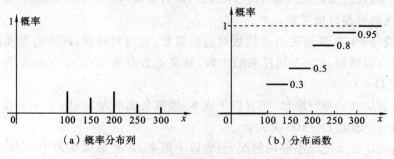

(a) 概率分布列　　　　　　　　(b) 分布函数

图 4-5 例 4-7 的概率分布列和分布函数

是离散的。这是因为如果 y 取中间某个值对满足需求量没有必要,导致增加库存成本。

下面针对本问题分别讨论不同的 y 的取值情况。

(1) 当 $y=100$ 份时,很容易计算在各种需求量情况下的缺货量和存货量,如表4-2所示。因此计算期望成本为

$$C(y)=E[c_o(y-D)^+ + c_u(D-y)^+]$$
$$=[0.25\times(0\times0.3+0\times0.2+0\times0.3+0\times0.15+0\times0.05)$$
$$+0.75\times(0\times0.3+50\times0.2+100\times0.3+150\times0.15+200\times0.05)]元$$
$$=54.375 元$$

表 4-2 $y=100$ 份情况下存货与缺货计算表

需求量 D/份	概率 $P(D)$	期末存货量/份	缺货量/份
100	0.30	0	0
150	0.20	0	50
200	0.30	0	100
250	0.15	0	150
300	0.05	0	200

(2) 当 $y=150$ 时,有

$$C(y)=E[c_o(y-D)^+ + c_u(D-y)^+]$$
$$=[0.25\times(50\times0.3)+0.75\times(0\times0.3+0\times0.2+50\times0.3+100\times0.15+150\times 0.05)]元$$
$$=31.875 元$$

其对应的计算表为 4-3。

表 4-3 $y=150$ 份情况下存货与缺货计算表

需求量 D_i/份	概率 $P(D_i)$	期末存货量/份	缺货量/份
100	0.30	50	0
150	0.20	0	0
200	0.30	0	50
250	0.15	0	100
300	0.05	0	150

依此类推,可以得到全部可能情况下的期望成本,即当 $y=100$ 份时,$C(y)=54.375$ 元;当 $y=150$ 份时,$C(y)=31.875$ 元;当 $y=200$ 份时,$C(y)=19.375$ 元;当 $y=250$ 份时,$C(y)=21.875$ 元;当 $y=300$ 份时,$C(y)=31.875$ 元。显然,最优解为 $y=200$ 份。

从这个例子可以看到,最优解 $y=200$ 份就是最小的使得 $\Phi(y)$ 不小于 $\frac{c_u}{c_o+c_u}=0.75$ 的 y 值,也就是在表 4-1 中使得 $\Phi(y)$ 首次超过 0.75 的对应的需求量的值。

例 4-8 某书店要预订一批挂历,进货价为 2 元/本,卖出价为 4.5 元/本。销售结束时没有卖掉的挂历可以按价格 0.75 元/本返回给供应商。未来需求量及其概率

如表 4-4 所示，书店应该预订多少本挂历进行销售？

表 4-4　需求量及其概率 2

需求量/本	概率
100	0.30
150	0.20
200	0.30
250	0.15
300	0.05

解　设预订量为 y，实际需求量为 D。

(1) 计算 c_o。

当 $D \leq y$ 时，总的成本包括以下成本，即预订成本为 $2y$，销售额为 $-4.5D$，存货返回供应商的成本为 $-0.75(y-D)$，合计成本为 $1.25y - 3.75D$，因此 $c_o = 1.25$ 元。

(2) 计算 c_u。

当 $D \geq y$ 时，总的成本包括以下成本，即预订成本为 $2y$，销售额为 $-4.5y$，合计成本为 $-2.50y$。因此 $c_u = 2.50$ 元，$\dfrac{c_u}{c_o + c_u} = \dfrac{2.50}{1.25 + 2.50} = \dfrac{2}{3}$。

因此在累积概率表中 $P(D \leq y^*) \geq \dfrac{c_u}{c_o + c_u}$ 的点，如表 4-5 所示。

表 4-5　需求量及其概率 3

需求量 D_i/本	概率 $P(D_i)$	累积概率 $P(D \leq D_i)$
100	0.30	0.30
150	0.20	0.50
200	0.30	0.80
250	0.15	0.95
300	0.05	1.00

发现其中 $P(D \leq 200) = 0.80$，此概率首次 $\geq \dfrac{c_u}{c_o + c_u} = \dfrac{2}{3}$。

因此最优订货量 $y^* = 200$ 本，订 200 本挂历是合适的。

进一步还可以计算当 $y = 200$ 本时的缺货概率和平均缺货量。

当 $y^* = 200$ 本时，缺货的情况如表 4-6 所示，则

缺货概率 $= 0 + 0 + 0 + 0.15 + 0.05 = 0.20$

表 4-6　当 $y = 200$ 本时的缺货情况

销售量 D/本	概率 $P(D)$	是否缺货	缺货量/本
100	0.30	否	0
150	0.20	否	0
200	0.30	否	0
250	0.15	是	50
300	0.05	是	100

表明一共有 20% 情况会缺货。

平均缺货量 = $(0.15 \times 50 + 0.05 \times 100)$ 本 = 12.5 本,即平均缺货 12.5 本。

例 4-9 某汽车销售商,每年每辆车以 10 万元购入,今年的预期销售量如表 4-7 所示,若汽车最后销售价为 14 万元,同时今年没有销售的车可以以 9 万元的价格由供应商回收,该销售商应该怎样订货?

表 4-7 需求量及其概率 4

预期销售量 D_i/辆	概率 $P(D_i)$
20	0.30
25	0.15
30	0.15
35	0.20
40	0.20

解 采购量为 y,实际需求量为 D,金额单位为万元。

(1) 计算 c_o。

当 $D \leqslant y$ 时,总的成本包括这些成本,即购买成本为 $10y$,销售额为 $-14D$,存货返回供应商时成本为 $-9(y-D)$,合计成本为 $y-5D$。因此 $c_o = 1$ 万元。

(2) 计算 c_u。

当 $D \geqslant y$ 时,总的成本包括这些成本,即购买成本为 $10y$,销售额为 $-14y$,合计成本为 $-4y$。因此 $c_u = 4$ 万元,$\frac{c_u}{c_o + c_u} = \frac{4}{1+4} = 0.8$。

在分布函数表 4-8 中检查 $P(D \leqslant y^*) \geqslant \frac{c_u}{c_o + c_u}$ 的需求量的点,$P(D \leqslant 35) = 0.80$,此概率在累积概率表中首次不小于 $\frac{c_u}{c_o + c_u} = 0.8$。因此最优订货量 $y^* = 35$ 辆。

显然,这种情况下对应的缺货概率 = 0.20,平均缺货量 = $(40-35) \times 0.2 = 1$。

表 4-8 需求量及其概率 5

预期销售量 D_i/辆	概率 $P(D_i)$	累积概率 $P(D \leqslant D_i)$
20	0.30	0.30
25	0.15	0.45
30	0.15	0.60
35	0.20	0.80
40	0.20	1.00

值得注意的是,本例中最优订货恰使累积概率 $\frac{C_u}{C_u + C_o} = 0.8$,我们可以发现其实 Q 取在 $[35, 40]$ 之间的任何值时都具有最小的系统总期望成本,如图 4-6 所示。当然最后我们仍然取其中最小值 $Q = 35$ 作为最优订货量。

在本节最后,给出一般的离散需求情况报童问题的最优解的证明,供读者参考。

设需求 $D = x$ 出现的概率为 p_x,其中 x 为非负整数,即 $x = 0, 1, 2, \cdots$,显然 $\sum_{x=0}^{\infty} p_x$

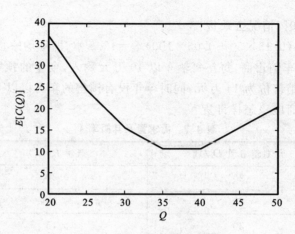

图 4-6　例 4-9 的总成本图

$=1$。因此系统总期望成本可以写为

$$C(Q) = \sum_{x=0}^{\infty}[C_o(Q-x)^+ + C_u(x-Q)^+]p_x = \sum_{x=0}^{Q}C_o(Q-x)p_x + \sum_{x=Q+1}^{\infty}C_u(x-Q)p_x$$

可以证明 $C(Q)$ 是一个凸函数(证明过程略),它存在唯一的最优解。因此最优解 Q 的条件为

条件(1):　　　　　　　　$C(Q) \leqslant C(Q+1)$

条件(2):　　　　　　　　$C(Q) \leqslant C(Q-1)$

先看条件(1),即

$$\sum_{x=0}^{Q}C_o(Q-x)p_x + \sum_{x=Q+1}^{\infty}C_u(x-Q)p_x \leqslant \sum_{x=0}^{Q+1}C_o(Q+1-x)p_x + \sum_{x=Q+2}^{\infty}C_u(x-Q-1)p_x$$

其中,不等式左边第 2 项为

$$\sum_{x=Q+1}^{\infty}C_u(x-Q)p_x = \sum_{x=Q+2}^{\infty}C_u(x-Q)p_x + C_u p_x\big|_{x=Q+1}$$

而不等式右边两项分别为

$$\sum_{x=0}^{Q+1}C_o(Q+1-x)p_x = \sum_{x=0}^{Q+1}C_o(Q-x)p_x + \sum_{x=0}^{Q+1}C_o p_x$$

$$= \sum_{x=0}^{Q}C_o(Q-x)p_x + C_o(Q-x)p_x\big|_{x=Q+1} + \sum_{x=0}^{Q+1}C_o p_x$$

$$= \sum_{x=0}^{Q}C_o(Q-x)p_x + \sum_{x=0}^{Q}C_o p_x$$

$$\sum_{x=Q+2}^{\infty}C_u(x-Q-1)p_x = \sum_{x=Q+2}^{\infty}C_u(x-Q)p_x - \sum_{x=Q+2}^{\infty}C_u p_x$$

因此条件(1)可化为 $\sum_{x=0}^{Q}C_o p_x - \sum_{x=Q+1}^{\infty}C_u p_x \geqslant 0$,即

$$\sum_{x=0}^{Q}C_o p_x - \sum_{x=Q+1}^{\infty}C_u p_x + \sum_{x=Q+1}^{\infty}C_o p_x - \sum_{x=Q+1}^{\infty}C_o p_x \geqslant 0$$

其中,不等式左边第 1 和 3 项可合并为 C_o,第 2 和 4 项可合并为 $\sum_{x=Q+1}^{\infty}(C_u+C_o)p_x$。因此条件(1)可以化为

$$\sum_{x=Q+1}^{\infty}p_x \leqslant \frac{C_o}{C_u+C_o}$$

考虑到 $\sum_{x=0}^{\infty} p_x = 1$,最后条件(1)就是

$$\sum_{x=0}^{Q} p_x \geqslant \frac{C_u}{C_u + C_o}$$

再看条件(2),即

$$\sum_{x=0}^{Q} C_o(Q-x)p_x + \sum_{x=Q+1}^{\infty} C_u(x-Q)p_x \leqslant \sum_{x=0}^{Q-1} C_o(Q-1-x)p_x + \sum_{x=Q}^{\infty} C_u(x-Q+1)p_x$$

其中,不等式左边第1项为

$$\sum_{x=0}^{Q} C_o(Q-x)p_x = \sum_{x=0}^{Q-1} C_o(Q-x)p_x + C_o(Q-x)p_x\big|_{x=Q} = \sum_{x=0}^{Q-1} C_o(Q-x)p_x$$

而不等式右边两项分别为

$$\sum_{x=0}^{Q-1} C_o(Q-1-x)p_x = \sum_{x=0}^{Q-1} C_o(Q-x)p_x - \sum_{x=0}^{Q-1} C_o p_x$$

$$\sum_{x=Q}^{\infty} C_u(x-Q+1)p_x = \sum_{x=Q}^{\infty} C_u(x-Q)p_x + \sum_{x=Q}^{\infty} C_u p_x$$

$$= \sum_{x=Q+1}^{\infty} C_u(x-Q)p_x + C_u(x-Q)p_x\big|_{x=Q} + \sum_{x=Q}^{\infty} C_u p_x$$

$$= \sum_{x=Q+1}^{\infty} C_u(x-Q)p_x + \sum_{x=Q}^{\infty} C_u p_x$$

因此条件(2)可化为

$$\sum_{x=0}^{Q-1} C_o p_x - \sum_{x=Q}^{\infty} C_u p_x \leqslant 0$$

即

$$\sum_{x=0}^{Q-1} C_o p_x - \sum_{x=Q}^{\infty} C_u p_x + \sum_{x=Q}^{\infty} C_o p_x - \sum_{x=Q}^{\infty} C_o p_x \leqslant 0$$

其中,不等式左边第1和3项可合并为 C_o,第2和4项可合并为 $\sum_{x=Q}^{\infty}(C_u + C_o)p_x$,因此条件(2)可以化为

$$\sum_{x=Q}^{\infty} p_x \geqslant \frac{C_o}{C_u + C_o}$$

考虑到 $\sum_{x=0}^{\infty} p_x = 1$,最后条件(2)就是

$$\sum_{x=0}^{Q-1} p_x \leqslant \frac{C_u}{C_u + C_o}$$

综合条件(1)和条件(2),离散需求情况下的报童问题的最优解 Q 的选择条件为

$\sum_{x=0}^{Q-1} p_x \leqslant \frac{C_u}{C_u + C_o} \leqslant \sum_{x=0}^{Q} p_x$,即累积概率分布首次不小于 $\frac{C_u}{C_u + C_o}$ 的 Q 值。

4.5 报童模型的扩展

前面的模型假设不考虑每次订货费 A。若 $A > 0$,怎么办?

对比不考虑 A 的总成本式: $C(y) = E[c_o(y-D)^+ + c_u(D-y)^+]$,考虑 A 的成本为

$$\widetilde{C}(y) = E[A\delta(y-x) + c_o(y-D)^+ + c_u(D-y)^+]$$

其中，$\delta(y-x) = \begin{cases} 1 & (y-x>0) \\ 0 & (y-x=0) \end{cases}$，显然有 $\widetilde{C}(y) = A\delta(y-x) + C(y)$。

可以用图 4-7 来说明两者的关系，其中图 4-7(a) 所示的为 $C(y)$ 曲线，图 4-7(b) 所示的为 $\delta(y-x)$ 曲线，而图 4-7(c) 所示的为 $\widetilde{C}(y)$ 曲线。

从图 4-7(c) 可知，该问题的最优解取决于图中 x 处的拐点 B_1 及 B_2 之间的关系，要看哪个点具有更小的成本，其中点 B_2 对应的 y 值就是在不考虑订货费($A=0$)情况下的问题 $C(y)$ 的最优解 $y = y^* = S$。

在图 4-7(c) 中，当 x 从小到大变化时，点 B_1 越来越低，在某一点 $x=s$ 处，可以达到恰好与点 $y=S$ 成本相等的情况，如图 4-7(d) 所示。如果我们可以找到这个点 s，那么针对一般的 x 情况，就可以给出一个统一的规则：当 $x \leqslant s$ 时，订货量使得 y 达到 S，因为此时点 B_2（点 $y=S$）处成本最低，它比点 B_1 具有更低的成本；当 $x>s$ 时，则不需要再订货了，因为此时点 B_1（点 $y=x$）就是成本最低的点，它比 $y=S$ 处的点 B_2 的成本还要低（如图 4-7(d) 所示）。显然这种规则就是 (s, S) 策略。

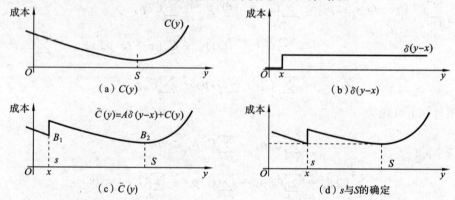

图 4-7 $C(y)$ 及 $\widetilde{C}(y)$ 关系图

因此，一般情况下的报童问题的最优策略为 (s, S) 策略。下面简要说明 s 的计算，就是要找到使得 $C(s) = A + C(y^*)$ 成立的 s 值。

下面用例子来说明其具体求法。

例 4-10 某"一次性"汽车销售业务，年初有库存 10 辆。另外每辆车以 10000 元购入，年初购置启动费为 30000 元，汽车最后销售价为 15000 元，同时每年没有销售的车可以以 9000 元的价格由供应商回收（年末的库存汽车要清空）。若今年的预期销售量如表 4-9 所示，该销售商年初应该如何订货？

表 4-9 需求量及其概率 6

销售量 D/辆	概率 $P(D)$
20	0.30
25	0.15
30	0.15
35	0.20
40	0.20

解 易知 $c_o = 1000$ 元，$c_u = 5000$ 元，$y^* = 40$，即 $S = 40$ 辆，下面计算 s。

由 $C(y)=E[c_o(y-D)^+ +c_u(D-y)^+]$ 考虑 $C(s)=A+C(y^*)$。

其中，
$$A+C(y^*)=30000+C(40)$$
$$=[30000+1000\times(20\times0.3+15\times0.15+10\times0.15+5\times0.2+0\times0.2)$$
$$+5000\times(0\times0.3+0\times0.15+0\times0.15+0\times0.2+0\times0.2)]元$$
$$=40750 元$$

因此，在式 $C(s)=A+C(y^*)$ 中，等式左边项就是要找最接近 40750 元的 $C(s)$，下面进行试算，如表 4-10 所示。

表 4-10 $C(y)$ 计算表

销售量 D/辆	概率 $P(D)$	$y=20$ 辆		$y=25$ 辆		$y=40$ 辆	
		存货量	缺货量	存货量	缺货量	存货量	缺货量
20	0.30	0	0	5	0	20	0
25	0.15	0	5	0	0	15	0
30	0.15	0	10	0	5	10	0
35	0.20	0	15	0	10	5	0
40	0.20	0	20	0	15	0	0

(1) 当 $s=20$ 辆时，有
$$C(s)=[1000\times(0\times0.3+0\times0.15+0\times0.15+0\times0.2+0\times0.2)$$
$$+5000\times(0\times0.3+5\times0.15+10\times0.15+15\times0.2+20\times0.2)]元$$
$$=46250 元$$

(2) 当 $s=25$ 辆时，有
$$C(s)=[1000\times(5\times0.3+0\times0.15+0\times0.15+0\times0.2+0\times0.2)$$
$$+5000\times(0\times0.3+0\times0.15+5\times0.15+10\times0.2+15\times0.2)]元$$
$$=30250 元$$

说明 s 在 25~20 辆之间，继续在该区间进行试算，当 $s=21$ 辆时，$C(s)=43050$ 元；当 $s=22$ 辆时，$C(s)=39850$ 元；当 $s=23$ 辆时，$C(s)=36650$ 元；当 $s=24$ 辆时，$C(s)=33450$ 元。显然通过比较成本，可以得 $s=22$ 辆。

因此该销售商的订货策略为 (s,S) 策略，其中 $s=22$ 辆，$S=40$ 辆。

现初始库存为 10 辆，因此还需订购 30 辆。

例 4-11 设报童早晨以 0.25 元/份的批发价从报社拿到报纸，然后按 1.00 元/份将报纸销售出去，若卖不掉的报纸的价值为 0，同时不考虑库存持有成本和缺货成本。他面对当天的需求量服从 [0,500] 的均匀分布。若早上报社免费赠送 100 份，如果要增加订货，则要付订货费 100 元。当天早上应该怎样订购报纸？

解 需求的分布密度函数为
$$\phi(t)=\begin{cases}0.002 & (0\leqslant t\leqslant500)\\ 0 & (其他)\end{cases}$$

由例 4-3 的解知，$c_u=0.75$，$c_o=0.25$，有
$$\Phi(y^*)=\frac{c_u}{c_o+c_u}=\frac{0.75}{0.25+0.75}=0.75$$

得 $S=y^*=375$ 份。

下面计算 s，即
$$C(s)=A+C(y^*)$$

其中，$C(y) = E[c_o(y-D)^+ + c_u(D-y)^+]$

$$= c_o \int_0^y (y-t)\phi(t)dt + c_u \int_y^\infty (t-y)\phi(t)dt$$

$$= 0.002 \times 0.25 \times \int_0^y (y-t)dt + 0.002 \times 0.75 \times \int_y^{500}(t-y)\phi(t)dt$$

$$= 0.001 \times (y^2 - 750y + 187500)$$

因此可得
$$0.001 \times (s^2 - 750s + 187500) = A + 0.001 \times (y^{*2} - 750y^* + 187500)$$

整理 $s^2 - 750s + 40625 = 0$。

求解得 $s=58$ 份。

因初始库存有 100 份，所以不需再订购报纸了。

4.6 案例1：欧内尔公司

欧内尔（O'Neill）公司是一家设计和生产水上运动（冲浪、跳水、滑水、铁人三项和风帆冲浪）的潜水服和配件的公司。其产品线生产从用于消遣的入门产品到竞技冲浪运动员的潜水服，再到专业跳水运动员的精致的干式潜水装。欧内尔公司把一年分为两个销售季节：春季（2月份到7月份）和秋季（8月份到1月份）。一些产品两个季节都要销售，但大多数产品主要集中在一个季节销售，如滑水产品在春季受欢迎，而消遣用的潜水产品在秋季卖得更好。一些产品不需要考虑时尚因素（它们没有多样化的装饰，卖了一年又一年），如标准的黑色橡胶鞋套产品：Animal、Epic、Hammer、Infermo 和 Zen。欧内尔公司也考虑时尚元素，例如，潜水服的颜色时常随季节而改变，以满足不同初学者的品位（15岁到30岁的加州男性）。

欧内尔公司在墨西哥有自己的生产基地，但不在本地生产所有的产品。一些产品由亚洲的合同制造商 TEC 生产。TEC 为欧内尔公司带来许多利益（低成本、资源、适应能力等），它们可提前三个月完成所有订单。例如，如果欧内尔公司在11月1日订购一个产品，就可以期望1月31日在圣地亚哥、加州的配送中心获取该产品，再送到客户手里。

为了更好地了解欧内尔公司生产上的障碍，可先思考一种专为冲浪运动员设计制造的潜水服：Hammer 3/2。欧内尔公司决定让 TEC 生产 Hammer 3/2。因为 TEC 的提前期是三个月，欧内尔公司必须在11月向 TEC 提交订单。根据过去同类产品的销售数据和对设计师及营销人员的了解，欧内尔公司预测春季对 Hammer 3/2 的总需求量将达到3200件。不幸的是，总有一些不确定的因素影响预测结果。例如，以欧内尔公司的经验来讲，只有50%的概率实际需求量是预测值的75%～125%。

虽然欧内尔公司对11月的预测是不可靠的，但是通过观察第一个月或前两个月的销售状况，仍然可以获得一个较好的预测。欧内尔公司可以预计 Hammer 3/2 是否比预测销售更慢，如果是这样，欧内尔公司在季末一定会有多余库存；又或者它比预测更受欢迎,那样欧内尔公司就会有缺货。在后一种情况,欧内尔公司要多订购一些,但是 TEC 较长的提前期使欧内尔公司不能及时获得增加的那部分 Hammer 3/2 订单。所以,欧内尔公司只好在 11 月孤注一掷了。

让欧内尔公司感到欣慰的是,有关 Hammer 3/2 的经济数据非常乐观。欧内尔公司卖给零售商的价格是 180 美元,付给 TEC 的成本是每件 110 美元。如果欧内尔公司在季末有库存,根据以往经验,可以以 50% 的折扣价销售存货。那么,欧内尔公司应该向 TEC 订购多少?

4.7 案例 2:小蜜蜂公司

小蜜蜂公司是一家从事蜂蜜粗加工的生产企业。它每年从全国 5 个生产基地采购原蜜,经过初步分级、过滤和包装后再生产销售"小蜜蜂"牌蜂蜜。目前该公司的蜂蜜产品年销售量为 5000 吨,年产值为 14250 万元,利税为 777 万元。年库存总费用约为 700 万元,单位原蜜购买成本为 $c=9000$ 元/吨。从去年 6 月开始到今年 5 月的需求量与采购情况如表 4-11 所示。

表 4-11 需求量及其概率 7

月份	6	7	8	9	10	11	12	1	2	3	4	5
需求量	300	200	200	200	400	600	600	800	700	400	300	300
预计到货量	500		1500		2000							1000
月初库存量	1000	1200	1000	2300	2100	3700	3100	2500	1700	1000	600	300
月末库存量	1200	1000	2300	2100	3700	3100	2500	1700	1000	600	300	1000
平均库存量	1708											

基本考虑如下。

(1) 假设小蜜蜂公司的库存模型为单周期的。由表 4-11 可以看出,虽然小蜜蜂公司每年的采购次数为 5 次,但是这 5 次采购分别发生在全国 5 个不同的采购基地,并且花种花期都不同,故可以将其分开单独处理,如 5 月份采购入库的是洋槐花蜜,需要满足全年的洋槐花蜜的需求。

(2) 由于市场上蜂蜜行业的现状是供不应求,因此工厂存货过多导致的超储成本主要是维持成本,而不是传统意义上的对多余库存做处理售出而造成的损失。

(3) 小蜜蜂公司存货不足,则导致欠储成本。基于综合因素的考虑,我们假定欠储成本包括两个部分:一是机会损失,即本应该获得的利润损失(售价-成本);二是由缺货引起的商家信誉受损或者客户流失造成的损失(用 x 表示)。

1. 无预算约束的报童模型

$$\Phi(q^*) = \frac{c_u}{c_u + c_o}$$

其中,$\Phi(\ )$ 为蜂蜜需求分布函数(可能为正态分布函数,也可能是负指数分布等);c_u 为欠储成本;c_o 为超储成本。

单位产品平均售价 $p=$ 年产值/年销售量 $=28500$ 元/吨

单位库存费 h＝年库存总费用/平均库存量＝4098元/(年·吨)

根据假设，欠储成本＝机会利润损失＋客户流失损失，即

$$c_u = p - c + x$$

超储成本 $c_o = h$

得处理后的报童模型为

$$\Phi(q^*) = \frac{p-c+x}{p-c+x+h}$$

或者 $q^* = \Phi^{-1}\left(\dfrac{p-c+x}{p-c+x+h}\right)$。

缺货不存在客户流失的情况更加符合实际情况，因为目前蜂蜜属于供不应求产品，即 $x=0$。

将数据代入公式计算，查需求量分布函数值表，最后求得最优订货量。

以5月份的洋槐蜜为例，假设其需求量分布符合均值为 $\mu=1200$，标准差为 $\sigma=80$ 的正态分布。

代入上述数据计算可得 $\Phi(q^*)=0.826$，查正态分布表得 $z=0.94$，即 $\dfrac{q^*-\mu}{\sigma}=z=0.94$。

所以洋槐蜜的最优采购量为 $q^*=(0.94\times80+1200)$ 吨＝1275.2吨。

同理，也可以得出其他品种原蜜的最优采购量，这里不一一计算。

另外关于客户流失损失的估计，可以根据缺货量的某个比例系数估计销售量的流失率，从而得出单位缺货量造成的缺货损失，这里由于客户流失损失没有可参照的数据，故不做计算。

2. 假设预算约束的报童模型

假设当期可以用于购买原蜜的最大资金量预算为 W，则每次的最大采购量为 $q=\dfrac{W}{c}$。

若 $q<q^*$，则按照资金预算，购买量为 q；若 $q\geqslant q^*$，则根据报童模型计算的最优订货量 q^* 订货。

3. 结果分析

在供不应求的市场环境下，昂贵的欠储成本导致最优订货量大于需求量平均值；在资金约束情况下，最优订货量大于当前实际采购量。考虑到公司目前存在资金约束，则现行的策略是合理的。但是从长远来看，若市场经过一定时间达到饱和而出现疲软，或者企业以后的资金量有了比较大的增长幅度，现行的订货策略显然是不合理的，因此企业当前为了实现利益最大化，应该积极地采取措施，加大可用资金量。

4.8 本章小结

本章讨论了单仓库的针对单品种、单周期产品的随机需求量的报童问题，证明了在不考虑订货费的情况下，系统的最优库存策略为 S 策略，其中最大库存点 S 的值恰

好使得系统不缺货的概率满足某个与费率有关的比例。而在订货费不为零的情况下，系统的最优策略变为 (s, S) 策略，其中 S 值与订货费为零情况相同，而 s 则与订货费有关。

报童模型作为一种最简单的随机模型，对于我们理解随机需求量下的库存问题具有重要的意义。首先，在随机情况下，所谓库存控制的"成本最优"的含义将具体化为在"期望"意义下的最小化。其次，我们发现，系统最优策略是与系统的(不)缺货概率密切相关的。这些结论在以后更加复杂的随机模型中仍然有效。

4.9 习题

4-1 某水产批发店进一批大虾，每售出一筐大虾可盈利 60 元。如果当天不能及时售出，必须降价处理。假如降价处理后大虾全部售完，此时每一筐大虾损失 40 元。根据历史销售经验，市场每天需求的概率如表 4-12 所示，试求最优进货量。

表 4-12 需求量及其概率 8

需求量/筐	≤5	6	7	8	9	≥10
概率	0.05	0.15	0.25	0.35	0.15	0.05

4-2 某时令产品在适销季节到来前一个月，批发单价为 16.25 元/件，零售价为 26.95 元/件，如果该时令产品销售完了，当时是不能补充的，过时卖不出去的产品单价为 14.95 元/件。根据往年情况，该产品的需求分布规律如表 4-13 所示。求使得期望利润最大化的订货量。

表 4-13 需求量及其概率 9

需求量/件	6	7	8	9	10	11	12	13	14	15
概率	0.03	0.05	0.07	0.15	0.20	0.20	0.15	0.07	0.05	0.03

4-3 某批发商准备订购一批圣诞树，准备在圣诞节期间销售。包括订货费在内，每棵圣诞树，该批发商要支付 2 元，圣诞树的售价为 6 元/棵，最后未售出的圣诞树只能按照 1 元/棵的价格处理。假设圣诞节期间圣诞树的需求如表 4-14 所示。求该批发商的最佳订货量。

表 4-14 需求量及其概率 10

需求量/棵	10	20	30	40	50	60
概率	0.10	0.10	0.25	0.35	0.15	0.10

4-4 某花店准备在情人节前订购一批玫瑰花批发出售，已知每售出 100 枝可获利 300 元，如果玫瑰花在情人节当天销售不出去，则每 100 枝损失 400 元。根据以往销售经验，该花店售出玫瑰花的数量如表 4-15 所示。如果该花店只能提出一次订货，则应订多少玫瑰花，才能使期望的获利为最大？

表 4-15 需求量及其概率 11

销售量/(百枝)	4	5	6	7	8	9
概率	0.05	0.1	0.25	0.35	0.15	0.1

4-5 某商店准备订购一批圣诞树迎接节日，据历年经验，其销售量服从正态分布，$\mu = 200$，$\sigma^2 = 300$。圣诞树售价为 25 元/棵，进价为 15 元/棵。如果进了货卖不出去，则圣诞节后其残值基本为零。

(1) 该商店应进多少棵圣诞树,使期望利润值为最大?
(2) 如果商店按销售量的期望值 200 棵进货,则期望的利润值为多少?
(3) 如果商店按(1)计算数字进货,则未能销售出去的圣诞树的期望值是多少?

4-6 某航空公司在 A 市到 B 市的航线上用波音 737 客机运载旅客。已知该机有效载客量为 138 人。按民用航空有关条例,旅客因有事或误机,机票可免费改签一次,此次也有在飞机起飞前退票的。为避免由此发生的空座损失,该航空公司决定每个航班超量售票(每个航班售出票数为(138+S)张)。但由此会发生持票登机旅客多于座位数情况,在这种情况下,航空公司规定,对超员旅客愿改乘本公司后续航班的,机票免费(退回原机票款);若换乘其他航空公司航班的,按机票的 150% 退款。据统计前一类旅客占超员中的 80%,后一类旅客占超员中的 20%。又据该公司长期统计,每个航班旅客退票和改签发生的人数 i 的概率为 $P(i)$,如表 4-16 所示。试确定该航空公司从 A 市到 B 市的航班每班应多售出的机票张数 S,使预期的获利最大?

表 4-16 需求量及其概率 12

i/人	0	1	2	3	4	5	6
$P(i)$	0.18	0.25	0.25	0.16	0.09	0.04	0.03

5 需求随机的连续盘点库存模型

5.1 近似 EOQ 模型的 (R,Q) 策略

本章主要讨论单产品、单库存设施的随机需求下的连续盘点问题。这个问题虽然与报童模型一样,都面临随机不确定的需求,但是它要更加复杂。这是因为报童问题只订一次货就够了,而连续盘点问题是要进行多次订货,前一次订货后的剩余库存会对下一次订货造成影响。幸运的是,目前理论已经证明该问题存在最优的订货策略。但是,这种"理论最优"策略的求解非常烦琐,在实践中并不常用,而人们更喜欢采取一些近似的计算方法。因此本章主要介绍在限定库存策略条件下的这些近似最优解的求法。

库存系统假设为单产品、单仓库系统,按照连续盘点模式运行。设需求为随机变量,缺货拖后满足。下面讨论系统在限定使用 (R,Q) 策略的前提条件下的最优或者近似最优解问题。

为了方便进行理论分析,我们先定义一些参数和符号:A 为每次订货费;h 为单位产品年存储费;L 为提前期,即从订货发出到订单实际到达入库的时间。假设提前期最大不超过系统的两次相邻订货之间的间隔期,即系统中的在途库存最多包含一次订单量,不会有两笔以上的订单量同时在途中;D 为年需求量,注意它是随机变量,这里假设在不相重叠的时间段内发生的需求是独立无关的;p 为单位产品年缺货费;OHI_t 为时刻 t 时的在库库存量;$\tilde{B}_t$ 为时刻 t 时的缺货拖后量;X 为在提前期 L 内累积的需求量;I_t 为时刻 t 时的净库存量。

显然,根据净库存量的定义,有 $I_t = OHI_t - \tilde{B}_t$,当 $I_t > 0$ 时,在库库存量大于零,无缺货拖后量,当 $I_t < 0$ 时,在库库存量等于 0,存在缺货拖后量。

由于在不同时间段内的需求是相互独立的,因此,X 的均值为 $E(X) = L \cdot E(D)$,X 的方差为 $\text{Var}(X) = L \cdot \text{Var}(D)$,$X$ 的标准差为 $\text{STD}(X) = \sqrt{L} \cdot \text{STD}(D)$。

系统预期的年总成本为

$$TC(R,Q) = E(年持有成本) + E(年订货成本) + E(年缺货惩本)$$

其中,$E()$ 为概率期望。

对于连续盘点模式下的 (R,Q) 策略,可以结合确定性 EOQ 模型在提前期不为零情况下的问题理解。实际上,如果需求如同确定性 EOQ 模型一样是已知、均匀且稳

定的,则在连续盘点模式(R,Q)策略下系统运行的理想情况如图 5-1 所示。

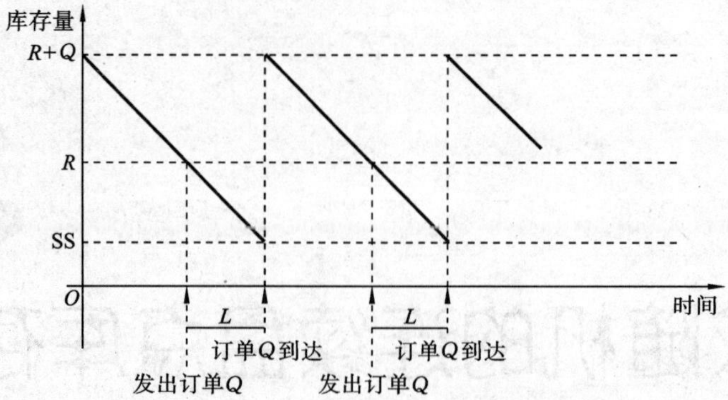

图 5-1 理想情况下的连续盘点(R,Q)系统的库存运行图

系统运作是这样的:时刻监视库存状态,当其不大于 R 时,则马上发出一个订单 Q,这个订单在经过 L 的提前期后到达并入库,从而使库存量达到最高点 $R+Q$。

比较在提前期不为零情况下的确定性 EOQ 模型,其中最低的库存量等于零。但是由图 5-1 可知,要保持一个 SS 的库存最低点,这个 SS 称为安全库存,其目的是预防实际需求不均匀导致的缺货情况发生。

当然,实际系统有可能发生最低库存量低于 SS 甚至导致缺货的情况。如图 5-2 所示的一个库存系统,其参数为 $R=100$,$Q=240$,订货提前期为 $L=2$ 个单位时间。图 5-2 显示了该系统在一段时间内的净库存量变化情况。注意,为了叙述方便,在图 5-2 中,我们将订货时刻恰好都设定在整时间点上,当然实际中连续盘点不一定就正好处在整时间点上。

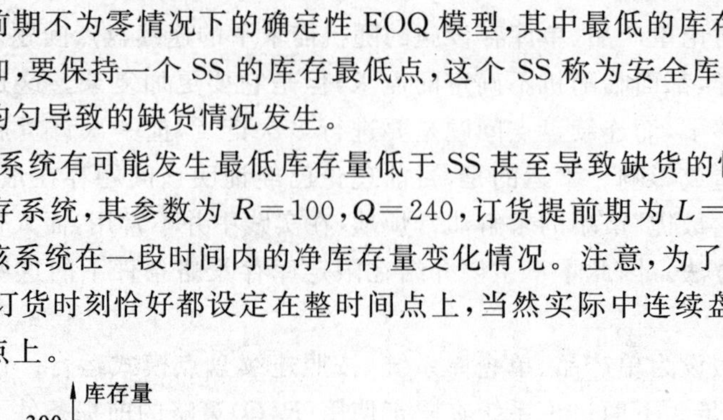

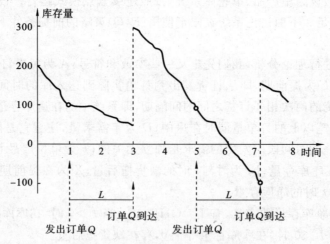

图 5-2 一个真实系统的库存运行图

在图 5-2 中,在 $t=0$ 时刻的系统库存量为 200,在 $t=1$ 时刻,恰好库存量降至 100,即 R 的水平,因此发出第一次订货 $Q=240$。这个订单要等到 $t=3$ 的时刻才会到达。在 t 为 1~3 的期间,库存量会持续走低,在 $t=3$ 时刻发约为 60,然后由于 $t=1$ 时刻发出的订单到达,马上使得库存得到补充,达到 300 的高度。

第二次订货发生在 $t=5$ 时刻,因为此刻库存量到了 $R=100$ 再订货点,因此再发订单 240 件,预计到货时间为 $t=7$ 时刻。而在 t 为 5~7 的期间,仓库发生了缺货,最大缺货拖后量为110。

进一步我们可以画出其对应的库存水平变化,如图5-3所示。

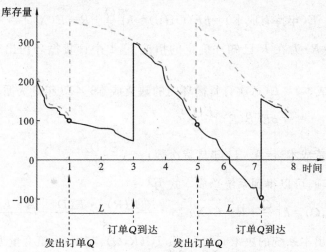

图5-3 系统的库存水平变化图

需要注意的是,这里所指的库存策略实际上是指在"库存水平"意义下的(R,Q)策略,即时刻监视库存水平的变化,当库存水平不大于R时,马上发出订单Q。

因为如果不是这样,如是按照"净库存"意义下的(R,Q)策略,则会导致混乱。根据图5-2所示曲线,当我们已经在$t=1$时刻发出了订单Q之后,若根据"净库存量"意义的(R,Q)策略进行订货,则在$t=2$时刻也必须发出订单,因为此刻的净库存量确实也是小于R的,显然这个$t=2$时刻的订货是荒谬的。

从上面的例子可以得出初步结论:在该系统中,缺货只可能发生在从发出订单到订单到达的这个时间段内。这是因为,根据(R,Q)策略的定义,在其他的时间段内,不论净库存量还是在库库存量总是不小于R,当然一般$R \geqslant 0$。

那么具体什么情况才会发生缺货呢?这主要取决于在这段时间内的需求和R之间的关系。我们已经定义了提前期L内累积的需求为X,因此当$X>R$时就会缺货,当$X \leqslant R$时就不会缺货。

下面推导系统近似最优(R,Q)策略。

(1) 设在时刻t的缺货拖后量为$\widetilde{B}_t$。由于在现实情况下,绝大多数企业会严格控制缺货拖后量的比例,如,最大缺货量比例不超过5%,因此一般情况下,系统缺货拖后量都不大。因此按照净库存量的定义,有$I_t = \text{OHI}_t - \widetilde{B}_t$,$I_t$可以近似表示为$I_t \approx \text{OHI}_t$,所以有$E(I_t) \approx E(\text{OHI}_t)$。也就是说,从前一次订货到下一次订货发生的一次订货循环内,平均在库库存量为

$$E(\text{OHI}_t) \approx E(I_t) \approx \frac{1}{2}[E(\text{每次订货循环内}I_t\text{最大值}) + E(\text{每次订货循环内}I_t\text{最小值})]$$

$$= \frac{1}{2}\{[R - E(X) + Q] + [R - E(X)]\}$$

这是因为,若用记号3^+表示刚过$t=3$的时刻,7^-表示马上就到还没到$t=7$的时刻,则在一个订货循环内,如图5-3所示,从$t=1^+$到$t=5^-$的时间段内,有$I_1 = R$,$I_{3-} = R - X$,$I_{3+} = R - X + Q$,$I_5 = R$成立,因此,有$E(\text{每次订货循环内}I_t\text{最大值}) = R -$

$E(X)+Q$，E（每次订货循环内 I_t 最小值）$=R-E(X)$。

在平均在库库存量基础上，可以得到平均持有成本为

$$E(\text{年持有成本})=hE(\text{OHI}_t)\approx h\left[\frac{Q}{2}+R-E(X)\right]$$

（2）定义 $B(R)$ 为在 R 已知并确定的情况下，1 个订货循环内出现的缺货拖后量，则

$$E(\text{年缺货成本})=E(\text{每次订货循环内的缺货成本})\times E(\text{年订货循环次数})$$
$$=pE[B(R)]\frac{E(D)}{Q}$$

（3）$E(\text{年订货成本})=A\cdot E(\text{年订货次数})=A\frac{E(D)}{Q}$。

综合上述三项，可以得到系统总成本式为

$$\text{TC}(R,Q)=h\left[\frac{Q}{2}+R-E(X)\right]+\frac{pE[B(R)]\cdot E(D)}{Q}+\frac{A\cdot E(D)}{Q}$$

因此可以得出本系统的决策问题为 $\min_{R,Q}\text{TC}(R,Q)$，其中，决策变量为 R 和 Q。

显然系统最优策略必须满足 $\frac{\partial \text{TC}(R,Q)}{\partial Q}=0$ 和 $\frac{\partial \text{TC}(R,Q)}{\partial R}=0$。

由 $\frac{\partial \text{TC}(R,Q)}{\partial Q}=\frac{h}{2}-\{pE[B(R)]\cdot E(D)+A\cdot E(D)\}\frac{1}{Q^2}=0$（其中由于 $pE[B(R)]E(D)$ 相对于 $AE(D)$ 比较小，可以将它忽略）可得最优订货批量为 $Q^*\approx \sqrt{\frac{2A\cdot E(D)}{h}}$。这个结果非常类似 EOQ 公式。

当 $Q=Q^*$ 时，可以进一步确定最优的 R。当然从总成本公式及其导函数看，还是要具体计算 $B(R)$。

我们知道，$B(R)$ 定义为当 R 确定时一个订货循环内出现的缺货量。什么时候会发生缺货，就是 R 小于在提前期内的需求量 X 的时候，这个缺货拖后量就是 $X-R$。

因此，平均缺货拖后量为

$$E[B(R)]=\text{缺货拖后量}\times\text{缺货发生的概率}=\int_0^\infty (t-R)^+\phi(t)\mathrm{d}t=\int_R^\infty (t-R)\phi(t)\mathrm{d}t$$

总成本为

$$\text{TC}(R,Q)=h\left[\frac{Q}{2}+R-E(X)\right]+\frac{pE[B(R)]\cdot E(D)}{Q}+\frac{A\cdot E(D)}{Q}$$

其中，当 Q 给定时，$h\left[\frac{Q}{2}-E(X)\right]$、$\frac{A\cdot E(D)}{Q}$ 都是固定值，因此，R 的决策问题可以简化为 $\min_R zz=hR+E[B(R)]\frac{pE(D)}{Q}$，其最优解满足 $\frac{\partial zz}{\partial R}=0$。

参考带参数的积分求导公式（见附录 B），可得

$$\frac{\partial E(B(R))}{\partial R}=\frac{\partial\left[\int_R^\infty (t-R)\phi(t)\mathrm{d}t\right]}{\partial R}=\int_R^\infty (-1)\phi(t)\mathrm{d}t=-\int_R^\infty \phi(t)\mathrm{d}t$$
$$=-\int_R^\infty \phi(t)\mathrm{d}t-\int_0^R \phi(t)\mathrm{d}t+\int_0^R \phi(t)\mathrm{d}t=-1+\Phi(R)$$

而 $\frac{\partial zz}{\partial R}=0$ 表示 $[-1+\Phi(R)]\frac{pE(D)}{Q}+h=0$。

最终得最优的 $R=R^*$ 的条件为系统不缺货的概率为 $P(X\leqslant R^*)=\Phi(R^*)=1-\dfrac{hQ}{pE(D)}$ 或者缺货的概率为 $P(X>R^*)=\dfrac{hQ}{pE(D)}$。

例 5-1 某 CD 店,其 CD 碟销售量呈正态分布,平均每年销售 1000 盒 CD 碟,标准差为 40.8。该 CD 店每 2 星期进一次货,每次订货费为 50 元,年存储费为 10 元/(盒·年),假设每盒年缺货费为 10 元,缺货拖后满足量。试确定 (R,Q) 订货策略,使得平均总成本最低。

解 $A=50$ 元/次,$h=10$ 元/(盒·年),$p=10$ 元/盒,$L=2$ 星期$=2/52$ 年,$D\sim N(1000,40.8^2)$,因此 $Q^*\approx\sqrt{\dfrac{2A\cdot E(D)}{h}}=100$ 盒。

设提前期内的需求量为 X,有 $E(X)=L\cdot E(D)=\dfrac{1000}{26}$ 盒$=38.46$ 盒,$\mathrm{Var}(X)=L\cdot \mathrm{Var}(D)=\dfrac{1}{26}\times 40.8^2\approx 64$,$\mathrm{STD}(X)=\sqrt{\dfrac{1}{26}}\times 40.8\approx 8$,即 X 满足正态分布 $N(\mu,\sigma^2)=N(38.46,8^2)$,设其分布函数为 $\Phi()$,分布密度函数为 $\phi()$。

$P(X>R^*)=\dfrac{hQ^*}{pE(D)}=\dfrac{10\times 100}{10\times 1000}=0.10$,即 $\Phi(R^*)=1-\dfrac{hQ^*}{pE(D)}=0.90$。

查 $N(0,1)$ 正态分布表,当 $z=1.28$ 时,$\Phi_{N(0,1)}^{(z)}=0.8997$。因此对于一般的正态分布 $N(\mu,\sigma^2)$,有 $1.28=z=\dfrac{R-\mu}{\sigma}=\dfrac{R-38.46}{8}$,得 $R=48.7$ 盒。最后 R 取整为 48 盒或者 49 盒。

在本例中也可以利用 Excel 公式"=norminv(0.90, 38.46, 8)"来计算 R。

从例 5-1 可以看出,R 比提前期内的需求量 X 的平均值 38.46 盒大,实际上这是非常普遍的现象。

一般,定义安全库存量为 $\mathrm{SS}=R-E(X)$。

在例 5-1 中,$R-E(X)=(48.7-38.46)$ 盒$=10.24$ 盒,这额外的 10.24 盒的量就是应付需求的波动情况的。

进一步可以计算例 5-1 在这个 (R^*,Q^*) 策略下系统表现。

因为 $1-\Phi(R^*)=0.10$,所以每个订货循环内的平均缺货概率为 10%,也就是说不缺货情况的概率为 $1-10\%=90\%$。而系统平均缺货拖后量为

$$E[B(R^*)]=\text{缺货拖后量}\times(\text{缺货发生的概率})=\int_{R^*}^{\infty}(t-R^*)\phi(t)\mathrm{d}t$$

其计算需要利用正态分布的积分计算,将在 5.3 节介绍。

5.2 近似 EOQ 模型的 (s,S) 策略

若系统按照连续盘点 (s,S) 策略运行,如何找到近似的最优参数呢?

我们知道,在连续盘点系统中,(s,S) 策略和 (R,Q) 策略是等价的。因此可以先按照 5.1 节的方法求其最优 (R^*,Q^*) 策略,然后令 $s=R^*$,$S=R^*+Q^*$。

在例 5-1 中,若指定求最优的 (s,S) 策略,则 $s=R^*=48.7$ 盒,最后取整为 48 盒或者 49 盒;而 $S=R^*+Q^*=(48.7+100)$ 盒$=148.7$ 盒,最后取整为 148 盒或者 149 盒。

5.3 服务水平模型

1. 服务水平的定义

5.1节和5.2节介绍的模型,其主要思路是:给定缺货费,计算使得总成本最小化的最优策略。但是这样做有时候存在以下局限性。

(1) 我们看到例5-1中在采用"最优解"的条件下其缺货率还是相当高的(10%),很多企业不能接受。

(2) 有时候缺货费很难设定,因为缺货导致的损失往往涉及企业的声誉损失,很难量化。

因此有些企业希望,先确定一个能反映需求满足情况的所谓"服务水平",在不低于这个服务水平的前提下,然后再确定系统总成本最小的策略。这种策略也就是在服务水平约束下的最优策略。

在实践中,有很多指标可以衡量一个库存单元对其需求端的服务质量,下面介绍三种比较常用的服务水平(Service Level Measurement,SLM)的定义。

(1) 服务水平 0(SLM0):提前期内不缺货的概率。

(2) 服务水平 1(SLM1):平均(期望)满足率 $=\dfrac{总满足量}{总需求量}$

$=\dfrac{总需求量-总缺货拖后量}{总需求量}$。

(3) 服务水平 2(SLM2):平均每年发生缺货的订货循环次数。

下面通过一个例子来说明上述服务水平的计算方法。

例 5-2 某系统采取连续盘点(R,Q)策略,年平均需求量为1000件,$Q=100$件,$R=30$件,提前期为L。假设在此提前期内的需求量如表5-1所示,试计算其SLM0、SLM1及SLM2的值。

表 5-1 需求量及其概率[13]

提前期内的需求量/件	概率
20	0.2
30	0.2
40	0.2
50	0.2
60	0.2

解 (1) 当$R=30$件时,系统在各种提前期需求情况下的缺货情况如表5-2所示。从表5-2容易得出

$$\text{SLM0}=0.2+0.2+0.2=0.6$$

(2) 提前期内的需求量的平均值$=(20\times 0.2+30\times 0.2+\cdots+60\times 0.2)$件$=40$件。

由于$Q=100$件,则平均每年的订货次数$=\dfrac{1000}{100}$次$=10$次。

表 5-2　$R=30$ 件的缺货情况

提前期内的需求量/件	概率	$R=30$ 件的缺货量/件
20	0.2	0
30	0.2	0
40	0.2	10
50	0.2	20
60	0.2	30

由于在一次订货循环中,仅仅在提前期内,即从发出订单一直到订单到达这段时间内会发生缺货,所以,每次订货循环的平均缺货拖后量＝提前期内的平均缺货拖后量＝$(0\times0.2+0\times0.2+10\times0.2+20\times0.2+30\times0.2)$件＝12 件。

每年的平均缺货量＝12×10 件＝120 件,所以,年满足量＝$(1000-120)$件＝880 件。

因此,SLM1＝年满足率＝$\dfrac{880}{1000}=88\%$。

(3) 当 $R=30$ 件时,提前期内需求量>30 时会发生缺货。对每个订货循环,平均有 $0.2+0.2+0.2=0.6$ 的概率会发生缺货,也就是说,每 10 次订货循环中约 6 次会缺货,因此 SLM2＝6。

2. 在 SLM0 下的 (R,Q) 策略

若给定 SLM 0 服务水平指标,则很容易计算系统的最优 (R,Q) 策略。因为 $P(X\leqslant R)=$SLM0。若提前期内需求量 X 的分布函数为 $\Phi()$,则 $\Phi(R)=$SLM0。

特别地,当提前期内的需求量 X 满足正态分布 $N(\mu_X,\sigma_X^2)$时,有

$$\Phi(R)=\Phi_{N(0,1)}\left(\dfrac{R-\mu_X}{\sigma_X}\right)=\text{SLM0}$$

其中,$\Phi_{N(0,1)}()$为标准正态分布的分布函数(见附录 C)。

在库存实践中,有一种常用的 R 和 Q 计算方法是,当提前期为 L 个单位时间,单位时间的需求量服从正态分布 $N(\mu,\sigma^2)$时,最优的 R 和 Q 分别为 $Q=\sqrt{\dfrac{2\mu A}{h}}$,$R=L\mu+z\sigma\sqrt{L}$。其中,$z$ 是与 SLM0 服务水平指标相关的常数。

显然上述常用算法就是我们所讲的 SLM0 下的 (R,Q) 策略计算方法。这是因为若单位时间的需求量服从正态分布 $N(\mu,\sigma^2)$,提前期内的需求量 X 则服从正态分布 $N(L\mu,L\sigma^2)$,故有

$$\Phi_{N(0,1)}\left(\dfrac{R-L\mu}{\sqrt{L}\sigma}\right)=\text{SLM0},\quad\text{即}\quad R=L\mu+\Phi_{N(0,1)}^{-1}(\text{SLM0})\cdot\sigma\sqrt{L}$$

因此算法中 $z=\Phi_{N(0,1)}^{-1}(\text{SLM0})$,它就是标准正态分布函数的反函数在 SLM 0 服务水平指标下的值。

3. 在 SLM1 下的 (R,Q) 策略

在 SLM1 条件下,因为一个订货循环内的平均缺货量为 $E[B(R)]$,而年订货循环数＝$\dfrac{E(D)}{Q}$,因此,$1-\text{SLM1}=\dfrac{\text{年缺货拖后量}}{\text{年需求量}}=\dfrac{E[B(R)]\dfrac{E(D)}{Q}}{E(D)}=\dfrac{E[B(R)]}{Q}$,而

$E[B(R)] = \int_R^\infty (t-R)\phi(t)dt$,所以 $\int_R^\infty (t-R)\phi(t)dt = Q(1-\text{SLM1})$。其中,$\phi()$ 为提前期内的需求量 X 的分布密度函数。因此一般情况下要进行积分运算。

下面讨论需求量为正态分布情况下的 $E[B(R)]$。

首先定义标准正态分布的期望值函数为 $\text{NL}(y) = \int_y^\infty (t-y)\phi_{N(0,1)}(t)dt$,其中 $\phi_{N(0,1)}(t) = \frac{1}{\sqrt{2\pi}} e^{-t^2/2}$ 为标准正态分布的分布密度函数。

考虑 $E[B(R)] = \int_R^\infty (t-R)\phi(t)dt$,因为其中 $\phi(t) = \frac{1}{\sqrt{2\pi}\sigma_X} e^{-(t-\mu_X)^2/2\sigma_X^2}$,代入上式并考虑变量替换,令 $u = \frac{t-\mu_X}{\sigma_X}$,即 $t = \sigma_X u + \mu_X$,则

$$E[B(R)] = \int_{(R-\mu_X)/\sigma_X}^\infty (\sigma_X u + \mu_X - R) \frac{1}{\sqrt{2\pi}\sigma_X} e^{-u^2/2} d(\sigma_X u + \mu_X)$$

$$= \sigma_X \int_{(R-\mu_X)/\sigma_X}^\infty \left(u - \frac{R-\mu_X}{\sigma_X}\right) \frac{1}{\sqrt{2\pi}} e^{-u^2/2} du$$

$$= \sigma_X \text{NL}\left(\frac{R-\mu_X}{\sigma_X}\right)$$

为了计算方便,人们根据正态分布表计算得出 $\text{NL}(y)$ 表,以便备查(见附录 D)。注意计算中可以利用公式 $\text{NL}(-y) = \text{NL}(y) + y$。

另外,标准正态分布的期望值函数 $\text{NL}(y)$ 也可以利用 Excel 进行计算,但是要进行一系列试算。如要找 $\text{NL}(y) = 0.5$ 的 y,可以先在单元格 A1 写入公式 "=normdist(B1,0,1,0)−B1*(1−normsdist(B1))",然后针对单元格 B1 进行不同的赋值,直到单元格 A1 的值变为 0.5 为止,则单元格 B1 的当前值就是 y 的值。

显然,根据 SLM 1 与 $E[B(R)]$ 之间的关系,可得

$$\text{NL}\left(\frac{R-\mu_X}{\sigma_X}\right) = \frac{Q(1-\text{SLM1})}{\sigma_X}$$

这就是需求量服从正态分布时在 SLM 1 服务水平约束下计算最优 R 的公式。

例 5-3 某连续盘点系统,年需求量满足正态分布,即 $D \sim N(1000, 69.28^2)$,每次订货费 $A = 50$ 元,单位产品的年存储费 $h = 10$ 元/(件·年),提前期 $L = 1$ 月。计算在下列 SLM1 下的最优 (R, Q) 策略:

(1) SLM1 = 0.8;

(2) SLM1 = 0.95。

解 $Q^* \approx \sqrt{\frac{2A \cdot E(D)}{h}} = 100$ 件。

在提前期 L 内的需求量 $X \sim N(\mu_X, \sigma_X^2)$,$\mu_X = \frac{1000}{12}$ 件 $= 83.33$ 件,$\sigma_X = \frac{69.28}{\sqrt{12}} \approx 20$。

(1) 当 SLM1 = 0.8 时,$\text{NL}\left(\frac{R-\mu_X}{\sigma_X}\right) = \frac{Q^*(1-\text{SLM1})}{\sigma_X}$,即 $\text{NL}\left(\frac{R-83.33}{20}\right) = \frac{100 \times (1-0.8)}{20} = 1$,查表知 $\text{NL}(-0.9) = \text{NL}(0.9) + 0.9 = 1.004$,所以 $\frac{R-83.33}{20} = -0.9$,得 $R = 65.33$ 件。

(2) 当 SLM1 = 0.95 时，$\mathrm{NL}\left(\dfrac{R-83.33}{20}\right) = \dfrac{100\times(1-0.95)}{20} = 0.25$，查表知 $\mathrm{NL}(0.34) = 0.2518$，则 $\dfrac{R-83.33}{20} = 0.34$，得 $R = 90.13$ 件。

类似地，还可以计算本例在其他情况下 SLM1 满足率和 R 之间的关系，如表 5-3 所示。

表 5-3 本例中 SLM1 和 R 之间的关系表

SLM1	R/件
0.8	65.33
0.9	79.53
0.95	90.13
0.99	108.33
0.999	127.13

4. 在 SLM2 下的 (R, Q) 策略

提前期内的需求量为 X，则 $P(X>R)$ 表示在每个从订货发出到订货到达的提前期内发生缺货的概率，也就是每个订货循环发生缺货的概率，即 100 个订货循环中有 $P(X>R)\times 100$ 个订货循环会发生缺货。

年订货循环数 $= \dfrac{E(D)}{Q}$，因此在服务水平 SLM2 要求下，有

$$P(X>R)\dfrac{E(D)}{Q} \leqslant \mathrm{SLM2}$$

或者

$$P(X>R) \leqslant \dfrac{\mathrm{SLM2}\cdot Q}{E(D)}$$

对于连续分布的需求量 X，则有 $1-\Phi(R) = \dfrac{\mathrm{SLM2}\cdot Q}{E(D)}$。

例 5-4 某连续盘点 (R, Q) 系统，年需求量 D 满足正态分布，$E(D) = 1000$ 件，$Q^* = 100$ 件，提前期内需求量 $X \sim N(\mu_X, \sigma_X^2) = N(83.33, 20^2)$，若 SLM2 = 2 次/年，求 R。

解 $Q^* = 100$ 件。

要求 $P(X>R) \leqslant \dfrac{\mathrm{SLM2}\cdot Q^*}{E(D)}$，则要找到满足 $P(X>R) = \dfrac{2\times 100}{1000} = 0.2$ 的 R。

查正态分布表知，$\Phi_{N(0,1)}(z=0.84) = 0.7995$，即 $P_{N(0,1)}(X>0.84) = 1 - P_{N(0,1)}(X \leqslant 0.84) = 1 - \Phi_{N(0,1)}(0.84) = 1 - 0.7995 \approx 0.2$，所以，$\dfrac{R-83.33}{20} = 0.84$，得 $R = 100.13$ 件。

对应的安全库存量 $\mathrm{SS} = R - E(X) = (100.13 - 83.33)$ 件 $= 16.8$ 件。

例 5-5 假设给定 $Q = 100$ 件，年平均需求量为 1000 件，假设提前期内需求量的分布如表 5-4 所示。

(1) 若 $R = 25$ 件，计算 SLM1。
(2) 若希望 SLM1 = 0.95，计算 R。
(3) 若每年缺货周期数平均希望不超过 2 次，求 R。

表 5-4 需求量及其概率 14

提前期内需求量/件	概率
10	1/6
15	1/4
20	1/4
25	1/12
30	1/4

解 (1) 当 $R=25$ 件时,提前期内每次订货循环的平均缺货量 $=(5\times0.25)$件$=$ 1.25 件,每年的平均缺货拖后量 $=1.25\times10$ 件/年$=12.5$ 件/年,年满足量$=(1000-12.5)$件/年$=987.5$ 件/年。因此,SLM1$=$年满足率$=\dfrac{987.5}{1000}=0.9875$。

(2) 若希望 SLM1$=0.95$,计算 R。

SLM1$=$年满足率$=0.95$,而年平均需求量为 1000 件,年满足量$=1000\times0.95=$ $(1000-50)$件$=$年需求量$-$年缺货拖后量,因此年平均缺货拖后量为 50 件。

每年的订货循环次数$=1000/100$ 次$=10$ 次,每年的平均缺货拖后量$=50$ 件$=5$ $\times10$ 件,所以在提前期内平均缺货拖后量$=$每次订货循环的平均缺货拖后量$=5$ 件。

题目实际上要求 SLM1$\geqslant0.95$,即订货循环的平均缺货量$\leqslant5$。

在此情况下,为了确定最优的 R,则要进行试算,根据计算表 5-5,有当 $R=20$ 时,提前期内每次订货循环的平均缺货拖后量$=(5\times0.0833+10\times0.25)$件$=2.91$ 件;当 $R=15$ 时,提前期内每次订货循环的平均缺货拖后量$=(5\times0.25+10\times0.0833+15\times0.25)$件$=5.83$ 件。

因此最后选 R 的值在 15~20 之间,假设 $R=15+\triangle$,$1\leqslant\triangle\leqslant4$,提前期内每次订货循环的平均缺货拖后量$=(5-\triangle)\times0.25+(10-\triangle)\times0.0833+(15-\triangle)\times0.25=$ $5.83-0.5833\triangle$。

我们要让订货循环的平均缺货拖后量$\leqslant5$ 件,因此 $\triangle=2$ 件,所以最终 $R=15+\triangle$ $=17$ 件。对应的订货周期平均缺货拖后量为 4.66 件,SLM1$=0.9534$。

(3) SLM2$=2$,$P(X>R)\leqslant\dfrac{SLM2\cdot Q}{E(D)}=2\times100/1000=0.2$,$P(X<R)\geqslant0.8$,因此根据表 5-5,得 $R=30$ 件。

表 5-5 不同 R 取值的缺货情况

提前期需求量 D_i/件	概率 $P(D_i)$	累积概率 $P(D<D_i)$	$R=15$ 件 缺货拖后量/件	$R=15+\triangle$ 缺货拖后量/件	$R=20$ 件 缺货拖后量/件	$R=25$ 件 缺货拖后量/件
10	1/6	0.1667	0	0	0	0
15	1/4	0.4167	0	0	0	0
20	1/4	0.6667	5	$5-\triangle$	0	0
25	1/12	0.75	10	$10-\triangle$	5	0
30	1/4	1.00	15	$15-\triangle$	10	5

例 5-6 某连续盘点库存系统，单位产品年存储费 $h=10$ 元/(件·年)，每次订货费 $A=50$ 元，年需求量 $D \sim N(1000, 69.28^2)$，提前期 $L=1$ 月。计算在下列情况下的订货策略：

(1) 缺货费 $p=30$ 元/件，求使得系统总成本最小的 (R,Q) 策略；
(2) 求满足 SLM1=90% 的 (R,Q) 策略；
(3) 求满足 SLM2=3 的 (R,Q) 策略。

解 $Q^* \approx \sqrt{\dfrac{2A \cdot E(D)}{h}} = 100$ 件。

在提前期 L 内的需求量 $X \sim N(\mu_X, \sigma_X^2)$，$\mu_X = \dfrac{1000}{12}$ 件 ≈ 83.33 件，$\sigma_X = \dfrac{69.28}{\sqrt{12}} \approx 20$ 件。

(1) 因为，$\Phi_{N(\mu_X,\sigma_X^2)}(R) = \Phi_{N(0,1)}\left(\dfrac{R-\mu_X}{\sigma_X}\right) = 1 - \dfrac{hQ^*}{pE(D)}$，所以

$$R = \mu_X + \Phi_{N(0,1)}^{-1}\left[1 - \dfrac{hQ}{pE(D)}\right]\sigma_X = 83.33 + \Phi_{N(0,1)}^{-1}\left[\dfrac{100\times(1-0.9)}{20}\right]\times 20$$

$$= 83.33 + \Phi_{N(0,1)}^{-1}(0.9667)\times 20 = (83.33 + 1.83\times 20) \text{件} = 120 \text{件}$$

(2) 由 $\mathrm{NL}\left(\dfrac{R-\mu_X}{\sigma_X}\right) = \dfrac{Q(1-\mathrm{SLM1})}{\sigma_X}$，得

$$R = \mu_X + \mathrm{NL}^{-1}\left[\dfrac{Q(1-\mathrm{SLM1})}{\sigma_X}\right]\sigma_X = 83.33 + \mathrm{NL}^{-1}\left(1 - \dfrac{100\times 10\%}{20}\right)\times 20$$

$$= 83.33 + \mathrm{NL}^{-1}(0.5)\times 20 = (83.22 - 0.19\times 20)\text{件} = 79.53 \text{件}$$

其中，要找满足 $\mathrm{NL}(y) = 0.5$ 的 y，根据公式 $\mathrm{NL}(-y) = \mathrm{NL}(y) + y$ 在正态分布的期望值表中发现

$$\mathrm{NL}(-0.19) = \mathrm{NL}(0.19) + 0.19 = 0.5$$

因此 $y = -0.19$。

(3) 由 $1 - \Phi_{N(\mu_X,\sigma_X^2)}(R) = 1 - \Phi_{N(0,1)}\left(\dfrac{R-\mu_X}{\sigma_X}\right) = \dfrac{\mathrm{SLM2}\cdot Q^*}{E(D)}$，得

$$R = \mu_X + \Phi_{N(0,1)}^{-1}\left[1 - \dfrac{\mathrm{SLM2}\cdot Q^*}{E(D)}\right]\sigma_X = 83.33 + \Phi_{N(0,1)}^{-1}\left(1 - \dfrac{3\times 100}{1000}\right)\times 20$$

$$= 83.33 + \Phi_{N(0,1)}^{-1}(0.7)\times 20 = (83.33 + 0.53\times 20)\text{件} \approx 94 \text{件}$$

*5.4 精确模型的推导及其求解

本节将对连续盘点模式下的 (R,Q) 系统建立精确模型，并研究其最优策略的计算方法。

在库存理论中，一个重要的分析方法是排队论。排队论是研究排队系统的数学工具，其中的排队系统又称为服务系统，是由服务机构和服务对象（顾客）构成的，服务对象到来的时刻和对他服务的时间都可以是随机的。

1. 需求量的微观模型

我们前面各章节内容中都把需求量假设为一个随机变量，是考虑了需求量在一段时间内累积的数值，是对需求量的一种近似表达。实际上，需求量的微观过程是，需求

是通过一个个的顾客到来并买走一定数量的产品而形成的。因此按照排队论的观点，就要对这种需求的微观动作进行建模。

首先，针对库存系统所面对的顾客到来的规律，我们可以做下列假设。

(1) 不相重叠的时间段内顾客到达是独立无关的。

(2) 对于充分小的 Δt，任意时刻 t_0 在时间 $[t_0, t_0+\Delta t]$ 内有 1 个顾客到达的概率与 t_0 无关，而与时间长度 Δt 成正比，即 $P(t_0,t_0+\Delta t)=\lambda \Delta t+o(\Delta t)$，其中，$\lambda$ 为比例因子，称为到达率；$o(\Delta t)$ 表示对 Δt 的一个高级无穷小项。

(3) 在 Δt 内，没有人到达的概率为 $1-\lambda \Delta t+o(\Delta t)$，多于 1 人到达的概率可以近似为 0。

按照排队论，我们知道，在这种假设下，在一段时间 Δt 内累积的需求量满足泊松 (Poisson) 分布，即在 Δt 的时间段内恰好到达 k 个顾客的概率为

$$\frac{(\lambda \Delta t)^k}{k!}e^{-\lambda \Delta t} \quad (k=0,1,2,\cdots)$$

每个顾客买走的产品数量，也是一个随机变量。若设 f_j 为一个顾客的需求量为 j 件的概率，f_j^k 为 k 个顾客一共的需求量为 j 的概率，则

$$f_j^k = \sum_{i=k-1}^{j-1} f_i^{k-1} f_{j-i} \quad (k=2,3,\cdots)$$

因此综合考虑顾客到来的规律以及每个顾客买走产品的数量规律，我们可以得到在一段时间 Δt 内的需求量恰好等于 j 的概率为

$$\sum_{k=0}^{\infty} \frac{(\lambda \Delta t)^k}{k!} e^{-\lambda \Delta t} f_j^k$$

上述分布称为复合泊松分布，它反映了一般库存系统面对需求量的微观行为规律。

当然，最简单的情况是，假设每个顾客只买一件产品，即 $f_1=1$，这种情况下需求量的规律就是纯泊松分布。为了简化分析，本章后面内容主要就在这种简单的需求量模式下讨论问题。

2. 系统性能指标的推导

现在回到连续盘点系统。设系统的需求量满足泊松分布，即在 Δt 的时间段内需求量恰好为 k 的概率为

$$P(k;\lambda \Delta t) = \frac{(\lambda \Delta t)^k}{k!} e^{-\lambda \Delta t} \quad (k=0,1,2,\cdots)$$

因此在提前期 L 内的需求量恰好等于 y 的概率为

$$P(k;\lambda L) = \frac{(\lambda L)^k}{k!} e^{-\lambda L}$$

它对应的互补累积分布函数可以写为

$$\mathcal{P}(k;\lambda L) = \sum_{u=k}^{\infty} P(u;\lambda L)$$

设系统的库存策略为基于库存水平的 (R,Q) 策略。在此策略下，容易知道，每次订货将使得库存水平达到最大值 $R+Q$，然后需求量的消耗使得库存水平降低，在库存水平达到 $R+1$ 后，再有一件需求量消耗就会触发下次订货，因此实际上库存水平不会在点 R 停留，也就是系统的库存水平最小为 $R+1$，因此系统库存水平只可能在 R

$+1, R+2, \cdots, R+Q$ 之间取值,而它在其中每个状态的停留时间,根据需求量的泊松分布性质,平均为 $1/\lambda$。

设库存水平为 IP,则 IP 处于 $R+j$ 的概率 $P(\text{IP}=R+j)$ 等于在一个订货循环内系统库存水平处于 $R+j$ 的状态下的持续时间除以一个订货循环的时间长度,即

$$P(\text{IP}=R+j)=\frac{\frac{1}{\lambda}}{\frac{Q}{\lambda}}=\frac{1}{Q} \quad (j=1,2,\cdots,Q)$$

因此,系统平均库存水平为

$$E(\text{IP})=\sum_{j=1}^{Q}(R+j)\cdot P(\text{IP}=R+j)=R+\frac{Q+1}{2}$$

在此基础上,我们研究系统净库存量的概率分布情况。若在 $t-L$ 时刻,系统的库存水平为 $R+j$,则在 t 时刻,系统的净库存量一定不会超过 $R+j$。进一步,有下列关系成立:

t 时刻的净库存量 = $t-L$ 时刻的库存水平 − 在 $(t-L, t)$ 时间段内发生的需求量

这是因为,在 t 时刻,$t-L$ 时刻之前发出的所有订单肯定都到达了,也就是,在 $t-L$ 时刻之前的库存水平($R+j$)已经全部变为净库存量了,而在 $t-L$ 时刻之后发出的所有订单还全部为在途状态,不会影响此刻的净库存量。除此之外,影响 t 时刻净库存量的就只有在 $(t-L, t)$ 时间段内发生的需求量了。

根据上述关系,若 $t-L$ 时刻,系统的库存水平为 $R+j$,而 t 时刻的净库存量恰好等于 n,这就意味着在 $(t-L, t)$ 时间段内发生的需求量恰好等于 $R+j-n$。

因此,设净库存量为 I,净库存量等于 n 的概率为 $P(I=n)$,其中 n 为整数。下面分两种情况进行讨论。

(1) $n \leqslant R$ 的情况。

$t-L$ 时刻,系统的库存水平为 $R+j$,则对于 j,可以取所有 $j=1,2,\cdots,Q$,因此净库存量等于 n 的概率为[在 $(t-L, t)$ 时间段内发生的需求量恰好等于 $R+j-n$ 的概率]×(系统的库存水平为 $R+j$ 的概率),它们在所有 $j=1,2,\cdots,Q$ 情况下的和,即

$$\begin{aligned}P(I=n)&=\sum_{j=1}^{Q}P(R+j-n;\lambda L)\cdot P(\text{IP}=R+j)\\&=\frac{1}{Q}\sum_{j=1}^{Q}P(R+j-n;\lambda L)\\&=\frac{1}{Q}[\mathscr{P}(R-n+1;\lambda L)-\mathscr{P}(R+Q-n+1;\lambda L)]\end{aligned}$$

其中,$n \leqslant R$。

(2) $n > R$ 的情况。

在这种情况下,显然 $t-L$ 时刻,系统的库存水平为 $R+j$,它不小于 n,因此其中 j 只能在 $n-R, n-R+1, \cdots, Q$ 之间取值,所以有

$$\begin{aligned}P(I=n)&=\sum_{j=n-R}^{Q}P(R+j-n;\lambda L)\cdot P(\text{IP}=R+j)\\&=\frac{1}{Q}\sum_{u=0}^{R+Q-n}P(u;\lambda L)\end{aligned}$$

$$= \frac{1}{Q}\left[1 - \sum_{u=R+Q-n+1}^{\infty} P(u;\lambda L)\right]$$

$$= \frac{1}{Q}[1 - \mathscr{P}(R+Q-n+1;\lambda L)]$$

其中，$R+1 \leqslant n \leqslant R+Q$。

设在时刻 t，系统缺货发生的概率为 P_{out}，则 $P_{\text{out}} = \sum_{n=0}^{\infty} P(I=-n)$，即净库存量 I 为负的情况属于上述情况(1)，因此

$$P_{\text{out}} = \frac{1}{Q}\sum_{n=0}^{\infty}[\mathscr{P}(n+R+1;\lambda L) - \mathscr{P}(n+R+Q+1;\lambda L)]$$

$$= \frac{1}{Q}\left[\sum_{u=R+1}^{\infty}\mathscr{P}(u;\lambda L) - \sum_{u=R+Q+1}^{\infty}\mathscr{P}(u;\lambda L)\right]$$

$$= \frac{1}{Q}[g(R) - g(R+Q)]$$

其中，$g(j) = \sum_{u=j+1}^{\infty} \mathscr{P}(u;\lambda L)$。

令一年内的平均缺货拖后量为 $B(Q,R)$，即在单位时间段内的平均缺货拖后量，则 $B(Q,R) = \lambda P_{\text{out}}$。

令 $\widetilde{B}(Q,R)$ 表示在某个时刻 t 的瞬时平均缺货拖后量，则 $\widetilde{B}(Q,R) = \sum_{n=1}^{\infty} nP(I=-n)$。因此

$$\widetilde{B}(Q,R) = \frac{1}{Q}\sum_{n=1}^{\infty} n[\mathscr{P}(n+R+1;\lambda L) - \mathscr{P}(n+R+Q+1;\lambda L)]$$

$$= \frac{1}{Q}\left\{\sum_{u=R+1}^{\infty}[u-(R+1)]\mathscr{P}(u;\lambda L) - \sum_{u=R+Q+1}^{\infty}[u-(R+Q+1)]\mathscr{P}(u;\lambda L)\right\}$$

$$= \frac{1}{Q}[G(R) - G(R+Q)]$$

其中，$G(j) = \sum_{u=j+1}^{\infty}[u-(j+1)]\mathscr{P}(u;\lambda L)$。

令在库库存量为 $\text{OHI}(Q,R)$，按照库存水平的定义，库存水平＝在库库存量＋在途库存量－缺货拖后量，因此，有

$$E(\text{IP}) = E[\text{OHI}(Q,R)] + E(\text{在途库存量}) - \widetilde{B}(Q,R)$$

则

$$E[\text{OH}(Q,R)] = \frac{Q+1}{2} + R - \mu - \widetilde{B}(Q,R)$$

其中，$E(\text{在途库存量}) = \mu = \lambda L$。

因此系统的平均期望总成本＝订货成本＋库存持有成本＋缺货成本，即

$$C(Q,R) = \frac{\lambda A}{Q} + h\left(\frac{Q+1}{2} + R - \mu\right) + pB(Q,R) + h\widetilde{B}(Q,R)$$

3. 需求量近似为连续分布的模型

在前面的精确模型中，需求量的分布是离散的，显然其计算非常烦琐。实际上，很多情况下，这种离散需求量在一段时间内累积的数量之和可以近似为某种连续随机分布的需求量，这种近似可以极大地简化计算和分析，因此几乎现有的所有近似计算模型都是基于上述原理构造的，如在 5.1 节中的近似 (R,Q) 模型就是其中的一种情况。

下面考虑更加一般的近似情况。

若提前期 L 内的需求量服从一般的随机分布,其密度函数为 $\phi(x)$,分布函数为 $\Phi(x)$,设其均值为 μ,方差为 σ^2,净库存量的分布函数为 $n(x)$。在此连续分布的需求量情况下,系统的净库存、缺货率等指标都可以利用连续分布函数来表达。

(1) 当 $x \leqslant R$ 时,有
$$n(x) = \frac{1}{Q}\int_R^{R+Q} \phi(y-x)\mathrm{d}y = \frac{1}{Q}\{[1-\Phi(R-x)]-[1-\Phi(R+Q-x)]\}$$

(2) 当 $R < x \leqslant R+Q$ 时,有
$$n(x) = \frac{1}{Q}\int_x^{R+Q} \phi(y-x)\mathrm{d}y = \frac{1}{Q}\Phi(R+Q-x)$$

在此情况下,系统缺货发生的概率为 P_{out},可以近似为
$$P_{\text{out}} = \int_0^\infty n(-x)\mathrm{d}x = \frac{1}{Q}\int_0^\infty \{[1-\Phi(R+x)]-[1-\Phi(R+Q+x)]\}\mathrm{d}x$$

系统一年内的平均缺货拖后量为
$$B(Q,R) = \lambda P_{\text{out}} = \frac{\lambda}{Q}\int_0^\infty \{[1-\Phi(R+x)]-[1-\Phi(R+Q+x)]\}\mathrm{d}x$$

系统在任意时刻 t 的平均缺货拖后量 $\widetilde{B}(Q,R)$ 则为
$$\widetilde{B}(Q,R) = \int_0^\infty x n(-x)\mathrm{d}x = \frac{1}{Q}\int_0^\infty x\{[1-\Phi(R+x)]-[1-\Phi(R+Q+x)]\}\mathrm{d}x$$

在库库存量 $\text{OH}(Q,R)$ 为
$$\text{OH}(Q,R) = \frac{Q}{2} + R - \mu + \widetilde{B}(Q,R)$$

4. 需求量为正态分布的近似最优解

在需求量服从正态分布的情况下,系统净库存量的分布可以进一步化为
$$n(x) = \begin{cases} \dfrac{1}{Q}\left\{\left[1-\Phi_{N(0,1)}\left(\dfrac{R-x-\mu}{\sigma}\right)\right] - \left[1-\Phi_{N(0,1)}\left(\dfrac{R+Q-x-\mu}{\sigma}\right)\right]\right\} & (x \leqslant R) \\ \dfrac{1}{Q}\Phi_{N(0,1)}\left(\dfrac{R+Q-x-\mu}{\sigma}\right) & (R < x \leqslant R+Q) \end{cases}$$

当需求量服从正态分布时,也可以将 $G(\cdot)$ 和 $g(\cdot)$ 表达为标准正态分布的情况,即
$$g(y) = \sigma\phi_{N(0,1)}\left(\frac{y-\mu}{\sigma}\right) - (y-\mu)\left[1-\Phi_{N(0,1)}\left(\frac{y-\mu}{\sigma}\right)\right]$$
$$G(y) = \frac{1}{2}[\sigma^2 + (y-\mu)^2]\left[1-\Phi_{N(0,1)}\left(\frac{y-\mu}{\sigma}\right)\right] - \frac{\sigma}{2}(y-\mu)\phi_{N(0,1)}\left(\frac{y-\mu}{\sigma}\right)$$

而对于总成本式,有
$$C(Q,R) = \frac{\lambda A}{Q} + h\left[\frac{Q+1}{2} + R - \mu\right] + pB(Q,R) + h\widetilde{B}(Q,R)$$

总成本式对 Q 和 R 都是凸函数,因此最优的 Q 和 R 的条件是使其一阶导数为零,即
$$\frac{\partial C(Q,R)}{\partial Q} = \frac{\partial C(Q,R)}{\partial R} = 0$$

假设 $g(R+Q) \approx G(R+Q) \approx 0$,则可以进一步近似简化为
$$Q \approx \sqrt{\frac{2\lambda[A + pg(R)] + 2hG(R)}{h}}$$

$$\left[1-\frac{h}{p\lambda}(R-\mu)\right]\left[1-\Phi_{N(0,1)}\left(\frac{R-\mu}{\sigma}\right)\right]+\frac{h}{p\lambda}\sigma\phi_{N(0,1)}\left(\frac{R-\mu}{\sigma}\right)=\frac{Qh}{p\lambda}$$

考虑到 $\frac{h}{p\lambda}$ 很小,而 $2hG(R)$ 相对于 $2\lambda[A+pg(R)]$ 很小,因此,上述最优解可以近似为

$$Q \approx \sqrt{\frac{2\lambda[A+pg(R)]}{h}} \tag{5-1}$$

$$\left[1-\Phi_{N(0,1)}\left(\frac{R-\mu}{\sigma}\right)\right] \approx \frac{Qh}{p\lambda} \tag{5-2}$$

上述结论与 5.1 节得出的近似最优的 Q 和 R 的条件非常接近,如果忽略 $g(R)$,则有 $Q \approx \sqrt{\frac{2A\lambda}{h}}$,注意若时间单位为年,则年平均需求量为 $E(D)=\lambda$。

根据式(5-1)和式(5-2),利用下列迭代算法,可以找到满足精度要求为 ε 的最优解。

(1) 设定 Q 的初值为 $Q_1=\sqrt{\frac{2A\lambda}{h}}$,迭代周期为 $n=1$。

(2) 利用 $Q=Q_n$,根据式(5-2)计算 $R=R_n$。

(3) 利用 $R=R_n$,根据式(5-1)计算 $Q=Q_{n+1}$,其中,$g(R)=\sigma\phi_{N(0,1)}\left(\frac{R-\mu}{\sigma}\right)-(R-\mu)\left[1-\Phi_{N(0,1)}\left(\frac{R-\mu}{\sigma}\right)\right]$。

(4) 若 $|Q_{n+1}-Q_n|<\varepsilon$,停止计算,否则,令 $n=n+1$,返回步骤(2)继续计算。

例 5-7 设 $\lambda=100, A=200, h=4, p=30, \mu=30, \sigma=3$,迭代精度 $\varepsilon=0.05$。试计算最优的 Q 和 R。

解 (1) 第一次迭代,设定 $Q_1=\sqrt{\frac{2A\lambda}{h}}=100$;

(2) 利用式(5-2)计算 R_1,计算得 $R_1=13.3323$。

(3) 根据 R_1 的值,计算 $g(R_1)=\sigma\phi_{N(0,1)}\left(\frac{R_1-\mu}{\sigma}\right)-(R_1-\mu)\left[1-\Phi_{N(0,1)}\left(\frac{R_1-\mu}{\sigma}\right)\right]=0.2015$,得 $Q_2 \approx \sqrt{\frac{2\lambda[A+pg(R_1)]}{h}}=101.5001$。

(4) $n=2$,根据 Q_2 和式(5-2),计算得 $R_2=13.3046$。

(5) 根据 R_2 的值,计算 $Q_3 \approx \sqrt{\frac{2\lambda[A+pg(R_2)]}{h}}=101.5276$。前后 Q 的值即 Q_3 和 Q_2 的差小于原设定精度 5%,因此计算结束。

(6) 因此,迭代得到的最优解 $R=13.30, Q=101.53$。当然如果考虑产品数量的整数性要求,可以进一步令 $R=13, Q=102$。

5.5 案例:医院库存管理

市某医院的药剂科每年要购进规格为 500 mL 的大输液瓶 14.4 万个。如何购进输液瓶使总费用最小有两种决策:一是大批量订货,目的是使订货费最小;而另一种是

小批量订货,使库存保管费最小。实践证明,这两种极端决策都不能达到总费用最小的目的,而最佳方法是综合考虑两个费用,找出一个折中方案——经济库存模型。

该医院的订货费和库存保管费,如表5-6和表5-7所示。

表 5-6　每次订货费的构成

项目	费用/元	构成百分比
电话费	4	3.3%
工资费	5	4.1%
验收(搬运)费	20	16.5%
运输费	80	66.1%
会计出纳费	12	10.0%
合计	121	100%

表 5-7　库存保管费的构成

项目	费用/元	备注
利息	0.58×9.9%×144000=8268.5	0.58元/瓶为输液瓶单价,9.9%为当年贷款利息
库房折旧费	250×108÷30=900	250为库房每平方米造价,108为输液瓶平均占用库房面积(平方米),分30年折旧
损耗	144000×0.58×0.5%=417.60	0.5%为输液瓶年允许破损率
工资	0.5×12×400=2400	一年需0.5个人保管,月薪400元
合计	11986	每瓶年存储费率=11986÷(144000×0.58)×100%≈14.3%

由于输液瓶入库后,要随着生产使用而逐渐出库,不会一直保持原有数,故在计算年库存费时要用平均库存来计算。先假定库存量的减少是恒定的,当库存量降到零时,正好是下一批货的进货点,若以 R 表示年进货总量,则平均库存为 $R/2$。

根据 EOQ 经济批量模型知,当库存持有成本与订货成本相等时,总费用最小,根据这个关系,总费用函数为

$$f(Q)=\frac{Q}{2}CI+\frac{RS}{Q}$$

根据经济批量公式得

$$Q=\sqrt{\frac{2RS}{CI}}=\sqrt{\frac{2\times144000\times121}{0.58\times14.3\%}}\text{瓶}=20498\text{瓶}$$

其中,Q 为经济订货量或使总费用最小的每次订货数量;C 为每个输液瓶单价;I 为每瓶输液瓶的年存储费率(表示为平均库存费的百分率);R 为年总需求量;S 为每次订货费。

计算 Q 值后,很容易计算最佳订货次数,即 $N=R/Q=144000/20498$ 次 ≈ 7 次,以及每次订货最佳天数,即 $D=365/N=365/7$ 天 ≈ 52 天。

但在实际工作中不可能出现一年内上一批输液瓶用完,下一批就正好到货这种情况,由于订货、运输等工作环节中常出现一些预想不到的情况,延迟到货时间;在医院运作中,有时还可能出现需求量超过预订量的情况,一旦发生这些情况,就会出现库存短缺,影响医院的正常运转,造成存货短缺费。

根据该医院每天使用量(如表 5-8 所示的 100 天内输液瓶使用情况,每件等于 100 个输液瓶,20 件以内为正常量),可以确定提前订货时的库存量(A),为了预防库存短缺,再加进一个安全存货量 B,即

$$A = L \cdot U + B$$

其中,U 为平均适用量,L 为提前天数。

表 5-8 需求量表 1

提前期内的需求量/件	使用这个数量的次数	使用概率
10	10	0.10
15	32	0.32
20	50	0.50
25	7	0.07
30	1	0.01

现提前订货天数 $L=1$ 天,由表 5-8 知

$$U = 10 \times 0.1 + 15 \times 0.32 + 20 \times 0.05 + 25 \times 0.07 + 30 \times 0.01 = 20$$

计算表 5-9 中几个安全存货量水平上的年存货短缺总费用,现每件输液瓶的缺货费为 194 元,一年订货 7 次,计算结果如表 5-9 所示。

表 5-9 缺货情况的计算表 1

安全存货量/件	缺货概率	短缺数目/件	期望年费用值/元	年总缺货成本/元
0	0.07	5	0.07×5×194×7=475.3	611.1
0	0.01	10	0.01×10×194×7=135.8	
5	0.01	5	0.01×5×194×7=67.9	67.9
10	0	0	0	0

由表 5-9 可见,当安全存货量为 5 件时,年总库存短缺费比没有安全存货时小得多;但当安全存货量为 10 件时,将不发生存货短缺。

如表 5-10 所示,提前订货点选择 30 件比较合适,但还会有 8% 的时间可能出现存货短缺。由表 5-10 可见,安全存货量为 10 件最经济。

表 5-10 缺货情况的计算表 2

安全存货量/件	年缺货费/元	年库存保管成本 =库存量×每件年存储费率/元	年总成本/元
0	611.1	(10×0.1+5×0.32)×100×0.58×14.3% =21.56	632.66
5	67.9	(15×0.1+10×0.32+5×0.5)×100×0.58×14.3% =59.72	127.62
10	0	(20×0.1+15×0.32+10×0.5+5×0.07) ×100×0.58×14.3%=100.77	100.77

综上所述,输液瓶购置的最佳方案是,每年订货 7 次,每次订货 20498 瓶,即 205 件,当库存下降到 30 件时,开始下一次订货。

5.6 本章小结

本章介绍了随机需求条件下的单品种、单仓库的连续盘点系统的最优库存策略和近似策略。一般来说,(R,Q)策略是该系统的最优策略形式。因为在连续盘点系统中,(R,Q)策略和(s,S)策略是等价的,因此(s,S)策略也是该系统的最优策略。

与报童模型类似,随机需求量下的连续盘点系统的最优策略是与系统的不缺货概率密切相关的,这种不缺货概率可以具体化为多种服务水平指标,因此根据不同的服务水平指标可以确定系统的最优策略参数。

5.7 习题

5-1 根据历年资料,某公司在提前期内的需求量呈正态分布,提前期平均销售 A 产品 320 台,其标准差为 40。订货提前期为 1 周,单位订货费为 14 元/台,单位持有库存费为 1.68 元/(年·台)。缺货成本为 2 元/台。试确定该公司的库存策略。

5-2 某商店长期销售一种电子产品,其进货价格为 5000 元/台,销售价格为 10000 元/台。存储一台电子产品的费用主要是因资金冻结在产品上而失去的利息,假设年利率为 12%。每进一次货需要 4000 元固定费。每次订货的提前期为 1 个月。销售发生缺货时记缺货费为 20000 元/台。若商店采取连续盘点 (R,Q) 策略。

(1) 若每年销售量服从均值为 1080 台,标准差为 $20\sqrt{3}$ 的正态分布。试计算 (R,Q) 策略中最优的 Q 值。若希望 SLM1=95%,试计算 R。

(2) 若每年销售量服从在区间[960,1200]内的均匀分布,即其分布密度函数为

$$\phi(\xi) = \begin{cases} \dfrac{1}{240} & (960 \leqslant \xi \leqslant 1200) \\ 0 & (\text{其他}) \end{cases}$$

若 $R=90$,计算其服务水平 SLM1。
若每年缺货循环数平均希望不超过 2 次,计算 R。

5-3 某公司经销 Y 产品,Y 的单位成本为 60 元,日平均销售量为 5 件,单位库存持有费为单价的 25%,订货费为 450 元/次,订货提前期为 20 天,Y 的年需求量为 1500 件/年,每件的缺货成本为 50 元/件,Y 的需求量如表 5-11 所示。试求安全库存和订货批量。

表 5-11 需求量表 2

需求量/件	70	80	90	100	110	120
出现次数	3	3	4	80	6	4

5-4 某商店经销一种电子产品。现已知其销售量服从在区间[75,100]内的均匀分布,每运一批的费用(运费、手续费、差旅费等)为 5000 元,进货价格为 4000 元。存储一台电子产品的费用,主要是因资金冻结在产品上失去的利息。如果商店把一台电子产品的资金不用于生产,可以 12% 的年利投资出去。此外每个月还要支付仓库工人工资、保险费等 20 元。如果出现缺货情况,商店为了信誉就要立即以较高的价格向本市的其他商店进货,这时的进货价格为 4300 元/台。试确定最优的经销策略。

5-5 某公司的销售量呈正态分布,已知去年 14 个星期内逐个星期的销售量分别为 89、102、107、146、155、64、78、122、78、119、76、80、115、86 件。试估计其每个星期内需求量的分布,并计算该公司的最佳订货策略 (R,Q) 中的 R 值。假设提前期 $L=1$ 星期,$Q=1000$ 件,$h=10/($件·

年)，$p=50$ 美元/件，年平均需求量 $E(D)=5200$ 件。

5-6　某产品的需求量服从均值为 4 的泊松分布，提前期为 1 星期，单位产品每日缺货费为 200 元，每次订货费为 40 元，单位产品每日存储费为 4 元。试计算其 (R,Q) 策略。

5-7　在过去的 50 个周期内，某产品的需求量如表 5-12 所示。试计算当服务水平 SLM0 为 95% 情况下的 (R,Q) 策略中的 R 值。

表 5-12　需求量表 3

需求量/件	10	20	30	40	50	60	70	80
出现次数	1	5	10	14	9	6	4	1

5-8　Polymouth 公司的某产品的需求量为正态分布，年平均值为 2000 件，对应标准差为 400 件。单位制造成本为 100 元，每次订货费为 200 元，单位产品每日存储费为 0.2 元，提前期为 3 星期，试计算最优 (R,Q) 策略，使得 SLM0 的服务水平为 95%。

5-9　某连续盘点 (R,Q) 库存系统，需求量的平均值为 $E(D)=40000$ 件/年，$A=20$ 元，产品单价为 1.60 元，每年银行利率为 $r=25\%$，试计算使得其服务水平 SLM0 为 95% 的库存策略。

*5-10　试根据式(5-1)和式(5-2)迭代计算最优 (R,Q) 策略。设 $\lambda=200, A=200, h=5, p=20, \mu=40, \sigma=5, \varepsilon=0.05$。

6 需求随机的周期盘点库存模型

6.1 系统状态推演

本章介绍单品种、单仓库的周期盘点系统的订货问题,如图 6-1 所示。在此系统中,订货的时间受到一定约束,即每次订货只能发生在规定的周期时刻点上,因此系统的缺货情况要比连续盘点系统复杂。为了简化分析,本章只考虑缺货拖后情况。

订货量 Q_t → 仓库 → 需求量 D_t

图 6-1 多周期订货系统

假设仓库的订货提前期为 L 个周期,L 为正整数。

在讨论系统的运作过程之前,有必要规定该系统订货、到达等动作之间的先后时序关系。这是因为很多实际类似系统在具体运作时往往依照不同的动作先后顺序进行运作,这些不同的先后顺序决定了系统在表述和分析时存在的细微差别。为了叙述方便、统一和准确起见,本章规定要研究的系统在每个周期内是严格按照如下动作顺序运作的。

(1) 预计到达的订货到达;
(2) 对拖后的缺货量进行满足;
(3) 计算当前库存水平;
(4) 确定订货量;
(5) 发出订单;
(6) 需求发生;
(7) 数量等于需求实际满足量的货物出库;
(8) 计算期末净库存量(在库库存量和缺货拖后量)。

一般地,我们把(1)~(5)事件发生的时间称为一个周期的期初,把(6)~(7)发生的时间通称为期中;把(8)发生的时间称为期末。各个动作的关系如图 6-2 所示。

另外,规定每个周期的成本计算:不论缺货成本还是持有成本的计算都以本周期的期末净库存量来计算,也就是需求量发生并满足之后的时刻的净库存量。净库存量大于零,产生库存持有成本,否则产生缺货成本。其中,存储费为 h 元/(周期·件),缺货费为 p 元/(周期·件)。

每个周期的成本 = $h \times$ 期末在库库存量 + $p \times$ 期末缺货拖后量。

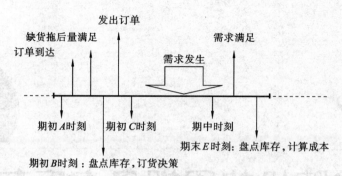

图 6-2 一个周期内不同的事件和重要时刻点

因此，$1,2,\cdots,T$ 周期内的总成本为上述各个周期的成本之和。

显然在已知初始库存量、库存控制策略和需求量的情况下，可以推演出任意时间的系统状态及库存成本。下面通过一个例题来说明具体的推演步骤。

例 6-1 设初始的在库库存量、在途库存量和缺货量均为 0，系统采取周期盘点的 (s,S) 策略，其中 $s=100$ 件，$S=300$ 件，存储费 $h=1$ 元/(周期·件)，缺货费 $p=2$ 元/(周期·件)。需求量分别为：$D_1=50$ 件，$D_2=152$ 件，$D_3=95$ 件，$D_4=103$ 件，$D_5=112$ 件，提前期为 2 个周期。在此情况下，试推演从第 1 周期到第 5 周期内系统的库存变化。

解 首先在一个周期内，我们比较关心的几个时刻点有（如图 6-2 所示）

B 时刻，即期初订货前；C 时刻，即期初订货后；E 时刻，即期末。

可以根据时间的推进来逐次推演系统的库存变化情况。

(1) 第一周期。

① 期初，因为期初 B 时刻库存水平为 0，故发出订单 300 件；

这 300 件的订单实际上要到第 3 周期的期初才到货，在此期间，它就是在途库存量，因此本周期的 C 时刻在途库存量为 300 件。

在第一周期内没有到货，在库库存量一直为 0。

② 期中，需求量发生为 50 件。

因为仓库没有存货，因此发生缺货为 50 件，同时本周期内发运的需求满足量为 0。

③ 期末，在库库存量为 0，缺货量为 50 件，在途库存量为 300 件。

因此，按照净库存量、库存水平的定义，得

期末的净库存量 = 期末的在库库存量 − 期末的缺货拖后量 = $(0-50)$ 件 = −50 件。

期末的库存水平 = 期末的在库库存量 − 期末的缺货拖后量 + 期末的在途库存量 = $(0-50+300)$ 件 = 250 件。

(2) 第二周期。

① 期初。本周期没有到货，在库库存量一直为 0。这导致针对第一周期的缺货拖后满足量为 0，因此 B 时刻缺货拖后量和缺货量均保持在第一周期期末的状态不变，则

期初 B 时刻库存水平 = B 时刻的在库库存量 − B 时刻的缺货拖后量
+ B 时刻的在途库存量
= $(0-50+300)$ 件 = 250 件

因 250 大于 $s=100$，故本周期不订货。

② 期中，需求量为 152 件。

由于在库库存量一直为 0，这 152 件的需求量累加到上个周期形成的缺货拖后量 50 件中，使得缺货拖后量变为 (50+152) 件 = 202 件；同时本周期内发运的需求满足量为 0。

③ 期末。在库库存量为 0，缺货拖后量为 202 件，在途库存量为 300。

期末的净库存量 = 期末的在库库存量 − 期末的缺货拖后量 = (0−202) 件 = −202 件

期末的库存水平 = 期末的在库库存量 − 期末的缺货拖后量 + 期末的在途库存量
$$= (0-202+300) 件 = 98 件$$

(3) 第三周期。

① 期初。期初 A 时刻，在库库存量即为上一周期期末的在库库存量，仍为 0，缺货拖后量为 202 件。A 时刻之后，第一周期发出的订单 300 件到达（实际上此刻在库库存量因此变为 300 件），此刻马上满足上期累积的缺货拖后量 202 并将它们装运发出，因此还剩下 98 件作为 B 时刻的在库库存量。

由于 300 件的到货动作，在期初 B 时刻，在途库存量变为 0。

另外经过刚才的缺货拖后满足动作，在期初 B 时刻，缺货拖后量变为 0，则

期初 B 时刻库存水平 = B 时刻的在库库存量 − B 时刻的缺货拖后量
+ B 时刻的在途库存量
$$s = (98-0+0) 件 = 98 件$$

因 98 小于 100，故需要订货，将库存水平提高到 300 件，实际订货量为 202 件。

订货发出后，导致 C 时刻的在途库存量为 202 件。

② 期中。因为在 B、C 时刻的在库库存量为 98 件。本期的需求量为 95 件，因此可以全部满足需求，即共有 95 件装运发出，最后剩下的在库库存量为 3 件。这期间缺货拖后量为 0，在途库存量保持 C 时刻状态不变。

③ 期末。在本周期的期末，在库库存量为 3 件，缺货拖后量为 0，在途库存量为 202 件。

期末的净库存量 = 期末的在库库存量 − 期末的缺货拖后量 = (3−0) 件 = 3 件

期末的库存水平 = 期末的在库库存量 − 期末的缺货拖后量 + 期末的在途库存量
$$= (3-0+202) 件 = 205 件$$

依此类推，可以推演出全部 5 个周期内的库存变化情况，如表 6-1 所示。

表 6-1 前 5 个周期库存状态推演

周期	在库库存量			在途库存量			缺货拖后量			净库存量			库存水平			需求量	订货量	持有成本	缺货成本
	期初订货前 B	期初订货后 C	期末 E	期初订货前 B	期初订货后 C	期末 E	期初订货前 B	期初订货后 C	期末 E	期初订货前 B	期初订货后 C	期末 E	期初订货前 B	期初订货后 C	期末 E				
1	0	0	0	0	300	300	0	0	50	0	0	−50	0	300	250	50	300	0	100
2	0	0	0	300	300	300	50	50	202	−50	−50	−202	250	250	98	152	0	0	404
3	98	98	3	0	202	202	0	0	0	98	98	3	98	300	205	95	202	0	0
4	3	3	0	202	202	202	0	0	100	3	3	−100	205	205	102	103	0	0	200
5	102	102	0	0	0	0	0	0	10	102	102	−10	102	102	−10	112	0	0	20

通过对例 6-1 的分析，可以进一步发现各个变量之间的关系，显然 B 时刻的库存水平是关键，它是每个周期确定订货量的依据。下面利用 Excel 列出该系统的库存状态之间的一些关系，供读者参考。注意其中的 IF() 函数定义为

IF(logical_test, value_if_true, value_if_false)

即若判断式 logical_test 为 true，则返回值为 value_if_true，否则返回值为 value_if_false。

1) 库存水平

第 t 周期在 A 时刻时的库存水平＝第 t 周期在 B 时刻时的库存水平
　　　　　　　　　　　　　　　＝第 $(t-1)$ 周期在 E 时刻时的库存水平

第 t 周期在 C 时刻时的库存水平＝第 t 周期在 B 时刻时的库存水平＋第 t 周期的订货量

第 t 周期在 E 时刻时的库存水平＝第 t 周期在 C 时刻时的库存水平－第 t 周期的需求量

2) 订货量

若系统采取 (s, S) 策略，则

第 t 周期的订货量＝IF(第 t 周期在 B 时刻时的库存水平 $\leqslant s$, S－第 t 周期在 B 时刻时的库存水平, 0)

3) 需求实际满足量

第 t 周期的需求实际满足量＝IF(第 t 周期的需求量＞第 t 周期在 C 时刻时的在库库存量, 第 t 周期在 B 时刻时的在库库存量, 第 t 周期的需求量)

4) 每个周期期初的缺货满足量

当提前期 $L=2$ 个周期时，有

第 t 周期的缺货拖后满足量＝IF(第 t 周期在 A 时刻时的缺货拖后量＞0, IF(第 t 周期在 A 时刻时的缺货拖后量－第 $(t-2)$ 周期的订单量＞0, 第 $(t-2)$ 周期的订单量, 第 t 周期在 A 时刻时的缺货拖后量), 0)

5) 在途库存量

当提前期 $L=2$ 个周期时，有

第 t 周期在 A 时刻时的在途库存量＝第 $(t-2)$ 周期的订货量＋第 $(t-1)$ 周期的订货量

第 t 周期在 B 时刻时的在途库存量＝第 $(t-1)$ 周期的订货量

第 t 周期在 C 时刻时的在途库存量＝第 t 周期在 E 时刻时的在途库存量
　　　　　　　　　　　　　　　　　＝第 $(t-1)$ 周期的订货量＋第 t 周期的订货量

6) 其他

净库存量＝库存水平－在途库存量

此式在每个周期的每个时刻都成立。

在库库存量＝IF(净库存量＞0, 净库存量, 0)

此式在每个周期的每个时刻都成立。

缺货量＝IF(净库存量＞0,0,－净库存量)

此式在每个周期的每个时刻都成立。

当然，上面所列的变量之间的关系表达方式并不是唯一的。读者还可以根据问题的特点和自己的理解归纳出其他不同的公式表达关系，这里不再赘述。

例 6-2 试推导下列周期盘点(s,S)策略库存系统的库存变化情况。参数值：初始在库库存量为20，在途库存量和缺货量均为0，(s,S)策略中$s=120$，$S=250$，提前期为2个周期，缺货拖后满足。前5个周期的需求量如表6-2所示。试计算前5个周期每个周期"期末"的库存水平、在库库存量、净库存量、在途库存量。

表 6-2 需求量表

周期	需求量
1	200
2	110
3	55
4	172
5	300

解 如表 6-3 所示。

表 6-3 例 6-2 的库存推演

周期	需求量	库存水平	在库库存量	净库存量	在途库存量	缺货拖后量	期初库存水平	订货量
1	200	50	0	－180	230	180	20	230
2	110	140	0	－290	430	290	50	200
3	55	85	0	－115	200	115	140	0
4	172	78	0	－87	165	87	85	165
5	300	－50	0	－387	347	387	78	172

例 6-3 若系统采取S策略($S=250$)，其他条件同例6-2。试计算前5个周期每个周期"期末"的库存水平、在库库存量、净库存量、在途库存量。

解 如表 6-4 所示。

表 6-4 例 6-3 的库存推演

周期	需求量	库存水平	在库库存量	净库存量	在途库存量	缺货拖后量	期初库存水平	订货量
1	200	50	0	－250	300	250	20	230
2	110	140	0	－290	430	290	50	200
3	55	195	0	－115	310	115	140	110
4	172	78	0	－87	165	87	195	55
5	300	－50	0	－277	227	277	78	172

6.2 (s,S)策略的近似计算

理论表明，大多数周期盘点系统的最优策略是(s,S)策略，但是这种最优解的计算

一般相当烦琐。因此实际上常常使用下列近似计算方法。

如果每个周期的需求量 D 是相互独立的,并且它们都服从正态分布 $N(\mu,\sigma^2)$,订货提前期为 L 个周期,每次订货费为 A,每个周期的单位产品的存储费为 h,则可以依照下列步骤计算近似最优的 (s,S) 策略。

(1) 先确定 Q: $Q = \sqrt{\dfrac{2A\mu}{h}}$。

(2) 确定 s: $s = (L+1)\mu + z \cdot \sigma \sqrt{L+1}$。

其中,z 是一个与服务水平有关的常量,具体服务水平和 z 的对应关系如表 6-5 所示。

表 6-5 正态分布需求下的服务水平和 z 的对应关系表

服务水平	90%	91%	92%	93%	94%	95%	96%	97%	98%	99%	99.9%
z	1.29	1.34	1.41	1.48	1.56	1.65	1.75	1.88	2.05	2.33	3.08

(3) 确定 S: $S = s + Q$。

下面简要介绍上述算法的基本思想。

针对周期盘点系统,先研究系统可能的缺货发生的时间。

首先假设任意时刻最多只有一笔订单可能在途量。类似于连续盘点系统,周期盘点系统在从发出订单到订单到达的这个时间段内有可能发生缺货。这种情况如图 6-3(a) 所示。假设该系统的提前期为 2 个周期。在 $t=2$ 时刻检查库存,发现库存水平恰好等于 s,则发出订单;在该订单刚刚发出后的时刻,库存水平提高到了 S,而净库存量由于没有到货,保持为 $t=1$ 时刻的状态。时间推进,净库存量持续走低,在约 $t=2.8$ 时刻发生缺货,一直到 $t=4$ 时刻该订货到达,才提高为与库存水平相等的水平。因此,在图 6-3(a) 中,缺货持续的周期可以认为是从 $t=2$ 到 $t=4$ 之间共 2 个周期,即 L 个周期。

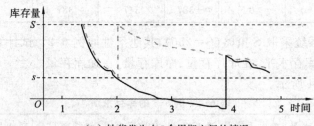

(a) 缺货发生在 L 个周期之间的情况

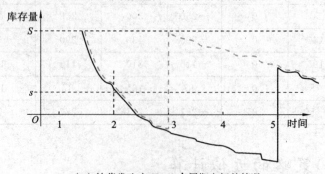

(b) 缺货发生在 $(L+1)$ 个周期之间的情况

图 6-3 周期盘点系统的缺货发生的情况

但是除了上述情况,实际上还存在另外一种情况,如图 6-3(b) 所示。系统在 $t=2$ 时刻的库存水平恰好高于 s,因此没有订货。在 $t=2.1$ 之后,需求消耗使得库存水平降到 s 之下,但由于周期盘点模式的限制,只能在 $t=3$ 时刻发出订单。而在约 $t=2.3$ 时刻已经开始发生缺货,系统缺货状态直到 $t=5$ 时刻订单到达后才得到改变。因此在图 6-3(b) 中,缺货持续的周期为从 $t=2$ 到 $t=5$ 之间共 3 个周期,即 $(L+1)$ 个周期。

因此综合来看,针对周期盘点系统,其缺货可能发生在,从发出订单的前一个周期,一直到收到订单的周期,这期间共有 $(L+1)$ 个周期。由于假设一个周期的需求量呈正态分布 $N(\mu,\sigma^2)$,同时每个周期的需求量相互独立。设在这 $(L+1)$ 个周期之间累积的需求量为 X,则 X 也必然满足正态分布,其分布为 $N(\mu_X,\sigma_X^2)$,其中,$\mu_X=(L+1)\mu$,$\sigma_X=\sqrt{L+1}\sigma$。

那么在什么情况下会缺货?当然是在 $X>s$ 的情况。

因此缺货发生的概率为

$$P(X>s)=1-P(X\leqslant s)=1-\Phi(s)$$

即

$$\Phi(s)=\Phi_{N(0,1)}\left(\frac{s-\mu_X}{\sigma_X}\right)=\text{SLM0}$$

这就是在服务水平 SLM0 约束下的 (s,S) 策略,只不过考虑的提前期由 L 扩展为 $L+1$。只要定义 $z=\Phi_{N(0,1)}^{-1}(\text{SLM0})$,则有

$$s=\mu_X+\sigma_X\Phi_{N(0,1)}^{-1}(\text{SLM0})=(L+1)\mu+\sqrt{L+1}\sigma\cdot\Phi_{N(0,1)}^{-1}(\text{SLM0})$$
$$=(L+1)\mu+z\sigma\sqrt{L+1}$$

它就是步骤(2)中的计算公式,而表 6-5 所示的就是标准正态分布的分布函数表。

例 6-4 某 CD 店平均每年销售 1000 盒 CD 碟,其销售量呈正态分布,标准差为 40.8 盒。该 CD 店按照星期来订货。每进一次货,包括采购和运输时间,要 2 周时间到库。每次订货费为 50 元/盒,每盒年存储费为 10 元,假设服务水平(不缺货率)为 95%,缺货拖后满足。试确定订货 (s,S) 策略,使得平均总成本较低。

解 $A=50$ 元,$h=10$ 元/(盒·年),$L=2$ 周$=2/52$ 年,年需求量 $D=N(\mu,\sigma^2)=N(1000,40.8^2)$。

(1) $Q=\sqrt{\dfrac{2A\mu}{h}}=100$ 盒,或者每个周期(星期)的每盒存储费$=h/52$,每个周期的需求量的均值$=1000/52$ 盒,得 $Q=\sqrt{\dfrac{2A\times 1000/52}{h/52}}=100$ 盒。

(2) 设 $(L+1)$ 内的需求量为 X。

$L+1=3$ 周$=3/52$ 年。

$$E(X)=(L+1)E(D)=3/52\times 1000 \text{ 盒}=57.69 \text{ 盒}$$
$$\text{Var}(X)=(L+1)\text{Var}(D)=3/52\times 1664 \text{ 盒}=96 \text{ 盒}$$
$$\text{STD}(X)=9.80$$

查正态分布表,知在满足率 95% 情况下,$z=1.65$,即 $\Phi_{N(0,1)}(z=1.65)\approx 0.9505$,因此

$$s=E(X)+z\text{STD}(X)=(57.69+1.65\times 9.80)\text{盒}\approx 73.86 \text{ 盒}$$

取整 $s=74$ 盒。

(3) $S=s+Q=174$ 盒。

例 6-5 某 CD 店平均每年销售 1000 盒 CD 碟,其年销售量满足在 $[500,1500]$ 之间的均匀分布。该 CD 店按照周来订货,每进一次货要 2 周时间到库,每次订货费为 50 元,每盒年存储费为 10 元,假设缺货拖后满足。试在下列不缺货率约束情况下,确定最优的 (s,S) 订货策略,使得平均总成本最低。

(1) SLM0=0.95。
(2) SLM0=0.85。

解 注意原 (s,S) 计算公式是针对需求量为正态分布情况的,而均匀分布情况不能用! 但是我们可以利用类似的方法求解。

首先, $A=50$ 元, $h=10$ 元/(盒•年), $L=2$ 周 $=2/52$ 年,年需求量 D 的均值 $E(D)=1000$ 盒,有

$$Q=\sqrt{\frac{2AE(D)}{h}}=100$$

缺货可能发生在 $(L+1)$ 个周期,设这期间的需求量为 X,它必然也是均匀分布,其分布为 $[500\times 3/52,1500\times 3/52]=[28.84,86.54]$。

系统在 $s<X$ 情况下会发生缺货,因此缺货的概率为

$$P(X\geqslant s)=1-P(X\leqslant s)=1-\Phi(s)=1-\text{SLM0}$$

即 $\Phi(s)=\text{SLM0}$。

(1) 在 SLM0=0.95 条件下,由均匀分布的分布函数,可得 $s=83.65$ 盒,取整 $s=84$ 盒,则 $S=s+Q=184$ 盒。

(2) SLM0=0.85 条件下,易得 $s=77.88$ 盒,取整 $s=78$ 盒,则 $S=s+Q=178$ 盒。

*6.3 系统最优策略的证明

1. 基本模型

本节就周期盘点系统的最优策略问题进行简单讨论。

考虑 $t=0,1,2,\cdots,T-1$ 共 T 个周期。每个周期的需求量 D 为相互独立而同分布的随机变量,设其分布函数为 $\Phi(x)$,分布密度函数为 $\phi(x)$。

每个周期的单位产品的存储费为 h,单位产品的缺货拖后费为 p,产品采购价格为 v,设 $p>v$。

假设订货提前期为零,即每次订货可以马上到达。

设每个周期 t 的订货量为 Q_t,显然 $Q_t\geqslant 0$,每个周期期初的在库库存量为 I_t,因为在途库存量总为零,因此净库存量也是 I_t。

系统的总成本是所有周期的成本之和,其中每个周期的成本包括采购成本、库存持有成本和缺货成本,即

$$C(Q_0,Q_1,\cdots,Q_{T-1})=\sum_{t=0}^{T-1}\{vQ_t+hE[(I_t+Q_t-D)^+]+pE[(D-I_t-Q_t)^+]\}$$

(6-1)

其中, $E()$ 表示对括号中的公式求对随机变量 D 的概率期望; $(x)^+=\max(x,0)$; vQ_t 项表示在周期 t 发生的采购成本; $hE[(I_t+Q_t-D)^+]$ 为周期 t 的库存持有成本的概率

期望值，$(I_t+Q_t-D)^+$ 为周期 t 的期末在库库存量；$pE[(D-I_t-Q)^+]$ 为周期 t 的库存缺货成本的概率期望，$(D-I_t-Q)^+$ 为周期 t 期末的缺货拖后量。

显然式(6-1)类似于第3章的确定性动态批量模型中的总成本公式，其最优订货序列的求解需要用到动态规划的方法，也就是要找到递推关系，将原问题进行逐层的分解。为此，定义递推函数，给定第 $(t+1)$ 周期之后的最优决策条件下的前 t 个周期内累积的成本之和为

$$J_t(I_t) = \min_{Q \geqslant 0} \{vQ_t + H(I_t+Q_t) + E[J_{t+1}(I_t+Q_t-D)]\} \tag{6-2}$$

其中，$H(y) = hE[(y-D)^+] + pE[(D-y)^+]$。

假设第 T 周期最后的剩余库存量对总成本的影响可以忽略不计，则动态规划递推公式的初值为 $J_T(I_T)=0$。

显然递推到第0周期的 $J_0(I_0)$ 就是式(6-1)的全局问题。

为了进一步简化上述递推公式，引入变量 $y_t=I_t+Q_t$，则原递推式(6-2)等号右边的部分可以变换为

$$\min_{y_t \geqslant I_t} \{vy_t + H(y_t) + E[J_{t+1}(y_t-D)]\} - vI_t \tag{6-3}$$

在式(6-3)中，最后一项 $-vI_t$ 实际上不影响最优解的计算。只有大括号之间的内容才会对最优解起作用，因此可令这部分为函数 $G_t(y_t)$，即

$$G_t(y_t) = vy_t + H(y_t) + E[J_{t+1}(y_t-D)]$$

求解式(6-3)的最优化问题时，如果知道 $G_t(y_t)$ 是凸函数，则存在唯一的最优解，同时这个最优解可以通过一阶导数等于零的条件获得。

在 $G_t(y_t)$ 中，函数 H 是凸函数。这很容易验证，因为在 D 取固定值的情况下，$[y_t-D]^+$ 和 $[D-y_t]^+$ 对 y_t 都是凸的；当对这些式子取其期望时，这种凸的性质仍然保持不变。

因此剩下的问题就是，J_{t+1} 是否是凸的。如果它确实是凸的，并且有 $\lim_{|y_t| \to \infty} J_t(y_t) = \infty$，则式(6-3)存在唯一的最优解。此刻可以设这个最优的 y_t 的值为 S_t，它使得 $J_t(y_t)$ 达到最小化（当然也就是 $G_t(y_t)$ 最小化）的 y_t 值。考虑到定义 $y_t=I_t+Q_t$，即 $Q_t=y_t-I_t$，因此当 $I_t \leqslant S_t$ 时，最优的订货量 $Q_t=S_t-I_t$；而当 $I_t > S_t$ 时，因为订货量 $Q_t \geqslant 0$，所以最优的 $Q_t=0$。说明这个最优解是一个 S 策略，只不过 S 策略的最大量 $S=S_t$。

上述 S_t 是第 t 周期的最优订货策略，因此全部周期的最优策略形成一个全局的最优策略序列 $\{S_0,S_1,\cdots,S_t,\cdots,S_{T-1}\}$，其中每个周期的最优订货量为

$$Q_t^*(I_t) = \begin{cases} S_t - I_t & (I_t \leqslant S_t) \\ 0 & (I_t > S_t) \end{cases}$$

其中，每个 $S_t(t=0,1,\cdots,T-1)$ 通过求解下列问题的最小值得到，即 S_t 等于使得下列函数 $G_t(y)$ 最小化的 y 的值：

$$G_t(y) = vy + H(y) + E[J_{t+1}(y-D)]$$

下面利用数学归纳法证明 J_t 的凸性。

当 $t=T$ 时，$J_T=0$，显然它是凸性的。

当 $t=T-1$ 时，因为 $p>v$，$H(y)$ 的一阶导数随着 $y \to -\infty$，而趋向 $-p$。当 $y \to -\infty$ 时，$G'_{T-1}(y)$ 为正，当 $y \to +\infty$ 时，$G'_{T-1}(y)$ 为负，因此 $\lim_{|y| \to \infty} J_{T-1} = \infty$，$t=T-1$ 周期

的最优策略为

$$Q_{T-1}^*(I_{T-1}) = \begin{cases} S_{T-1} - I_{T-1} & (I_{T-1} \leqslant S_{T-1}) \\ 0 & (I_{T-1} > S_{T-1}) \end{cases}$$

其中,S_{T-1} 是使得 $G_{T-1}(y)$ 达到最小的 y 值。

根据动态规划递推式(6-2),因为 $J_T(I_T)=0$,因此有

$$J_{T-1}(I_{T-1}) = \begin{cases} v(S_{T-1} - I_{T-1}) + H(S_{T-1}) & (I_{T-1} \leqslant S_{T-1}) \\ H(I_{T-1}) & (I_{T-1} > S_{T-1}) \end{cases}$$

$J_{T-1}(I_{T-1})$ 是一个分段函数,它也是一个凸函数,如图 6-4 所示。这是因为:首先,$v(S_{T-1}-I_{T-1})+H(S_{T-1})$ 和 $H(I_{T-1})$ 都是凸函数;其次,$J_{T-1}(I_{T-1})$ 是连续函数;最后,在点 $I_{T-1}=S_{T-1}$ 处,其左导数和右导数都等于 $-v$。因此当 $I_{T-1} \leqslant S_{T-1}$ 时,$J_{T-1}(I_{T-1})$ 是一个斜率为 $-v$ 的线性函数。另外当 I_{T-1} 从大于 S_{T-1} 的右边接近 S_{T-1} 时,$J_{T-1}(I_{T-1})$ 的导数等于 $-v$,这是因为 S_{T-1} 是使得凸函数 $vy+H(y)$ 最小化的点,也就是使得其导数为零的点,即 $v+H'(y)=0$。

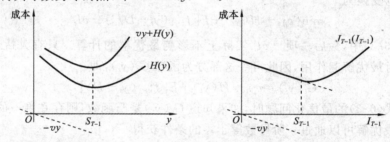

图 6-4 J_{T-1} 函数示意图

在 $(T-1)$ 周期,在期初库存量 $I_{T-1}>S_{T-1}$ 的情况下,并不需要订货,因此,不会再发生采购成本,仅存在库存持有成本和缺货成本。反之,当 $I_{T-1} \leqslant S_{T-1}$ 情况下,则进行订货,将在库库存量提高到 S_{T-1},此时,既要考虑增加的采购成本,也要考虑库存持有成本和缺货成本。

至此,在 J_T 为凸函数的基础上,证明了 J_{T-1} 仍然为凸函数,并且 $\lim_{|y| \to \infty} J_{T-1} = \infty$。

现假设 J_{t+1} 是凸函数,则 J_{t+1} 存在唯一的最优解 S_{t+1},令 J_{t+1} 取最小值。在这种假设下,我们需要证明 J_t 也是凸函数。依据递推公式(6-2),可得

$$J_t(I_t) = \begin{cases} v(S_t - I_t) + H(S_t) + E[J_{t+1}(S_t - D)] & (I_t \leqslant S_t) \\ H(I_t) + E[J_{t+1}(I_t - D)] & (I_t > S_t) \end{cases}$$

J_t 也是分段函数,其中的两个分段函数中,除了增加了一项 $E[J_{t+1}(I_t-D)]$ 之外,其他的项非常类似 $J_{T-1}(I_{T-1})$,它们都是凸函数。而已经事先假设 J_{t+1} 是凸函数,则它的期望 $E[J_{t+1}(I_t-D)]$ 也必然是凸函数。因此这就证明了 $J_t(I_t)$ 也是凸函数。

依此类推,可以依次证明在 $t=T-2,T-3,\cdots,0$ 情况下,上述结论仍然适用。证毕。

到此为止,证明了当需求量是独立同分布的随机变量,提前期为零,缺货拖后,考虑固定的单位产品单位时间的存储费、单位产品单位时间的缺货费及采购价格时,多周期盘点系统的最优策略是一个与周期有关的 S 策略序列,这个最优策略序列为 $\{S_0, S_1, \cdots, S_{T-1}\}$。

当然上面只是证明了存在这样的最优策略。如果要精确地计算这个最优策略,一般还是比较烦琐的。下面简要介绍迭代求解的过程。

(1) 当 $t=T$ 时,$J_T=0$,它是初值。
(2) 当 $t=T-1$ 时,递推式为

$$J_{T-1}(I_{T-1}) = \begin{cases} v(S_{T-1}-I_{T-1})+H(S_{T-1}) & (I_{T-1} \leqslant S_{T-1}) \\ H(I_{T-1}) & (I_{T-1} > S_{T-1}) \end{cases}$$

$t=T-1$ 周期的最优 $S=S_{T-1}$ 策略是使得 $G_{T-1}(y)=vy+H(y)$ 取到最小值的 y 值,显然这个 $G_{T-1}(y)$ 非常类似报童模型,因此很容易就可以得到 S_{T-1},因为它满足

$$\Phi(S_{T-1}) = \frac{p-v}{p+h}$$

(3) 当 $t=T-2$ 时,递推式为

$$J_{T-2}(I_{T-2}) = \begin{cases} v(S_{T-2}-I_{T-2})+H(S_{T-2})+E[J_{T-1}(S_{T-2}-D)] & (I_{T-2} \leqslant S_{T-2}) \\ H(I_{T-2})+E[J_{T-1}(I_{T-2}-D)] & (I_{T-2} > S_{T-2}) \end{cases}$$

(6-4)

式(6-4)比第(2)部分要复杂的多,因为其中包含了 $E[J_{T-1}(S_{T-2}-D)]$ 项。把第(2)部分的 J_{T-1} 的表达式代入 $E[J_{T-1}(S_{T-2}-D)]$(此刻 S_{T-1} 是已知的),得

$$J_{T-1}(S_{T-2}-D) = \begin{cases} v(S_{T-1}-S_{T-2}+D)+H(S_{T-1}) & (S_{T-2}-D \leqslant S_{T-1}) \\ H(S_{T-2}-D) & (S_{T-2}-D > S_{T-1}) \end{cases}$$

再将 $J_{T-1}(S_{T-2}-D)$ 的这个表达式代入到式(6-4)中,最后将形成一个包含多重积分的函数。因此虽然从原理上讲 S_{T-2} 存在且唯一,然而要找到它,必须求解这个多重积分函数的最优化问题,这会很复杂。

(4) 依此类推,后面的计算更加复杂,这里不再赘述。

2. 无限周期情况

从上面的基本模型出发,考察当 $T \to \infty$ 时的情况。

实际上可以证明,在无限周期条件下,系统的最优策略仍然是 S 策略,但是针对任意的周期来讲,其最大量 S 都是相等的。

这个结论比较容易理解。这是因为当 $T \to \infty$ 时,每个周期的需求量是独立且同分布的,系统可以达到稳态,也就是说,从平均来看,一个周期内发生的成本达到了稳定不变状态。因此根据式(6-1)的一个周期内的成本公式,即

$$C_t = vQ_t + hE[(I_t+Q_t-D)^+] + pE[(D-I_t-Q)^+]$$

当 $T \to \infty$ 时,可以写为与 t 无关的形式,即

$$G_\infty(y) = vy + hE[(y-D)^+] + pE[(D-y)^+]$$

显然上述公式非常类似报童模型的成本式,因此这种情况下的最优策略 S 就是报童模型的解,即

$$\Phi(S) = \frac{p-v}{p+h}$$

3. 提前期大于零情况

基本模型中假设提前期为零,即订货马上可以到达。现在改变这种假设,设系统存在提前期为 L 个周期,为了简化分析,假设 L 是正整数。另外假设在每个周期的动作时序与 6.1 节规定的相同,即 ① 预期到货;② 可能的缺货拖后量满足;③ 订货决

策;④ 需求发生;⑤ 按照期末库存情况计算本周期的成本。

在这种情况下,系统会存在在途库存量,因此在订货时,不能像基本模型那样,按照在库库存量进行决策,而是要考虑在途库存量的影响。因此在提前期不为零的情况下,系统必须按照期初(订货前)的"库存水平"来进行订货决策。因此基本模型中的 I_t 必须替换为第 t 周期的期初库存水平 IP_t。

另外,在第 t 周期发出的订单,要等到第 $(t+L)$ 周期的期初才可以到达(见图6-5)。显然这次订单只可能影响到第 $(t+L)$ 周期及其之后周期成本,而针对第 $(t+L-1)$ 周期及其之前的任何周期发生的成本,它都没有影响力。因此,有 $t=0,1,2,\cdots,T-1$ 共 T 个周期订货决策,它们起作用的就是第 $t=L,L+1,L+2,\cdots,L+T-1$ 共 T 个周期发生的成本之和,这就是要考虑的系统总成本。

若在 t 周期期初(订货前)的库存水平为 IP_t,订货量为 Q_t,那么

在第 $(t+L)$ 周期发生的成本

=第 t 周期的采购成本+第 $(t+L)$ 周期的持有成本+第 $(t+L)$ 周期的缺货成本

显然,第 t 周期的采购成本=vQ_t。而持有成本和缺货成本,必须计算第 $(t+L)$ 周期期末的净库存量,即在库库存量和缺货拖后量。

实际上,第 $(t+L)$ 周期期末的净库存量只与 IP_t、Q_t 和从第 t 到第 $(t+L)$ 周期的需求量有关。这是因为在第 t 周期发出的订单 Q_t,要等到第 $(t+L)$ 周期的期初才可以到达,而在第 t 周期到第 $(t+L)$ 周期这期间发出的所有订单除了 Q_t 之外,无一例外会在第 $(t+L+1)$ 周期之后到达,显然它们都不会影响到第 $(t+L)$ 周期期末的净库存量。

而这期间累积的需求量,为第 t 周期,$(t+1)$ 周期,$\cdots$,$(t+L)$ 周期的共 $(L+1)$ 个周期的需求量之和。因为先前假设每个周期的需求量服从独立同分布,因此把这 $(L+1)$ 个周期的需求量之和记为 $D^{(L+1)}$,记其分布密度函数为 $\phi^{(L+1)}(x)$,分布函数为 $\Phi^{(L+1)}(x)$。

因此第 $(t+L)$ 周期期末的在库库存量为 $[IP_t+Q_t-D^{(L+1)}]^+$,第 $(t+L)$ 周期期末的缺货拖后量为 $[D^{(L+1)}-IP_t-Q_t]^+$,因此在第 $(t+L)$ 周期发生的成本为

$$vQ_t+hE\{[IP_t+Q_t-D^{(L+1)}]^+\}+pE\{[D^{(L+1)}-IP_t-Q]^+\}$$

考虑的全系统的总成本就是 $t=L,L+1,L+2,\cdots,L+T-1$ 共 T 个周期发生的成本之和,即

$$C(Q_0,Q_1,\cdots,Q_{T-1})$$
$$=\sum_{t=0}^{T-1}\{vQ_t+hE\{[IP_t+Q_t-D^{(L+1)}]^+\}+pE\{[D^{(L+1)}-IP_t-Q]^+\}\}$$

容易发现,上式中除了所有 D 替换为 $D^{(L+1)}$,同时 I_t 替换为 IP_t 之外,与式(6-1)没有什么不同,因此可以沿用基本模型的求解和证明过程。

图6-5 订货和订货到达示意图

在提前期大于零情况下,系统最优策略也是一个与周期有关的 S 策略序列,这个最优策略序列为 $\{S_0,S_1,\cdots,S_{T-1}\}$。

4. 订货费不为零的情况

在基本模型的基础上，如果考虑订货费，即如果在第 t 周期发生订货 $Q_t>0$，则发生一次订货费 A，如果不订货 $Q_t=0$，则不发生订货费。这种情况下，必须改写前面基本模型中的总成本式。为此，定义

$$V(Q_t)=\begin{cases}A+vQ_t & (Q_t>0) \\ 0 & (Q_t=0)\end{cases}$$

其中，v 为采购单价。

因此动态规划递推公式变为

$$J_t(I_t)=\min_{Q_t\geqslant 0}\{V(Q_t)+H(I_t+Q_t)+E[J_{t+1}(I_t+Q_t-D)]\}$$

及

$$G_t(y)=vy+H(y)+E[J_{t+1}(y-D)]$$
$$J_t(I_t)=\min\{G_t(I_t),\min_{Q_t\geqslant 0}\{V(Q_t)+H(I_t+Q_t)+E[J_{t+1}(I_t+Q_t-D)]\}\}$$
$$J_t(I_t)=\min\{G_t(I_t),\min_{Q_t\geqslant 0}\{V(Q_t)+H(y_t)+E[J_{t+1}(y_t-D)]\}\}$$

如果 G_t 是凸函数，则马上就可以得到与前面的订货费为零一样的结论。但不幸的是，在订货费大于零的情况下，G_t 不一定是凸函数。但是可以证明它仍然满足所谓的"K 凸性"条件，即

$$K+G_t(z+y)>G_t(y)+z\left(\frac{G_t(y)-G_t(y-b)}{b}\right)$$

其中，$z\geqslant 0, b>0, y$。

若函数 $y=f(x)$ 是 K 凸的，则它满足下列性质。

(1) 若函数 $f(x)$ 是凸函数，它就是 0 凸的，当然它也是 K 凸函数。

(2) 若函数 $f_1(x)$ 是 K 凸函数，$f_2(x)$ 是 L 凸函数，则 $af_1(x)+bf_2(x)$ 是 $K+L$ 凸函数。

(3) 若函数 $f(x)$ 是 K 凸的，则 $E[f(x+\xi)]$ 也是 K 凸的，条件是对所有 x 都有 $E[f(x+\xi)]<\infty$。

(4) 若函数 $f(x)$ 是 K 凸的，且当 $x\to\infty$ 时，$f(x)\to\infty$，则存在 s 及 S，且 $s<S$，使得：

① 对于所有 $x, f(S)\leqslant f(s)$；
② 对于所有 $x<s, f(S)+K=f(s)<f(x)$；
③ $f(x)$ 在区间 $(-\infty, s)$ 之间随着 x 递减；
④ 对于所有 y, z 满足 $s\leqslant y\leqslant z$，有 $f(x)\leqslant f(z)+K$。

下面利用与订货费为零情况下类似的证明方法证明 G_t 是 K 凸的。

当 $t=T$ 时，$J_T=0$，它是凸的，当然它也是 K 凸的。

当 $t=T-1$ 时，$G_{T-1}(y)=vy+H(y)$ 是凸的，当然它也是 K 凸的（见图 6-6）。因为

$$J_{T-1}(I_{T-1})=\min\{G_{T-1}(I_{T-1}),\min_{y\geqslant x_{T-1}}[k+G_t(y)]-vI_{T-1}\}$$

可得

$$J_{T-1}(I_{T-1})=\begin{cases}k+G_{T-1}(S_{T-1})-vI_{T-1} & (I_{T-1}\leqslant s_{T-1}) \\ G_{T-1}(S_{T-1})-vI_{T-1} & (I_{T-1}>s_{T-1})\end{cases}$$

其中，S_{T-1} 是使得 $G_{T-1}(y)$ 最小的 y 值；s_{T-1} 是使得等式 $G_{T-1}(y)=k+G_{T-1}(S_{T-1})$ 成

立的取值最小的 y 值。注意当 $k>0$ 时，$s_{T-1}<S_{T-1}$。另外，$G_{T-1}(y)$ 在 s_{T-1} 处的导数是负的。因此在 s_{T-1} 处的 J_{T-1} 的右导数等于 $-c$，这个值大于其 s_{T-1} 处左导数值 $-c+G'_{T-1}(s_T)$，表明 J_{T-1} 不是凸函数，尽管它是连续的。但是根据 K 凸性的条件，J_{T-1} 是 K 凸函数。

利用 K 凸性的性质（3），可以进一步证明，当 $|y|\to\infty$ 时，$G_{T-2}(y)$ 的值是有限的，因此 J_{T-2} 也是 K 凸的。

类似订货费为零情况下的证明过程，可以证明对于所有 t，$G_t(y)$ 是 K 凸的，并且当 $|y|\to\infty$ 时，$G_t(y)$ 的值是有限的，因此根据 K 凸性的性质（3）中的④，可知 (s,S) 策略是本问题的最优策略。

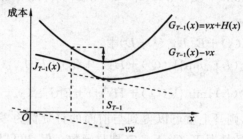

图 6-6 G_{T-1} 函数示意图

到此为止，证明了在考虑订货费情况下，多周期盘点系统的最优策略是一个与周期有关的 (s_t,S_t) 策略序列。实际上还可以进一步证明，若在此基础上再增加提前期不为零的条件，系统仍然具有类似的最优策略形式，这里不再赘述。

6.4 本章小结

本章介绍了的单产品、单仓库的周期盘点系统在随机需求下的最优策略问题。证明了，一般 (s,S) 策略是该系统的最优策略，而当订货费为零的情况下，系统的最优策略退化为 S 策略。

由于周期盘点是在实践中最为常见的库存运作模式，因此深入理解该系统的运作规律对库存实践有重要意义，因此本章还重点讨论了该系统的库存状态推演问题，这也为帮助我们进一步理解多级库存问题打下基础。

6.5 习题

6-1 试利用 Excel 进行多周期库存变化的模拟。具体参数值：初始库存量为 0（在库库存量、在途库存量和缺货量均为 0），存储费为 $h=1$ 元/（周期·件）。缺货费为 $p=2$ 元/（周期·件），提前期为 2 周，每个周期 t 的需求量为 D_t，相互独立并满足同样的正态分布 $N(E(D_t),\mathrm{Var}(D_t))=N(100,10^2)$，可以利用 Excel 的"= int (norminv (rand()，100，10))"生成需求量序列 D_t。其中，int（ ）表示取整函数，norminv（ ）表示正态分布的反函数，rand（ ）表示返回一个[0,1]之间均匀分布的随机数。

(1) 若系统采取 (s,S) 策略，其中 $s=100$，$S=300$。试模拟出前 100 个周期的订货量、在途库存量、库存水平、净库存量、在库库存量等值，并计算 100 个周期的库存持有成本、缺货成本及总成本。

(2) 按照6.2节公式计算系统的最优策略(s,S)再进行模拟,计算前100个周期的成本。

6-2 试推导周期盘点库存系统的库存变化情况。参数值:初始在库库存量为20,在途库存量和缺货量均为0,系统采取(s,S)策略,$s=120$,$S=250$,提前期为2周期,缺货拖后满足。前5个周期的需求如表6-6所示,试计算前5个周期每个周期期末的库存水平、在库库存量、净库存量、在途库存量、缺货量。

表6-6 习题6-2的库存变化推演

周期	需求量	库存水平	在库库存量	净库存量	在途库存量	缺货量
1	200					
2	120					
3	85					
4	183					
5	220					

6-3 在题6-2的基础上,若系统采取S策略,$S=300$。重新推演库存,计算前5个周期每个周期期末的库存水平、在库库存量、净库存量、在途库存量、缺货拖后量。

*6-4 试针对某有限多周期盘点问题,按照6.3节的递推公式计算其最优订货策略。假设总周期数为$N=6$,每周期单位产品的存储费为$h=1$,单位产品缺货拖后费为$p=10$,提前期为0,订货费为0。每个周期的需求量满足独立同分布的随机变量。

(1) 假设每个周期的需求量服从泊松分布,需求率=10,试计算S_i^*($i=1,2,\cdots,6$)。

(2) 假设每个周期的需求量服从正态分布$N(10,5^2)$,试计算S_i^*($i=1,2,\cdots,6$)。

*6-5 试针对某无限多周期的周期盘点问题,计算其最优订货策略。假设每周期单位产品的存储费为$h=1$,单位产品缺货拖后费为$p=10$,提前期为2个周期,每次订货费为100,每个周期的需求量服从正态分布$N(10,5^2)$。

7 多级库存系统初级篇

7.1 多级库存系统简介

实际的库存系统往往包括多个地理上分布的不同仓库。很多情况下,这些仓库相互之间是有影响的,不能将它们分割开来看待,而必须放在一起进行系统研究。

近年来,物流与供应链管理的概念正在深入人心。供应链(Supply Chain)是指由产品生产和流通过程中所涉及的原料供应商、制造商、批发商、零售商及最终消费者构成的供应网络,既包括原材料获取、物料加工和制造,又包括售前、售后等服务的全过程。而供应链管理,就是在以最小成本并满足客户需求的服务水准下,对供应商、制造商、批发商、零售商、最终消费者的整个渠道的整体管理。供应链管理的中心思想在于其系统性、全局性和协调性。在供应链管理的思想下,多个企业之间的关系可以用多级库存系统来表示。

针对多级库存系统的研究实际上从 1950 年开始,但是直到最近 20 年才得到迅速发展。本章主要就多级库存理论中的一些基本概念进行初步介绍。

1. 多级库存系统分类

多级库存系统根据不同拓扑结构可以分为串行和装配形、树形、网状等形式,如图 7-1 所示。

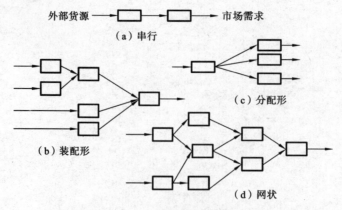

图 7-1 多级库存系统的不同拓扑结构

根据货物或者产品的移动方向,每个仓库都可以作为一个"级"(Echelon),它的上游仓库称为它的前级,其下游仓库称为它的后级。当然,一般的多级库存系统,只有系统的最末级才直接面对市场的需求。

2. 级库存的概念

级库存是多级库存系统中特有的概念。级库存(Echelon Inventory)定义为,当前仓库的库存及所有其下游库存之和。

例如,针对一个二级串行系统,包括一个上游供应级和一个下游零售级,那么,零售级的"级库存"就是传统意义下的零售级本身的库存,而供应级的"级库存"则是包括供应级本身的库存,以及零售级的所有库存,即

级净库存量＝当前仓库的在库库存量＋所有下游仓库的本地库存量
　　　　　＋所有下游仓库的在途库存量－对最终需求的缺货拖后量

级库存水平＝当前仓库的在途库存量＋当前仓库的在库库存量
　　　　　＋所有下游仓库的在库库存量＋所有下游系统的在途库存量
　　　　　－对最终需求的缺货拖后量

下面通过一个分销库存网络的例子来说明级库存的含义。

例 7-1 一个制造商和一个批发商,面对下游两个零售商的订货,如图 7-2 所示。

图 7-2　某分销库存系统

(1) 在某个 t 时刻,系统所有节点的在途库存量和缺货拖后量均为零,其在库库存量如表 7-1 所示,试计算当前所有仓库的级净库存量。

(2) 若在 t 时刻,系统所有仓库的本地在库库存量、在途库存量、缺货拖后量如表 7-2 所示,试计算对应的本地库存水平及级库存水平。

(3) 从(2)的情况出发,在 $t+\Delta t$ 时刻,若批发商向制造商订货 40 件,除此之外,其他什么情况也没有发生,试计算系统中所有仓库的级库存水平的变化。

表 7-1　本地在库库存量

系统节点	本地在库库存量
制造商	10
批发商	15
零售商 1	12
零售商 2	10

表 7-2　问题(2)库存情况表

系统节点	本地在库库存量	在途库存量	缺货拖后量
制造商	40	10	0
批发商	15	5	0
零售商 1	12	10	0
零售商 2	0	25	20

解 （1）如表 7-3 所示。

表 7-3 级净库存量计算表

系统节点	本地在库库存量	级净库存量
制造商	10	47
批发商	15	37
零售商 1	12	12
零售商 2	10	10

（2）如表 7-4 所示。

表 7-4 级库存水平计算表

系统节点	在库库存量	在途库存量	缺货拖后量	本地库存水平	级库存水平
制造商	40	10	0	50	97
批发商	15	5	0	20	47
零售商 1	12	10	0	22	22
零售商 2	0	25	20	5	5

（3）如表 7-5 所示。

表 7-5 问题（3）级库存水平计算表

系统节点	本地在库库存量	在途库存量	缺货拖后量	本地库存水平	级库存水平
制造商	0	10	0	10	97
批发商	15	45	0	60	87
零售商 1	12	10	0	22	22
零售商 2	0	25	20	5	5

从上面的计算可知，在从（2）到（3）的过程中，制造商的级库存水平没有发生变化。

实际上这种情况不光在本例中出现，它是一个规律，即下游仓库的订货不会改变上游仓库的级库存水平。

只有在下列情况下制造商的级库存水平才会发生改变：

（1）向系统的外部即制造商的上游企业订货；

（2）零售商处的最终市场需求发生。

在装配形库存系统中，输入的是零件或者原材料，输出的是成品，因此还要考虑成品、半成品和零件之间的转化比例关系。这种情况下，级库存量的概念就必须明确是指哪种物料，是成品、半成品？还是零件？

因此级库存量的定义：级库存量＝本地库存量＋所有下游的库存按照投入产出比例折算为本地产品的库存。

类似地，可以导出级库存水平和级净库存的相关定义。

下面用一个例子说明包含相关产品的级库存的概念。

例 7-2 考虑一个装配线，如图 7-3 所示，包含 4 个仓库，分别用仓库 1、2、3、4 表示，这 4 个仓库中存放的货物品种分别对应部件 1、部件 2、部件 3 和部件 4。其中，2

个部件 4 生产 1 个部件 2,1 个部件 2 出产 1 个部件 1,3 个部件 4 可以生产 1 个部件 3。显然系统输入的是部件 4,产出的是部件 1 和部件 3。若在某时刻,各个仓库的本地在库库存量如表 7-6 所示,而所有仓库的在途库存量和缺货拖后量均为 0。试计算各级仓库的级库存(因为本例中,所有仓库的在途库存量和缺货拖后量均为 0,因此这个级库存量可以指级净库存量,也可以指级库存水平)。

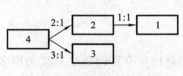

图 7-3 某装配线库存系统

表 7-6 本地在库库存量

序号	本地在库库存量/个
1	5
2	2
3	3
4	5

解 (1) 计算系统最末一级的级库存量,其级库存量就是其本地在库库存量,即

仓库 1 的级库存量＝仓库 1 的本地在库库存量＝5

仓库 3 的级库存量＝仓库 3 的本地在库库存量＝3

(2) 计算其他仓库,即

仓库 2 的级库存量

＝仓库 2 的本地在库库存量＋仓库 1 的本地在库库存量折算为部件 2 的量

＝(2+5×1)个＝7 个

仓库 4 的级库存量

＝仓库 4 的本地在库库存量＋仓库 1 的本地在库库存量折算为部件 4 的量

　＋仓库 2 的本地在库库存量折算为部件 4 的量

　＋仓库 3 的本地在库库存量折算为部件 4 的量

＝(5+2×7+3×3)个＝28 个

最后计算的结果如表 7-7 所示。

表 7-7 计算结果

序号	本地在库库存量/个	级库存量/个
1	5	5
2	2	7
3	3	3
4	5	28

级库存量的概念首次由 Clark 和 Scarf 于 1960 年提出,他们证明,在一个周期盘点的串行多级库存系统中,若各个仓库按照级库存 S 策略补充,则可以实现整个系统在有限个周期内运作成本最低。这个结论的意思就是说,在进行库存决策时,不但要考虑自己仓库的库存水平,而且还要考虑所有下游仓库的库存情况。现已证明,在一般的分配形、串行或组装形多级库存系统中,级库存策略都是最优的。

3. 多级库存系统中的单位产品单位时间的存储费

在多级库存系统中,上、下游仓库的存储费一般是不同的。这是因为随着产品在多级库存系统中的流动,从原材料到中间在制品,一直到成品,最后通过流通环节走向市场,在这些过程中产品不断增值,因此单位产品、单位时间的存储费也在增加。

例如,在二级串行系统中,上游供应商的单位产品单位时间的存储费为 h_2,下游零售商的单位产品单位时间的存储费为 h_1,一般有 $h_1 \geqslant h_2$。

有时为了计算方便,定义 $e_1 = h_1 - h_2$,$e_2 = h_2$,e_1、e_2 分别称为零售商和供应商的单位产品单位时间的级存储费。

7.2 二级确定性串行系统

即使在其他条件都类似的情况下,多级库存问题比单仓库问题也要复杂得多。比如针对确定性均匀需求条件下,单仓库问题的最优解是 EOQ 批量。那么多级库存系统的情况是什么呢?下面我们就从确定性需求下的两级库存系统开始讨论。

考虑一个最简单的二级库存系统,该系统由供应级和零售级组成。为了表述清晰,供应级对应的参数或者变量都统一用下标 2 表示,零售级则用下标 1 表示。

假设整个系统面对的需求(实际上是零售级直接面对的)是已知、均匀且稳定的,也就是,需求发生的速率即需求率 d 为常数,单位为产品数/年。

另外所有仓库的订货提前期为 0,订货马上到达。

供应级每次订货的订货费为 A_2,零售级的每次订货费为 A_1,供应级的单位产品单位时间的存储费为 h_2,零售级的单位产品单位时间的存储费 h_1,或者可以等价地表示为它们相应的单位产品单位时间的级存储费为 $e_1 = h_1 - h_2$,$e_2 = h_2$。

在上述假设条件下,会发现,零售级的问题就是一个典型的单仓库 EOQ 问题,但是如果有两个仓库,就不是这样了,我们必须建立统一的数学模型。

首先设零售级的订货批量为 Q_1。

从原则上讲,还应该设一个决策变量 Q_2 来表示供应级的订货批量。但是可以发现,供应级并不直接面对客户需求,它只面临零售级的一次又一次的订货批量 Q_1,因此供应级的订货批量取为 Q_1 的整数倍就可以了,即 $Q_2 = kQ_1$,其中 k 为正整数。这是因为如果 Q_2 取某非整数倍的 Q_1,多出来的那部分库存完全没有必要存在,白白增加库存持有成本。

因此系统决策问题为,决定最优的 Q_1 和 k,使得系统总成本最小化,这个系统总成本包含零售级和供应级的成本之和。

系统的库存变化情况如图 7-4 所示。图 7-4(a)中的阶梯实线为供应级的库存量变化曲线,而其中的斜虚线表示一种假想的库存变化,其斜率为 $-d$。图 7-4(b)所示锯齿形实线为零售级库存量随时间变化而变化的曲线,其中斜线部分的斜率为 $-d$。从图 7-4(b)看,零售级就是一个标准的EOQ问题,因此,容易得出零售级的单位时间内的平均总成本为

$$C_1(Q_1) = h_1 \frac{Q_1}{2} + A_1 \frac{d}{Q_1}$$

另外图 7-4 所示三角形 $\triangle A_1 B_1 C_1$ 与 $\triangle A_2 B_2 C_2$ 的面积相等。因此在一个订货循环内,供应级的库存持有面积为图 7-4(a)所示阶梯形实线和水平时间轴之间包围的面积,它可以表示为两个部分之差,即三角形 $\triangle A_2 N_2 M_2$ 的面积 $\left(\frac{1}{2} kQ_1 \frac{kQ_1}{d}\right)$ 减去零

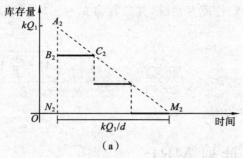

(a)

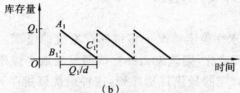

(b)

图 7-4 供应级和零售级的库存水平随时间变化而变化的情况

售级的库存持有面积$\left(\text{一共 }k\text{ 个}\triangle A_1B_1C_1\text{ 面积之和,即 }k\dfrac{1}{2}Q_1\dfrac{Q_1}{d}\right)$,所以供应级在一个订货循环内的库存持有成本为$\left(\dfrac{1}{2}kQ_1\dfrac{kQ_1}{d}-k\dfrac{1}{2}Q_1\dfrac{Q_1}{d}\right)h_2$。

因此,供应级的单位时间内的平均总成本为

$$C_2(k,Q_1)=\dfrac{\left(\dfrac{1}{2}kQ_1\dfrac{kQ_1}{d}-k\dfrac{1}{2}Q_1\dfrac{Q_1}{d}\right)h_2+A_2}{\dfrac{kQ_1}{d}}=h_2\dfrac{(k-1)Q_1}{2}+A_2\dfrac{d}{kQ_1}$$

系统总的成本为供应级和零售级的成本之和,即

$$C(k,Q_1)=C_1(Q_1)+C_2(k,Q_1)=[h_1+(k-1)h_2]\dfrac{Q_1}{2}+\left(A_1+\dfrac{A_2}{k}\right)\dfrac{d}{Q_1}$$

或者将上式写为单位产品单位时间的级存储费形式,即

$$C(k,Q_1)=(e_1+ke_2)\dfrac{Q_1}{2}+\left(A_1+\dfrac{A_2}{k}\right)\dfrac{d}{Q_1}$$

针对上述总成本,如果给定 k 的值,则可以求得最优的 $Q_1=Q_1^*$,即

$$Q_1^*=\sqrt{\dfrac{2\left(A_1+\dfrac{A_2}{k}\right)d}{e_1+ke_2}} \quad \text{或者} \quad Q_1^*=\sqrt{\dfrac{2\left(A_1+\dfrac{A_2}{k}\right)d}{h_1-h_2+kh_2}}$$

将上式代入总成本式中,可以得到总成本是 k 的唯一函数,即

$$C(k,Q_1^*)=\sqrt{2\left(A_1+\dfrac{A_2}{k}\right)d(e_1+ke_2)}$$

容易验证 $C(k,Q_1^*)$ 为凸函数。如果 k 不限制为整数,则可以求得唯一的最优解,即

$$k^*=\sqrt{\dfrac{A_2e_1}{A_1e_2}} \quad \text{或者} \quad k^*=\sqrt{\dfrac{A_2(h_1-h_2)}{A_1h_2}}$$

下面可以对 k^* 进行取整运算,方法如下。

当 $k^*<1$ 时,k 的最优值取 1。其余情况下,设 k' 为不大于 k 的最大正整数,即 $k'\leqslant k^*<k'+1$,则当 $\dfrac{k^*}{k'}\leqslant\dfrac{k'+1}{k^*}$ 时,最优的 k 取 k',否则取 $k'+1$。

例 7-3 某二级确定性库存系统,其参数为 $h_1=5, h_2=4, d=8, A_1=20, A_2=80$。求最优批量 Q_1 和 Q_2。

解 $e_1=1, e_2=4$,则 $k^*=\sqrt{\dfrac{80\times 1}{20\times 4}}=1, Q_1=\sqrt{\dfrac{2\left(A_1+\dfrac{A_2}{k}\right)d}{e_1+ke_2}}=17.89, Q_2=k_1^* Q_1^*=17.89$,对应的总成本为 $C^*=89.44$。

7.3 物料需求计划 MRP

7.2 节的模型是需求率稳定情况下多级库存系统的模型。如果其中的需求是确定的,但它随时间变化而变化,则该怎么办?该问题变成多级库存系统的动态批量模型,需要计算每个仓库对应的最优订货序列,这种最优订货序列的计算类似 Wagner-Whitin 等优化算法,但是显然要复杂得多,因为还要考虑多个仓库之间的耦合问题。实际上,针对类似的问题,在具体实践中已有一种比较简单的方法来确定存在耦合的多级库存系统订货序列,这就是物料需求计划。

物料需求计划(Material Requirement Planning,MRP),是一种以计算机为基础的生产计划与库存控制方法,最早由美国著名生产管理和计算机应用专家 J. A. Orlicky、G. W. Plossl 及 O. W. Wight 等人于 1970 年提出。MRP 的基本原理就是根据最终产品的需求量和交货期,转换成相关零件的生产进度日程与原材料、外购件的需求数量和需求日期,也就是将产品出产计划转换成物料需求表,并为编制能力需求计划提供信息。

MRP 主要应用在生产计划中。生产线可以看成一个多级库存系统,如原材料进入生产线,可以认为是原材料库存的采购行为;某中间在制品 A 通过一定的生产过程加工为在制品 B,也可以认为是在制品 A 采购入库,经过生产转化后形成在制品 B 的出库过程。

1. MRP 的假设条件

(1) 每个仓库按照周期盘点模式进行订货和安排生产。

(2) 已知每个仓库的提前期(包括生产提前期和对外采购提前期)。

(3) 已知每个仓库每次订货或者生产批量 Q。

(4) 已知每个仓库安全库存量 SS。

(5) 已知每个周期的产成品的需求量(称为主生产计划,Master Production Requirment,MPS)。

(6) 已知从原料到产品的转化比例和转化关系,MRP 中称为物料清单或者工艺路线(Bill of Material,BOM)。

(7) 已知系统初始库存记录及已订未交订单情况。

在上述运行假设下,MRP 依据主生产计划、物料清单、库存记录和已订未交订单等资料,经由计算而得到各种物料的需求状况,同时提出各种新订单补充的建议,以及修正各种已开出订单。

2. MRP 的一些概念

(1) 总需求量(Gross Requirements)就是某物料的需求量。如果是成品级物料,则总需求量由主生产计划决定;如果是零件级物料,则总需求量来自于上层物料(父项)计划发出的订货量。

(2) 现有库存量(On Hand),即在库库存量。

(3) 计划发出订货(Planned Order Release)就是发出的订货。计划接收订货(Planned Order Receipts)就是到达的订货。计划发出订货量与计划接收订货量相等,但是时间上提前一个时间段,即订货提前期。

MRP 的运算逻辑遵循如下过程:按照产品结构进行分解,确定不同层次物料的总需求量;根据产品最终交货期和生产工艺关系,反推各零件的投入产出日期;根据库存状态,确定各物料的净需求量;根据订货批量与提前期最终确定订货日期与数量。

下面通过一个非常简化的例子来简要说明 MRP 的基本运算过程。

例 7-4 假设某生产线的配件-产品结构如图 7-5 所示,即原材料为部件 3,1 个部件 3 可以生产 1 个部件 2,而 1 个部件 2 最后可以生产 1 个部件 1,部件 1 就是该生产线的成品。假设其他条件满足 MRP 的基本假设,对部件 1 的需求量情况如表 7-8 所示。试推演 MRP 计划。

图 7-5 配件-产品结构

表 7-8 部件 1 需求量情况

部件 1	周期	0	1	2	3	4	5	6	7	8
生产提前期=1个周期 订货批量=25个 安全库存量=5个	总需求量/个	0	10	0	25	10	20	5	0	10
	现有库存量/个	47								

解 (1) MRP 推演从成品的需求量表开始。表 7-9 所示的为部件 1(成品)在未来 8 个周期内的需求量及库存推演表,周期 0 表示系统初始时刻。在推演前,必须事先给定部件 1 的生产提前期、每次订货的批量及每个周期的安全库存量。本例中,部件 1 的生产提前期为 1,表示生产(订货)至少要提前一个周期进行。订货批量表示每次订货的量必须是这个订货批量的整数倍,若批量为 25 个,则订货批量必须为 25 个,50 个,75 个,…,安全库存量等于 5 个表示必须保证在任何情况下库存量严格大于这个量,即 5 个。

表 7-9 部件 1 库存量的推演

部件 1	周期	0	1	2	3	4	5	6	7	8
生产提前期=1个周期 订货批量=25个 安全库存量=5个	总需求量/个	0	10	0	25	10	20	5	0	10
	现有库存量/个	47	37	37	12	2	−18	−23	−23	−33

本例中,在系统初始时刻即周期 0 时现有库存量为 47 个。因此如果没有订货发生的话,第 1 周期的期末会有 37 个的库存量,因为这个周期的需求消耗了 10 个。依此类推,可以继续推演库存量的变化如表 7-9 所示,直到第 4 周期。

到第 4 周期期末,按照我们的推演,库存量变为 2 个,注意此刻的库存量已经低于预设的安全库存量 5,说明必须进行订货或者生产来对库存进行补充。怎样订货呢?由于事先知道生产提前期为 $L=1$ 个周期,因此至少要提前到 $4-L=3$(第 3 周期)就开始生产,才可能保证第 4 周期的库存量大于安全库存量。同时我们知道这次订货量必须为 25 的倍数,考虑后续需求,我们选一个最小的倍数(25)作为本次生产的量。因此在表 7-10 中就是在第 3 周期发出第 1 次订货(生产指令)25 个,这一生产订货量到第 4 周期到达,因此使得第 4 周期期末的现有库存量成为 27 个,高于安全库存量。

表 7-10　部件 1 的第 1 次订货情况

部件 1	周期	0	1	2	3	4	5	6	7	8
生产提前期=1 个周期 订货批量=25 个 安全库存量=5 个	总需求量/个	0	10	0	25	10	20	5	0	10
	现有库存量/个	47	37	37	12	27	7	2	2	−8
	计划订货量/个				25					

在这次订货中,从第 4 周期开始,继续进行推演。发现在第 6 周期现有库存量低于安全库存量,因此在 $6-L=5$(第 5 周期)就发出订单,订单量为 25 个,这是第 2 次订货,如表 7-11 所示。在第 2 次订货到达后,第 6 周期期末的现有库存量为 27 个。

表 7-11　部件 1 的第 2 次订货情况

部件 1	周期	0	1	2	3	4	5	6	7	8
生产提前期=1 个周期 订货批量=25 个 安全库存量=5 个	总需求量/个	0	10	0	25	10	20	5	0	10
	计划接收订货量/个					25		25		
	现有库存量/个	47	37	37	12	27	7	27	27	17
	计划发出订货量/个				25		25			

从第 6 周期开始继续推演库存变化,如表 7-11 所示,后续现有库存量都大于安全库存量,因此不再需要订货。最后形成的订货计划如表 7-12 所示。

表 7-12　部件 1 生产计划

部件 1	周期	0	1	2	3	4	5	6	7	8
生产提前期=1 个周期 订货批量=25 个 安全库存量=5 个	总需求量/个	0	10	0	25	10	20	5	0	10
	计划接收订货量/个					25		25		
	现有库存量/个	47	37	37	12	27	7	27	27	17
	计划发出订货量/个				25		25			

(2) 由表 7-12 所示的成品(部件 1)的生产订货计划,可得到原材料或者零件的需求表。如部件 1,在第 3 和 5 周期各有一次 25 个的生产计划,按照 BOM 工艺表可知部件 2 在第 3 和 5 周期各有一次 25 个的需求量。因此形成部件 2 的需求表如表 7-13 所示。

类似部件 1 的库存推演方法,首先给定部件 2 的提前期为 1 个周期,安全库存量为 10 个,订货批量为 50 个。在初始库存量为 15 个的情况下进行库存变化推演。发现如果一直不订货,则在第 3 周期时库存量下降为 −10 个,低于安全库存量,因此必须提前 $L=1$ 个周期,即在 $3-L=2$(第 2 周期)发出部件 2 的订货计划,订货量为 50 个(一个订货批量),在此订货下,第 3 周期期末的现有库存量成为 40 个。

表 7-13　部件 2 的需求表和生产计划

部件 2	周期	0	1	2	3	4	5	6	7	8
生产提前期＝1 个周期 订货批量＝50 个 安全库存量＝10 个	总需求量/个				25		25			
	计划接收订货量/个				50					
	现有库存量/个	15	15	15	40 (−10)	40	15	15	15	15
	计划发出订货量/个			50						

从第 3 周期开始,继续进行库存推演,发现直到结束都可以满足安全库存量的要求,因此后续周期不需要再订货了。最后部件 2 的订货计划如表 7-13 所示。其中括号内的数值表示在推演过程中若没有先期订货,则现有库存量低于安全库存量的状态。

(3) 通过表 7-13 所示的部件 2 的订货计划,就可以知道部件 3 的需求表。因为 1 个部件 3 可以生产 1 个部件 2,因此若部件 2 在第 3 周期存在 50 个的订单,则部件 3 在第 3 周期有 50 个的需求量。

部件 3 的初始库存量为 20 个,提前期为 2 个周期,订货批量为 50 个,安全库存量为 10 个。从 0 周期开始进行库存推演,发现如果一直不订货的话,在第 2 周期就会出现低于安全库存量的情况(库存量为 −30 个,用在括号中的数字表示),因此提前 2 个周期,即第 2−L＝0 周期发出部件 3 的订货计划,订货量取 50(一个订货批量),在这次订货下,第 2 周期的期末现有库存量成为 20 个。

从第 2 周期开始,继续进行库存推演,发现现有库存量总大于安全库存量,因此后面不需要进行订货。最后形成的部件 3 的订货计划如表 7-14 所示。

表 7-14　部件 3 的需求表和生产计划

部件 3	周期	0	1	2	3	4	5	6	7	8
生产提前期＝2 个周期 订货批量＝50 个 安全库存量＝10 个	总需求量/个			50						
	计划接收订货量/个			50						
	现有库存量/个	20	20	20 (−30)	20	20	20	20	20	20
	计划发出订货量/个	50								

综合(1)~(3)全部三种部件的订货或者生产计划排定完成。

从上述 MRP 计算过程来看,MRP 可以看成是一种多产品(仓库)的周期订货(R, nQ)系统,其中 $R＝SS$,即安全库存量,而 Q 就是订货批量。

例 7-4 中 MRP 使用了固定批量 Q。值得说明的是,在具体 MRP 应用中,也可以使用灵活批量法,即使用批量规则来确定具体的批量值。如 Lot4Lot(LFL)法,就是将每周的需求量直接作为订货量,或者也可以使用第 3 章介绍的 Wagner-Within、Silver-Meal 等算法来计算订货序列,这里不再赘述。

人们通常把按照 MRP 逻辑运作的生产和库存系统称为推式(Push)系统。这是因为,在 MRP 系统中,各个部门都是按照 MRP 规定的生产计划进行生产的。上游工序无须为下游工序负责,只要按照计划生产出产品后,再把产品"推送"给下游工序即可。

MRP 的特点在于其生产计划是基于实际需求量和对最终产品需求量的预测而得出的。如果需求预测是准确的话,MRP 的效果是相当好的。实际上 MRP 对很多复杂产品结构、需要大量零件的批量或者间歇性生产或者组装系统非常适用。MRP 利用现代计算机系统的处理能力,可以有效地协调各种物料的订货和生产过程,并力求保持适当安全存货水平,在可能的时候减少或者排除存货,降低成本。

MRP 从主产品到零件,从需求数量到需求时间,从出产先后到装配关系都有明确的规定,无一遗漏或者偏差。如果不折不扣地按照这个计划进行,能够保证主产品出产计划如期实现。当然也正因为如此,加大了实际 MRP 管理工作的复杂程度,不但加大了工作量,更重要的是工作要求也更为精细。另外一般的 MRP 通常对参数设定是高度敏感的,微小的参数变化和调整可能导致重新生成的计划与原计划完全不同,造成调整生产的困难性,这种特性也称为 MRP 的紧张性(Nervousness)。

近年来,在 MRP 基本思路的基础上,逐渐派生和发展出一些新的系统,如制造资源计划(Manufacturing Resource Planning, MRP Ⅱ)和企业资源计划(Enterprise Resources Planning, ERP)系统。其中,MRP Ⅱ 是以生产计划为中心,把与物料管理有关的产、供、销、财各个环节的活动有机地联系起来,形成一个整体,并进行协调,使它们在生产经营管理中发挥最大作用的系统,它有助于描述物流、制造、营销和财务领域的战略实施结果。而 ERP 则进一步扩展了 MRP Ⅱ 功能,如从供应链上游的供应商管理到下游的客户关系管理,从低层的数据处理(手工自动化)到高层管理决策支持(职能化管理),从传统的以制造业为主到面向所有的行业等方面都有不同程度的扩展。

7.4 分销资源计划

分销资源计划(Distribution Resource Plan, DRP),是 MRP 在库存分销网络的应用,是一种适用于流通企业进行库存控制的方式。实施 DRP 时,要输入三个文件,即 ① 社会需求文件,包括顾客订单、提货单及需求预测;② 供应商货源文件;③ 库存文件和在途文件。DRP 输出两个计划文件,即 ① 订货计划;② 送货计划,如图 7-6 所示。

下面用一个简单的例子说明 DRP 的运算过程。

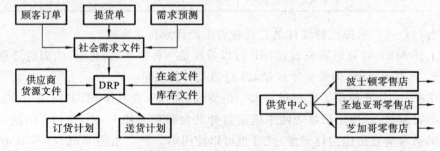

图 7-6　DRP 的输入和输出关系　　图 7-7　某分配形多级库存系统结构图

例 7-5　假设某分配形多级库存系统(如图 7-7 所示),由一个供货中心向下游三个零售店(波士顿零售店、圣地亚哥零售店和芝加哥零售店)进行配货,已知未来 8 个星期的各个零售店的需求量,同时系统各仓库的订货参数如表 7-15 和表 7-16 所示,求其 DRP 计划。

表 7-15 基本参数 1

项目	供货中心	波士顿零售店	圣地亚哥零售店	芝加哥零售店
初始库存量/件	1250	352	240	1020
提前期/周期	3	2	2	2
安全库存量/件	550	55	125	1
订货批量/件	2200	500	150	800

表 7-16 基本参数 2

系统节点	周期数							
	1	2	3	4	5	6	7	8
波士顿零售店	50	50	60	70	80	70	60	50
圣地亚哥零售店	20	25	15	30	30	25	15	30
芝加哥零售店	115	115	120	120	125	125	125	120

解 DRP 从系统的最末端,即直接面对需求的一级开始进行推演。本例有 3 个需求端,因此分别从这 3 个需求端进行计划订货的推演。

(1) 波士顿零售店:已知其订货提前期为 2 个周期,安全库存量为 55 件,订货批量为 500 件。

在初始库存量为 352 件情况下,进行推演。因为第 1 周期需求消耗了 50 件,因此第 1 周期期末的库存变为 302 件,依此类推,直到到达第 5 周期期末,如果没有任何订货的话,则库存将降低到 42 件(用括号内的数字表示),低于原设定的安全库存量 55 件,因此必须进行订货,这次订货将发生在第 5 周期-提前期,即第 3 周期,订货量为最小的能够满足需求并保证现有库存量严格大于安全库存量的订货批量 500 件的整数倍,因此可以选订货批量为 500 件。在此次订货下,继续进行库存的推演,直到最后一个周期。我们发现全部周期内的库存量都满足高于安全库存量的要求。因此表 7-17 所示的计划订货量就是最后形成的波士顿零售店的订货计划。

表 7-17 波士顿零售店的订货计划

项目	初始	周期数							
		1	2	3	4	5	6	7	8
需求量/件		50	50	60	70	80	70	60	50
计划接收订货量/件						500			
现有库存量/件	352	302	252	192	122	542(42)	472	412	362
计划发出订货量/件				500					

(2) 圣地亚哥零售店:已知提前期为 2 个周期,安全库存量为 125 件,订货批量为 150 件。

在初始库存量为 240 件情况下,进行推演。因为第 1 周期需求消耗了 20 件,因此第1周期期末的库存量变为220件,依此类推,直到到达第5周期期末,如果没有订货的话,则库存量将降低到120件(用括号内的数字表示),低于原设定的安全库存量125件,因此必须进行订货,这次订货将发生在第5周期减去提前期,即第3周期,订货量为最小的能够满足需求并保证现有库存量严格大于安全库存量的订货批量150件的整数倍,因此可以选订货批量为150件。在此次订货下,继续进行库存的推演,直到最后一个周期。我们发现全部周期内的库存量都满足高于安全库存量的要求。圣地亚哥零售店订货计划表如表7-18所示。

表7-18 圣地亚哥零售店的订货计划

项目	初始	周次							
		1	2	3	4	5	6	7	8
需求量/件		20	25	15	30	30	25	15	30
计划接收订货量/件						150			
现有库存量/件	240	220	195	180	150	270(120)	245	230	200
计划发出订货量/件				150					

(3) 芝加哥零售店:已知提前期为2周,安全库存量为1周,订货批量为800件。这里的安全库存量用时间单位给出,是指安全库存量要满足一周期的需求量,一般可以指后一周期需求量或者平均的周期需求量。本例采取平均每周期需求量,也就是约120件。

在初始库存量为1020件情况下,进行推演。因为第1周期需求消耗了115件,因此第1周期期末的库存量变为905件,依此类推,直到到达第8周期期末,如果没有订货的话,则库存量将降低到55件(用括号内的数字表示),低于原设定的安全库存量800件,因此必须进行订货,这次订货将发生在第8周期减去提前期,即第6周期,订货量为最小的能够满足需求并保证现有库存量严格大于安全库存量的订货批量120件的整数倍,因此可以选订货批量为800件。在此次订货下,最后一个周期第8周期的期末库存量为855件。最后形成的芝加哥零售店的订货计划如表7-19所示。

表7-19 芝加哥零售店的订货计划

项目	初始	周次							
		1	2	3	4	5	6	7	8
需求量/件		115	115	120	120	125	125	125	120
计划接收订货量/件									800
预期库存量/件	1020	905	790	670	550	425	300	175	855(55)
计划发出订货量/件							800		

(4) 当所有需求端的计划推演完毕后,对这些计划进行汇总,形成前一级的需求信息。

综合表7-15至表7-20,可以得出供货中心的需求量在第3周期为650件,在第6周期为800件。

表 7-20 需求汇总

系统节点	0	1	2	3	4	5	6	7	8
波士顿零售店订货量/件				500					
圣地亚哥零售店订货量/件				150					
芝加哥零售店订货量/件							800		

(5) 供货中心：已知提前期为 3 个周，安全库存量为 550 件，订货批量为 2200 件。在初始库存量为 1250 件情况下进行推演。因为第 1 周期需求量为 0，因此第 1 周期期末的库存量仍为 1250 件，依此类推，直到到达第 6 周期期末，如果没有订货的话，则库存量将降低到 -200 件（用括号内的数字表示），低于原设定的安全库存量 550 件，因此必须进行订货，这次订货将发生在第 6 周期减去提前期，即第 3 周期，订货量为最小的能够满足需求并保证现有库存量严格大于安全库存量的订货批量 2200 件的整数倍，因此可以选订货批量为 2200 件。在此次订货下，继续进行库存的推演，直到最后一个周期。我们发现全部周期内的库存量都满足高于安全库存量的要求。因此表 7-21 所示的计划订货量就是最后形成的供货中心的订货计划。

表 7-21 供货中心的订货计划

项目	初始	周次							
		1	2	3	4	5	6	7	8
需求量/件				650			800		
计划接收订货量/件							2200		
现有库存量/件	1250	1250	1250	600	600	600	2000 (-200)	2000	2000
计划发出订货量/件				2200					

从上面的简单例子可以看出，分销资源计划 DRP 是应用物料需求的原则，在配送环境下从数量和提前期等方面确定物料配送需求的一种动态方法。在逻辑上 DRP 是 MRP 的扩展，但两者之间存在一个根本的差异：MRP 通常在一种相关需求的情况下运作的，由企业制定和控制的生产计划所确定；而 DRP 是在一种独立的环境下运作的，由顾客需求直接确定存货需求。企业可以运用 DRP 系统所产生的信息来计划未来的物料和存货计划，如可以协调同一供应商提供的多项物料的补货需求和安排，选择更有效的运输方式，以及相应的运输车辆及运输规模，预先做好运输和接货、卸货的人员、设备安排工作，以及从最终的顾客需求出发，利用分销需求条件影响前端生产的物料需求计划。

在企业分销渠道上，DRP 的应用范围相当广泛。DRP 为管理部门提供了一系列好处，主要表现在营销和物流方面。营销方面，改善了服务水准，保证了准时递送，减少了顾客的抱怨；更有效地改善了促销计划和新产品引入计划；提高了预计短缺的能力；改善了与其他企业的协调功能；提高了向顾客提供存货管理服务的能力。物流方面，由于实行了协调装运，降低了配送中心的运输费；能准确确定何时需要何种产品，降低了存货水平和仓库空间需求；减少了延迟供货现象，降低了顾客的运输成本；改善了物流与制造之间的存货可视性和协调性；能有效地模拟存货和运输需求，提高了企业的预算能力。

7.5 看板系统

看板（Kanban）系统，是准时生产模式的重要组成部分。所谓准时生产（Just in Time,JIT），是指一整套生产管理方法和理念，最早由日本丰田汽车公司在20世纪60年代首创，以后逐渐在欧洲和美国的日资企业及当地企业中推广，现在这一方式与源自日本的其他生产、流通方式一起被西方企业称为日本化模式。近年来，JIT不仅作为一种生产方式，也作为一种通用管理模式在物流、电子商务等领域得到推行。JIT的基本思想是：只在需要的时候，按需求量生产所需的产品。这是追求一种无库存，或者库存达到最小的生产系统。

看板，是用于控制JIT生产现场的工具。具体而言，看板就是一张卡片，不同的看板代表了不同含义的生产指令或者物料传送指令。为了帮助理解，下面用一个简单例子来说明看板系统的主要运作情况。

假设在某JIT生产流程中截取一段，如考虑包括从工序1到工序2的一段生产过程，如图7-8所示。工序1生产某种零件，供应给工序2完成后续的生产。在工序1和工序2中间的这种零件用标准零件箱来盛放，设每个标准零件箱可以放6个零件。在工序1和工序2之间设置两种看板，即生产看板和传送看板。设当前有三个生产看板，其名称分别记为生产1#看板、生产2#看板和生产3#看板。有两个传送看板，其名称分别记为传送1#看板和传送2#看板。在工序1的出口处设置一个生产看板盒，存放生产看板。

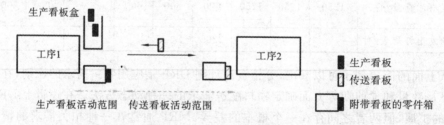

图7-8 一个简单的看板系统

该段生产流程的运作规则如下。

（1）当工序2需要零件时，就按顺序从工序2入口处取一个满的零件箱。若没有取到，就等待；若取到，则开始使用其中的零件进行生产，同时拿出这个满的零件箱上面附带的传送看板，如传送1#看板，就发出它，送到工序1的出口处。

（2）当工序2发出的传送1#看板到达工序1的出口处时，若此出口处有准备好的一个满的零件箱，上面附着生产看板，如生产1#看板，就把这个生产看板取下，送进生产看板盒里，再将传送1#看板附着在这个满的零件箱上，最后整箱发送到工序2的入口处；反之，当传送1#看板到达工序1的出口处时，没有匹配到满的零件箱，则原地等待。

（3）工序1从生产看板盒里顺序拿生产看板，如拿到生产3#看板，开始生产，生产完一整箱零件，就把生产3#看板挂在这个整箱上，放到工序1出口处。反之，当工序1从生产看板盒里拿生产看板时,发现它是空的,则工序1停工等待。

从上面的简单流程可以看出,看板系统实际上相当于一个连续盘点的(R,Q)系统,如在传送看板阶段的情况,有$R=(2-1)b=b, Q=b$。

通常把按照JIT和看板系统运作的生产或者库存系统称为拉动式(Pull)系统。这是因为,在看板系统中,上游的生产或者采购行为不是由事先拟定的计划驱动的,而是根据下游的实际需要来确定的,因此好像是下游工序在"拉动"上游工序似的。显然拉动式是和MRP的推动式(Push)正好相反的运作形式。

JIT和看板系统的优越性是明显的。首先,正是由于JIT是需求拉动的,因此它能够灵活跟踪市场走向,及时根据客户的变化调整生产,开发新产品,做到对需求变化的条件反射。其次,在JIT系统中,由于贯彻了"没有需求就不生产,后续工序没有原料需求,前工序就不生产"等原则,其系统的库存量可以保持在一个极低的水平上,这意味着减少了仓储空间,从而节约了相关库存运营成本,也降低了存货变质、陈旧或者过时的可能性。此外,在JIT系统中,较低的库存量也有利于暴露生产线上存在的问题,从而促进生产库存系统的持续改善,使生产率不断提高。

7.6 牛鞭效应

1. 牛鞭效应问题

牛鞭效应(Bullwhip Effect),也称为长鞭效应,是指在多级库存系统中,当信息流从最终客户端向上游传递时,无法有效地实现信息的共享,使得信息被扭曲并逐级放大的现象。这种信息扭曲的放大作用在图形上很像一根甩起的牛鞭:处于上游的供应方看成梢部,下游的用户看成根部,一旦根部抖动,传递到末梢端就会出现很大的波动。

下面看一个实际多级系统运行的数据。

图7-9所示的是一个典型的多级库存系统在50个星期内的运行数据,其中$d(t)$表示零售商的销售量数据(反映了市场的需求),$q_1(t)$表示零售商向批发商的订货量,$q_2(t)$表示批发商向其外部供应商的采购量。从图7-9可以看出,从$d(t)$到$q_1(t)$,一直到$q_2(t)$,其波动性越来越大。这种波动沿着系统从下游到上游不断扩大的情况就是牛鞭效应。

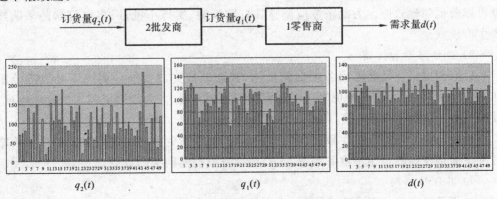

图7-9 订单波动放大情况

为了反映牛鞭效应的大小,通常用前后级数据波动方差的比值来表达,即

$$牛鞭效应的值 = \frac{\text{Var}(上游订货量)}{\text{Var}(下游订货量或者最终需求量)}$$

针对图7-9所示的系统，显然有 $\dfrac{\text{Var}[q_2(t)]}{\text{Var}[q_1(t)]} \geq 1$，$\dfrac{\text{Var}[q_1(t)]}{\text{Var}[d(t)]} \geq 1$。

牛鞭效应中的信息失真和逐级放大作用会波及到企业的营销、物流、生产等领域，有很大的危害性。首先，牛鞭效应表明，越是处于系统上游，企业对最终市场变化的响应速度越慢。这种响应滞后性导致上游企业对市场变化的过激反应。当市场需求量增加时，供应链上游制造部门无法支持零售店的配货要求。而一旦市场需求放缓或者出现负增长，制造商则往往继续过量生产，造成库存积压。对整个宏观经济而言，牛鞭效应可以解释为什么有些行业比另一些行业提前衰退，或者滞后复苏。对半导体行业而言，供应链前端的芯片制造业先于后端的设备制造业衰退；而后者则滞后于前者复苏。而对单个企业而言，当经济复苏时，不但要动员自身的生产能力，更重要的是要动员各级供应商。这是因为由于牛鞭效应，上游供应商往往受到更大的经济影响，面临更大的财政压力，从而更难、也更不情愿扩张生产能力。

2. 牛鞭效应产生的原因和对策

牛鞭效应是多级库存系统中特有的形象。导致牛鞭效应发生的因素很多，主要可以归纳为以下几个方面的问题。

1）多重需求预测

处于不同供应链位置的企业都会安排一定的安全库存量，以应对变化莫测的市场需求和供应商可能的供货中断，特别是在采购提前期长的情况下。传统供应链上各个企业总是根据下游企业的订单来更新预测的，这种多重需求预测会导致预测的累积误差逐级放大。

避免多重需求预测的关键是使上游企业可以获得其下游企业的需求信息，这样，上、下游企业都可以根据相同的原始资料来更新他们的预测。

2）批量生产或者订购

为了达到生产、运输上的规模效应，厂家往往批量生产或者采购，以积压一定库存的代价换取较高的生产效率和较低的成本。而当市场需求减缓或者产品升级换代时，这种代价往往是巨大的，导致库存过度积压、库存品过期等问题。因此打破批量订购就可以降低牛鞭效应。为此企业应调整其订购策略，实行小批量、多次订购的采购或者生产模式。

3）价格浮动和促销

厂家为促销往往会推出各种促销措施，其结果是买方大批量买进而导致部分积压，这在零售业尤为显著。价格浮动和促销行为的开展，人为加剧了需求的变化幅度，使市场需求更加不规律。

因此稳定价格是应对牛鞭效应的一种手段，如制造商可通过制定稳定的价格策略并减少对批发商的折扣幅度和频率，来打消批发商提前购买的计划。

4）非理性预期

如果某种产品的需求大于供给，且这种情况可能持续一段时间，那么厂家向供应商提交的订单可能会大于其实际需求，以期供应商能多分配一些产品，但同时这也传递了虚假需求信息，导致供应商错误地解读市场需求，从而过量生产。随着市场供需渐趋平衡,有些订单会被取消,从而导致供应商库存积压,等到供应商搞清实际需求时已经为时过晚,成为又一个"计划跟不上变化"的错误。

为了解决这种问题,当面临供应不足时,供应商可以根据对下游厂家以前的销售记录来进行限额供应,而不是根据当前他们订购的数量,这样就可以防止下游厂家为了获得更多的供应而夸大订购量。另外及时向下游厂家发布本供应商的生产能力和库存状况也能减轻下游厂家的忧虑,从而打消他们夸大或者缩小其真实需求的动机。

3. 牛鞭效应的理论解释

下面简要介绍牛鞭效应的原理。

1) 单级系统的牛鞭效应分析

先考虑一个周期盘点模式下的单级库存系统,即一个零售级在第 t 周期面对的需求量为 $d(t)$。零售级采取基于库存水平的 S 策略,其向上游的采购提前期为 L_1,假设其上游的货物供应量是无限大的。设零售级在第 t 周期的订货量为 $q_1(t)$。

假设零售级面对的需求量为

$$d(t) = \mu + \rho d(t-1) + \varepsilon_t$$

其中,μ 是一个非负常数,表示需求中的稳态因素;ρ 是自相关系数,满足 $|\rho|<1$,ρ 表示前一个周期需求和后一个周期需求之间存在的相关性;ε_t 是误差随机变量,服从均值为 0、方差为 σ^2 的正态分布。

显然根据这样的需求假设,可以得到 $E[d(t)] = \dfrac{\mu}{1-\rho}$,$\mathrm{Var}[d(t)] = \dfrac{\sigma^2}{1-\rho^2}$。

假设零售级不知道上述需求的分布情况,在第 t 周期时更不知道 t 周期及以后需求的确切值,而只能根据需求的历史数据进行估计。这里设零售级将需求估计为一个服从正态分布 $N(\mu_1, \sigma_1^2)$ 的随机变量,即零售级认为每个周期的需求均值为 μ_1,标准差为 σ_1。为了获得对 μ_1 和 σ_1 的估计,零售级采用移动平均预测法,从实际需求的历史数据中得到它们对应的估计值 $\hat{\mu}_1$ 和 $\hat{\sigma}_1$,即

$$\hat{\mu}_1(t) = \frac{\sum_{i=t-N_1}^{t-1} d(i)}{N_1}, \quad \hat{\sigma}_1^2(t) = \frac{\sum_{i=t-N_1}^{t-1} [d(i) - \hat{\mu}_1(i)]^2}{N_1 - 1}$$

其中,N_1 为零售级进行移动平均的预测窗口长度。

从上述移动平均预测公式可知,随着时间的推进,零售级在不断地更新自己对需求的预测。

假设零售级每个周期的最大库存水平 $S_1(t)$ 的计算公式为

$$S_1(t) = (L_1 + 1)\hat{\mu}_1(t) + z\,\hat{\sigma}_1(t)\sqrt{L_1 + 1}$$

其中,z 是一个与服务水平有关的常量,可以通过服从正态分布的分布函数得出。

由于零售级对需求的估计值是随周期 t 变化而变化的,因此零售级的最大库存水平 S_1 也是随周期 t 的变化而不断更新的量。

根据 S 策略的定义,在周期 t,零售级向其上游的订货量 $q_1(t)$ 为

周期 t 的订货量 $q_1(t) = $ IF(零售级第 t 周期的期初订货前的库存水平 $\leqslant S_1(t)$,

$S_1(t) -$ 零售级第 t 周期的期初订货前的库存水平,0)

经过运算(过程略)可以得出,零售级订货量与实际需求量的方差之比为

$$\frac{\text{Var}[q_1(t)]}{\text{Var}[d(t)]} \geq 1 + \left(\frac{2L_1}{N_1} + \frac{2L_1^2}{N_1^2}\right)(1-\rho^{N_1})$$

显然从该式可以得出如下结论。

(1) 牛鞭效应值总是大于 1 的,说明牛鞭效应是系统固有的现象。

(2) 牛鞭效应与提前期有关:提前期 L_1 越长,牛鞭效应越大。

(3) 预测精度和牛鞭效应的关系:N_1 越小,则近似地代表预测越不准确,则牛鞭效应越严重。

2) 二级系统在需求信息不共享情况下的牛鞭效应分析

下面考虑一个二级系统,该系统由一个供应级和一个零售级组成。不论供应级还是零售级都采取周期盘点的 S 策略。

在这种系统中,最终需求条件同 1)。

零售级的行为也与 1) 相同。

针对供应级,假设供应级看不到最终的客户需求 $d(t)$,也不知道确切的需求分布规律,同时供应级也不知道零售级对需求的预测情况,即零售级的需求预测数据对供应级保密,这种情况称为需求信息在零售级和供应级之间不共享。

在这种情况下,供应级仍然要对需求进行估计。只不过供应级只能对历史上已经发生的来自零售级的订货量 $q_1(t)$ 进行观测,并把这种信息作为对需求的估计。假设供应级认为,$q_1(t)$ 是一个满足正态分布 $N(\mu_2, \sigma_2^2)$ 的随机变量,即每个周期 $q_1(t)$ 的均值为 μ_2,标准差为 σ_2。为了获得对 μ_2 和 σ_2 的估计,供应级采用移动平均预测法,从已经发生的 $q_1(t)$ 历史数据中得到估计值 $\hat{\mu}_2$ 和 $\hat{\sigma}_2$,即

$$\hat{\mu}_2(t) = \frac{\sum_{i=t-N_2}^{t-1} q_1(i)}{N_2}, \quad \hat{\sigma}_2^2(t) = \frac{\sum_{i=t-N_2}^{t-1} [q_1(i) - \hat{\mu}_2(i)]^2}{N_2 - 1}$$

其中,N_2 为供应级进行移动平均的预测窗口长度。

当然这些估计值也随周期 t 的变化而变化,因此供应级的最大库存水平 $S_2(t)$ 也是一个随周期 t 变化而变化的量,即

$$S_2(t) = (L_2 + 1) \cdot \hat{\mu}_2(t) + z \cdot \hat{\sigma}_2(t) \cdot \sqrt{L_2 + 1}$$

在这种情况下,供应级订货量 $q_2(t)$ 为

周期 t 的订货量 = IF(供应级在第 t 周期期初订货前时刻的库存水平 $\leq S_2(t), S_2(t)$ − 供应级第 t 周期期初订货前的库存水平, 0)

值得注意的是,零售级的订货量 $q_1(t)$ 并不是总可以得到满足的。比如考虑如下情况:如果当前(t 周期)供应级只有 50 件的在库库存量,而零售级提出的订货量为 100 件,则此订货量中的一半可以得到发运,而另外的 50 件要记为供应级向零售级供应的缺货拖后量,要等供应级在以后的周期有货时才安排发运。因此,有

第 t 周期向零售级的本期订单装运量 $\hat{q}_1(t)$

= min[第 t 周期的期初订货后的供应级的在库库存量, 零售级的订货量 $q_1(t)$]

第 t 周期供应级向零售级的缺货拖后满足量

= min[在第 t 周期期初时刻供应级对零售级的缺货拖后量,

在第 t 周期期初供应级接收到的从上游得到的订货 $q_2(t-L_2)$]

故

第 t 周期供应级向零售级的总的货物装运量
＝本期订单装运量 $\hat{q}(t)$＋本期供应级向零售级的缺货拖后满足量

当然,可假设供应级的订货 $q_2(t)$ 总可以被全部满足,即假设供应级的上游的供应能力是无限大的,则经过运算,可以得出供应级的订货量与实际需求量的方差之比为

$$\frac{\text{Var}[q_2(t)]}{\text{Var}[d(t)]} \geqslant \prod_{i=1}^{2}\left(1+\frac{2L_i}{N_i}+\frac{2L_i^2}{N_i^2}\right)$$

和 1)的情况进行比较,说明多级系统的级数增加后,牛鞭效应值也会增加。

3)二级系统需求信息共享情况下的牛鞭效应分析

下面考虑二级系统需求信息共享的情况,即零售级同意将自己做出的需求预测数据公开给供应级使用,称为需求信息共享。在这种情况下,显然供应级不再需要通过观测 $q_1(t)$ 来估计需求值,而是直接将零售级的预测值 $\hat{\mu}_1$ 和 $\hat{\sigma}_1$ 作为自己计算最大库存水平 $S_2(t)$ 的依据,即

$$S_2(t)=(L_2+1)\hat{\mu}_1(t)+z\,\hat{\sigma}_1(t)\sqrt{L_2+1}$$

其他条件同 2)。

在上述情况下,重新分析系统的牛鞭效应,可得

$$\frac{\text{Var}[q_2(t)]}{\text{Var}[d(t)]} \geqslant 1+\left[\frac{2\left(\sum_{i=1}^{2}L_i\right)}{N_1}+\frac{2\left(\sum_{i=1}^{2}L_i\right)^2}{N_1^2}\right](1-\rho^{N_1})$$

和 2)的结论进行比较,显然需求预测信息共享条件下的牛鞭效应小于不共享情况下的值,说明信息共享可以有效地降低牛鞭效应。

7.7 风险分担问题

系统中多个库存显然比单库存增加了管理难度,但是多个库存也不总是没有好处。实际上联合仓库有可能带来库存风险的降低,这种现象称为风险分担(Risk Pooling)。

例如,在一些复杂的供应链系统中,人们发现,如果能够在多个供应商之间达成某种合作,即建立一个原材料联合仓库给制造商统一供货,或者在多个零售商之间建立一个共有的销售联合仓库,则有可能分担一部分不确定性带来的风险,从而降低总成本,如图 7-10 所示。

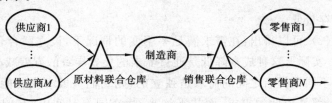

图 7-10 联合仓库

下面用一个简单的计算来说明风险分担的作用。

例 7-6 假设某品牌商品的销售系统,在某地区有 $i=1,2,\cdots,10$ 共 10 个零售店。假设每个零售店的需求量为 d_i,它满足正态分布 $N(\mu_i,\sigma_i^2)=N(100,50^2)$,同时每个零售店的需求大致是独立的。假设每个零售店的采购提前期为 $L_i=1$,系统中的每个仓

库都采取连续盘点的 S 策略,其服务水平指标要求为 $z=1.3$。我们分别考虑下列两种不同情况。

(1) 无联合仓库,如图 7-11(a)所示。

为了保证销售的顺利,达到一定的服务水平,每个零售店必须独立设置销售库存,则在 $z=1.3$ 指标下,每个商店的 S 策略为

$$S_i = L_i\mu_i + z\sigma_i\sqrt{L_i} = 100 + 1.3 \times 50 \times 1 = 165$$

若用 $\dfrac{S_i}{2}$ 来近似表达每个零售店的平均库存量,则全部零售店总的平均库存量为 $(165/2) \times 10 = 825$。

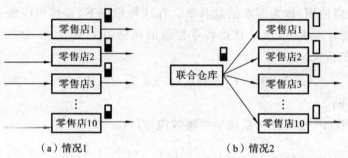

(a) 情况1　　　　　　　　　　(b) 情况2

图 7-11　情况 1 和情况 2 的不同库存结构

(2) 设立联合仓库,假设联合仓库采取 S 策略,如图 7-11(b)所示。

假设联合仓库距离各个零售店很近,从联合仓库运到各零售店的时间为 0,则每个零售店无须再设库存,只要在联合仓库保持一定仓库就可以了。

假设联合仓库的提前期为 $L_0=1$,其服务水平仍然保持在 $z=1.3$,则联合仓库面对的需求量是 10 个零售店的需求之和,即 $D=\sum d_i$。

值得注意的是,由于各个零售店的需求是相互独立的,根据独立随机变量之和的性质,可以得到 D 的分布也服从正态分布,其值为 $N(\mu,\sigma^2)=N(100\times 10,(50\times \sqrt{10})^2)$,有趣的是,$D$ 的标准差比 10 倍的 σ_i 要小得多。在此分布下,可以得到联合仓库的 S 策略为

$$S_0 = L_0\mu + z\sigma\sqrt{L_0} = 1000 + 1.3 \times 50 \times \sqrt{10} \times 1 = 1205$$

若用 $\dfrac{S_0}{2}$ 代表联合仓库的平均库存量,则联合仓库的平均库存量近似为 603,显然它比(1)时的库存量低。

比较(1)和(2),可以得出:在需求满足率不变的情况下,设立联合仓库,可以降低总平均库存量。实际上这种成本降低是通过需求的集聚导致的方差减小特性实现的。这是因为,如果不同零售店之间的需求是独立的,则它们一般不大可能同时都是较高的需求或者同时都是较低的需求,而从平均来看,在同一时间内,有的零售店需求较高,有的需求较低,两者相互叠加,就会导致总方差的减小。

这种需求集聚导致的方差减小特性在快递行业也有体现,如有些快递公司通过吸收零散的客户订单汇聚为成批量运输及配送业务,一方面实现了运输等环节的规模效益,另外一方面也利用了小的散户需求之间的独立无关性导致的需求变异相互抵消作用,这也是风险分担的道理。

当然值得注意的是,例7-6中没有考虑新建联合仓库所需的额外成本。因此,企业一般在建立新仓库之前,必须考量仓库的额外建设成本和联合仓库所带来的成本节约之间的关系。

7.8 实验:啤酒游戏

美国麻省理工学院(MIT)的Sloan管理学院在1960年设计出在全世界被广泛使用的啤酒游戏(Beer Game),学员从啤酒游戏的竞赛中学习、理解物流与供应链、库存管理的原理,同时将所学应用于解决企业面临的问题。到目前为止,全世界各地已经有几十万人参与过这个游戏,包括大学生、企业各级管理者,乃至公司总裁和政府官员。现在许多著名大学的MBA课程中,都把它列为学生的入门课程。

啤酒游戏通常有很多版本,本书仅对其中一种最简单的实验设定进行讨论,如图7-12所示,更加复杂的情况可以在具体实验中选做。

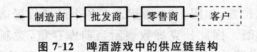

图7-12 啤酒游戏中的供应链结构

1. 剧情设定

(1) 游戏分周期进行,一个周期就代表一个星期,一次游戏共进行30周期。

(2) 每周期都会有客户到零售商那里去买啤酒。每个周期老师会根据一个计算表(对所有学生是保密的)得出本期的需求量,这就是最终客户购买的啤酒数。

零售商从自己的仓库中拿出啤酒来给客户,然后再向批发商订货,每周期有一次向批发商订货的机会。如果零售商仓库里的啤酒不够,则缺货,需要进行延迟订单处理。也就是说,如果零售商的库存不足以满足客户的需求,那么零售商可以延迟发货,不过对不足的部分,要对客户做出赔偿。如果下一周期还是不够货,就继续顺延,等货到以后再发。

零售商所下的订单当天不会到货,要过一周期才会收到。就是说零售商第一周期下的订单,要到第二周期才会进入零售商的仓库。

(3) 批发商的责任就是卖啤酒给零售商。批发商有一个仓库,每周期都可以从自己的库存中尽可能满足零售商的订单,不能当期满足的订单要顺延。同时,每周期有一次向制造商订货的机会,不过,所订的货要过两周期才到达批发商的仓库。

(4) 制造商即啤酒厂,其他一切条件和规则都与上文一样,唯一不同的是,制造商不是向别人订货,而是自己生产啤酒。当然,由于制造啤酒需要很多车间和各道生产工序,所以,每个周期下的生产订单要等三个周期才能完工,进入成品仓库。制造商的生产量没有限制,也就是说,不管下多大的生产订单,工厂都会如期生产出来。

(5) 在零售商、批发商、制造商的仓库中存储啤酒都是有成本的,这个成本包括资金占用成本、仓库租赁费、管理费、雇员的工资等。零售商的仓储成本最高;批发商因为仓库比较大,有规模效益,所以仓储成本较低;制造商的厂房在乡下,面积最大,而且资金的机会成本相对较低,其仓储成本最低。还有在途的货物,是那些已经下了订单,但是还没有来得及送到的货物,这要作为订货者的存货计算存储成本。当然,其数量不一定就是订货量,可能因为供应商发生缺货,不能全部满足订单,只发了一部分啤酒。

(6) 游戏开始时每个角色有 10 箱啤酒的库存,而游戏结束时每个角色也会有结余的库存。游戏参与者必须记录每周期自己的销售和库存情况,记账员据此来计算每个角色各自的总成本和利润。

2. 实验分组及角色扮演

根据学生总人数,适当进行分组,如安排每个小组人数为 10 人。在一个小组中,分别安排学生扮演零售商、批发商、制造商和游戏记账员四个角色,如每 2 人共同扮演一个角色,另外 2 个人负责本小组的总体操作和监督。

每个小组需要进行的准备工作如下。

(1) 准备 2~3 副扑克牌代表啤酒货物,一张扑克牌代表 1 箱啤酒的货物。

(2) 准备若干打印好空白表格的纸,准备记录每个周期本小组的各个角色及其库存状态。

(3) 在教室的桌面上分别划分出制造商、批发商、零售商及所有延迟箱的区域,表示这些实体的仓库位置,如图 7-13 所示。在各个区域放置适当数量的扑克牌,一张扑克牌表示一箱啤酒。因此扑克牌数表示当前库存量,对制造商、批发商和零售商来讲,这就是各自当前的在库库存量。对延迟箱来讲,就是处于不同到货期的在途库存量。

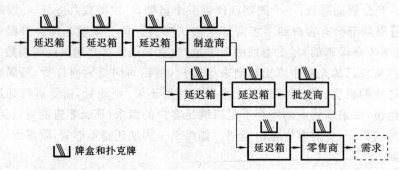

图 7-13 实验区域安排

3. 每个周期内的流程

(1) 走货:满足必要的缺货拖后。监督员将延迟箱中的啤酒移动到下一级(下一个延迟箱或者企业实体)。

(2) 发出订单:制造商、批发商、零售商分别向上游发出本期订单,写订单卡片,交给上游。上游收到此订单后,从本地库存实体中取若干啤酒(扑克牌),放入其下游的第一个延迟箱中。满足下一级啤酒订货目,主要有下列情况:

① 制造商的订货总可以全部满足;

② 其他的订货要看上游当前的库存量,若上游在库库存量足够,则该订单全部发运,否则只有在库库存量得到发运,剩余的订单记为缺货拖后量。

(3) 需求发生:老师报出本期最终客户需求量(客户订单),零售商从本地库存实体中取若干啤酒(扑克牌)交给客户,不足的部分记为缺货。

(4) 记录:记账员记录各企业的订单、期末库存和期末缺货,计算成本。

(5) 监督员负责收集客户收到的扑克牌,放到制造商的上游备用。

4. 游戏的初始条件和成本设定

1) 初始库存量

制造商、批发商、零售商的初始库存量均为10箱,其余所有延迟箱为0。

2) 成本和提前期

成本和提前期如表7-22所示。

表7-22 成本和提前期

项　　目	零售商	批发商	制造商
存储费 h_i/元/箱	1	0.5	0.3
缺货费 p_i/元/箱	2	1.5	1
提前期 L_i/元/箱	1	2	3

3) 各企业的成本计算方法

(1) 零售商的缺货均进行拖后处理,并要计算缺货成本。

(2) 制造商与批发商、批发商与零售商之间的缺货处理每组自由决定,可以缺货拖后,也可以损失。

(3) 制造商对批发商、批发商对零售商的缺货不计算缺货成本。

4) 对需求的认识

有往年发生的需求历史数据(如图7-14所示)供参考,但是注意未来的需求与历史数据有可能不一致。

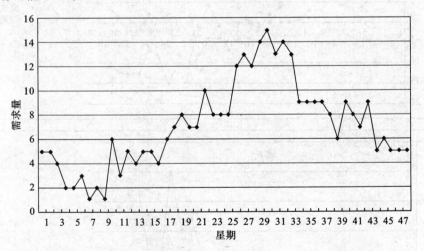

图7-14 历史需求数据

5. 计算与评分

所有小组在相同的系统初始条件和其他设定条件下,在每个周期分别进行各供应链成员角色的订货决策,然后由老师统一报出这个周期的需求量,最后计算该周期内发生的成本。依此类推,系统推演30个周期后,统计各小组发生的总成本,作为小组竞赛的最终成绩。最后由各个小组针对自己小组的订货决策,对比别的小组情况,进行总结,并思考实验课的得与失。

图7-15所示的为某小组实验结果的统计,分别为需求量和各角色的订货量、净库存量及其成本随时间周期的变化而变化的图。

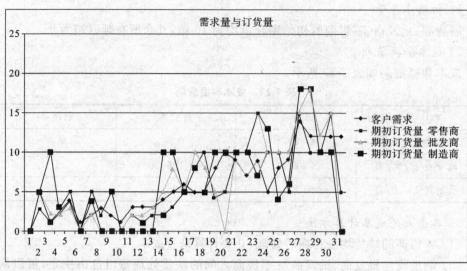
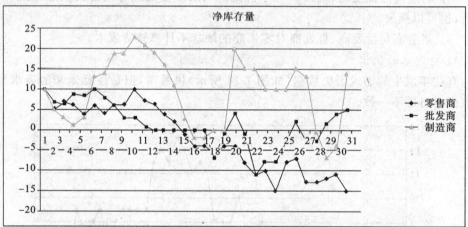
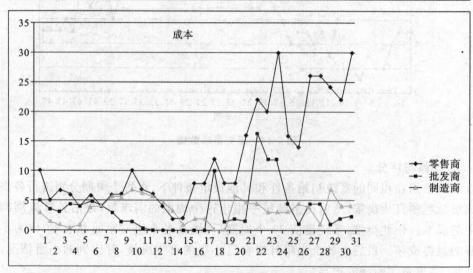

图 7-15 某小组实验结果的统计

6. 其他情况下的实验设定情况

上述啤酒游戏的实验可以通过改变实验条件和设定,实现不同的实验情况。

(1) 每个小组内部的协调问题。前面的实验中实际上在一个小组内部角色之间是相互协作的,成员可以相互讨论,并得出一个对本小组运作最有利的订货决策序列。反过来,如果在小组内部是竞争的,不允许相互协商和通信的话,对小组的运作就更加是一个考验。

(2) 需求的模式问题。老师可以设定多种需求模式,分别在不同的模式下进行实验,可以进一步考察小组对需求变化的敏感程度和跟踪能力。

7. 啤酒游戏的思考

啤酒游戏实验可以帮助我们发现和理解供应链或者多级库存系统中存在的问题和内在规律,另外该游戏也可以测试参加者在某些事件或经营问题下的反应,即会采取什么策略来解决问题和争端。请就本节的啤酒游戏实验,思考下列问题。

(1) 啤酒游戏中的供应链系统是什么样的多级库存系统?

(2) 系统的牛鞭效应如何?它与哪些因素有关,为什么?

(3) 如果每个小组是一个协作的整体,怎样才可以使得本小组的总成本最低?哪些因素是最重要的?比如对需求的认知和预测、系统的订货策略、安全库存量的设定,以及成员之间的沟通及信息不对称问题等因素你是怎样考虑的?

(4) 实验中的设定与你目前所了解的现实情况有哪些不同?如果要考虑这些现实情况,你认为应该怎样设计实验?在实验中会出现什么样的新问题,为什么?

7.9 本章小结

多级库存系统是在单仓库问题基础上发展而来的,但是却要复杂得多。本章对多级库存系统进行了初步的讨论,针对确定性需求下的多级库存系统,分别研究了二级系统的最优批量模型,以及物料需求计划、分销资源计划和看板系统。针对随机需求情况,讨论了在多级库存系统中特有的牛鞭效应和风险分担问题。最后进行了啤酒游戏实验,这可以帮助我们理解多级库存条件下多个仓库之间的相互作用和耦合问题,并发现一些更加深层次的管理问题。

7.10 习题

7-1 在某确定性二级串行石油工业供应链系统中,上游企业生产石油制品,下游企业进行分装销售。产品的销售量为 1000 升/年。设生产企业的出厂价格为 $v_2=1$ 元/升,分装企业的销售价格为 $v_1=4$ 元/升,存储费按照单价的 24% 计算,生产企业的每次生产准备费为 $A_2=10$ 元,分装企业的每次准备费为 $A_1=15$ 元。试计算系统的最优订货批量。

7-2 生产一个定时器的原料清单为:一个成品需要 2 个盖子,1 个空心球,3 个支撑件和 1 公斤沙子,必须先把沙子装入球内,才能组装成定时器,如图 7-16 所示。表 7-23 至表 7-28 所示的是生产定时器的存货状况及各原料的净需求量。采购支撑件与空心球的备货时间(提前期)是 1 周,而沙子备货需要 4 周时间,盖子备货需要 5 周时间。在所有的部件备齐后,组装定时器需要 1 周时间。试根据给定的数据计算 MRP 计划。

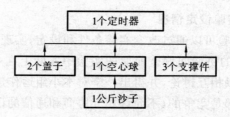

图 7-16 题 7-2 图

表 7-23 题 7-2 表 1

产品与材料	投入产出比例	存货	净需求量	备货时间/周
定时器/个	1	0	1	1
盖子/个	2	0	2	5
支撑件/个	3	2	1	1
空心球/个	1	0	1	1
沙子/公斤	1	0	1	4

表 7-24 题 7-2 表 2

定时器(备货时间=1)	0	1	2	3	4	5	6	7	8
总需求量/个		1	0	2	0	0	0	3	0
现有存货/个	0								
计划收货/个									
计划定单下达									

表 7-25 题 7-2 表 3

盖(备货时间=5)	0	1	2	3	4	5	6	7	8
总需求量/个									
现有存货/个	0								
计划收货/个									
计划定单下达									

表 7-26 题 7-2 表 4

支撑件(备货时间=1)	0	1	2	3	4	5	6	7	8
总需求量/个									
现有存货/个	2								
计划收货/个									
计划定单下达									

表 7-27 题 7-2 表 5

空心球(备货时间=1)	0	1	2	3	4	5	6	7	8
总需求量/个									
现有存货/个	0								
计划收货/个									
计划定单下达									

表7-28 题7-2表6

沙子(备货时间=4)	0	1	2	3	4	5	6	7	8
总需求量/公斤									
现有存货/公斤	0								
计划收货/公斤									
计划定单下达									

7-3 试计算图7-17和表7-29、表7-30所示的MRP计划。图7-17所示的为A、B、C、D等4种部件的关系图,其产出比例为1件成品A,需要5件B、2件C、4件D。

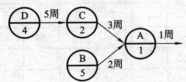

图7-17 题7-3图

表7-29 题7-3表1

产品与材料	提前期	安全库存	批量
A/件	1	20	10
B/件	2	100	50
C/件	3	100	30
D/件	5	250	50

表7-30 题7-3表2

周期	1	2	3	4	5	6	7	8	9	10
总需求量/件										
周期	11	12	13	14	15	16	17	18	19	20
总需求量/件				10	20	30	40	30	20	10

7-4 试计算图7-18和表7-31至表7-34的DRP计划。

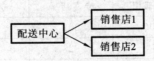

图7-18 题7-4图

表7-31 基本参数表1

项目	配送中心	销售店1	销售店2
初始库存量/件	200	200	150
提前期/件	3	2	2
安全储备/件	200	100	50
订货批量/件	100	50	50

表 7-32 销售店 1 DRP 表

销售店 1	初始	周							
		1	2	3	4	5	6	7	8
需求量/件		50	50	60	70	80	70	60	50
预期持有库存/件	200								
计划订货量/件									

表 7-33 销售店 2 DRP 表

销售店 2	初始	周							
		1	2	3	4	5	6	7	8
需求量/件		20	25	15	30	30	25	15	30
预期持有库存/件	150								
计划订货量/件									

表 7-34 配送中心 DRP 表

配送中心	初始	周							
		1	2	3	4	5	6	7	8
需求量/件									
预期持有库存/件	200								
计划订货量/件									

7-5 试计算图 7-19 和表 7-35 至表 7-39 的 DRP 计划。

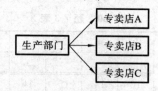

图 7-19 题 7-5 图

表 7-35 基本参数表 2

项目	生产部门	专卖店 A	专卖店 B	专卖店 C
初始库存	1000	352	220	140
提前期	3	2	1	2
安全储备	600	120	200	50
订货批量	100	50	50	50

表 7-36 专卖店 A 用表

周	0	1	2	3	4	5	6	7	8
总需求数		50	55	60	72	80	76	63	50
已定期接收数									
预计现有库存	352								
已计划订货数									

表 7-37 专卖店 B 用表

周	0	1	2	3	4	5	6	7	8
总需求数		115	115	120	120	125	125	125	120
已定期接收数									
预计现有库存	220								
已计划订货数									

表 7-38 专卖店 C 用表

周	0	1	2	3	4	5	6	7	8
总需求数		20	25	15	20	30	25	15	30
已定期接收数									
预计现有库存	140								
已计划订货数									

表 7-39 生产部门用表

周	0	1	2	3	4	5	6	7	8
总需求数									
已定期接收数									
预计现有库存	1000								
已计划订货数									

7-6 某全国销售中心为三个地区分销中心供应货物,它们分别位于武汉、沈阳和上海。试完成表 7-40 至表 7-44 DRP 表。

表 7-40 基本参数表 3

项目	全国销售中心	武汉	沈阳	上海
初始库存量 BOH	1250	352	140	220
前置期 LT	3	2	2	2
安全库存量 SS	400	50	40	115
订货批量 Q	2200	500	150	800

表 7-41 武汉分销中心 DRP 表

	0	1	2	3	4	5	6	7	8
预计需求量		50	50	60	70	80	70	60	50
计划收货									
预期库存量	352								
计划订单									

表 7-42 沈阳分销中心 DRP 表

	0	1	2	3	4	5	6	7	8
预计需求量		20	25	15	20	30	25	15	30
计划收货									
预期库存量	140								
计划订单									

表 7-43 上海分销中心 DRP 表

	0	1	2	3	4	5	6	7	8
预计需求量		115	115	120	120	125	125	125	120
计划收货									
预期库存量	220								
计划订单									

表 7-44 全国销售中心 DRP 表

	0	1	2	3	4	5	6	7	8
预计需求量									
计划收货									
预期库存量	1250								
计划订单									

7-7 试利用 Excel 软件在第 6 章习题 6-1 的基础上,参考 7.6 节牛鞭效应的理论模型进行多周期牛鞭效应的模拟实验。具体参数值为,初始库存量为 0(在库库存量、在途库存量和缺货量均为 0),零售级存储费为 $h_1=1$ 元/(周期·件),零售级缺货费为 $p=2$ 元/(周期·件),供应级存储费为 $h_2=1$ 元/(周期·件)。假设供应级和零售级的服务率都设定为 95%,则 $z=1.65$。供应级提前期为 $L_2=2$ 周期,零售级提前期为 $L_1=1$ 个周期。

针对需求量 $d(t)=\mu+\rho \cdot d(t-1)+\varepsilon$,设 $\mu=100$ 件,$\rho=0.2$,$\sigma^2=100$。该需求序列可以利用 Excel 公式的拖动复制功能在 Excel 中生成,如令单元格 A1 的值为 100 元,单元格 A2 中录入公式"=100+0.2*A1+int(norminv(rand(),0,10))",其中,int() 为取整函数,norminv() 为正态分布的反函数,rand() 为返回一个[0,1]之间均匀分布的随机数。

从单元格 A2 开始进行"行拖动"到 A100,则可以将该公式进行复制,并自动依次改变公式中引用的单元格。

在需求序列的基础上,针对系统的各个状态编制 Excel 公式,并进行复制,从而实现系统库存状态在 Excel 中的推演模拟。

试根据 100 个周期内的模拟数据,分别计算 $d(t)$、$q_1(t)$、$q_2(t)$ 的平均值、标准差和方差,并计算 $\dfrac{\text{Var}[q_1(t)]}{\text{Var}[d(t)]}$,$\dfrac{\text{Var}[q_2(t)]}{\text{Var}[q_1(t)]}$,$\dfrac{\text{Var}[q_2(t)]}{\text{Var}[d(t)]}$ 的值,并进行下列讨论。

(1) 通过模拟 100 个周期的库存变化情况,比较通过模拟计算得出的牛鞭效应值与 7.6 节牛鞭效应的理论模型的结论相同和不同之处。

(2) 通过改变参数,分析牛鞭效应的强弱。如移动平均的 p_1 和 p_2 的不同取值;提前期 L_1、L_2 的不同取值;需求模式的变化,需求均值和方差的不同取值,μ、ρ、ε 的不同取值等。

(3) 在需求序列中人为制造一个需求的突变,如把第 20 周期的需求量设为 1000 件,基本上是平均值的 10 倍,观察系统对此突变需求的响应过程,零售级和供应级要到第几周期才会对此突变需求做出实质的反应?不同的需求共享情况下又如何?

(4) 计算实际的需求满足率是多少?100 周期的缺货总量/100 周期的需求总量是多少?以及 100 个周期中发生缺货的周期数量/100 等于多少?

(5) 研究更多级库存系统的情况,如再增加一级,供应商还有一级上游供应商;或者研究分配形和装配形供应链的情况。

8

多级库存系统高级篇

*8.1 2的幂次批量假设下的 N 级串行系统

在 7.2 节,只考虑了一个二级库存系统,现在进一步考虑一个包含 N 个仓库的 N 级串行系统,如图 8-1 所示。

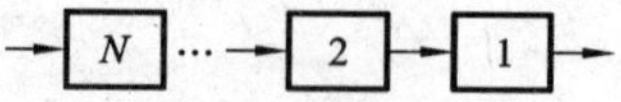

$$\boxed{}\!\!\!\rightarrow\!\boxed{N}\cdots\!\rightarrow\!\boxed{2}\!\rightarrow\!\boxed{1}\!\rightarrow$$

图 8-1 N 级串行系统

假设整个系统面对的需求(实际上是最末端直接面对的)是已知、均匀且稳定的,需求发生的速率(需求率)d 为常数,单位为产品数/年。

第 i 级仓库对应的每次订货费为 A_i,单位产品的年存储费为 h_i,单位产品的年级存储费为 e_i,订货批量为 Q_i。其中,$e_i = h_i - h_{i+1}(i=1,2,3,\cdots,N-1)$,$e_N = h_N$。

其他假设与 7.2 节的相同,即所有仓库不允许缺货,订货提前期为 0,订货马上到达。

7.2 节介绍的二级库存系统,其最优批量计算已经比较复杂了,由此,可以想象这里的 N 级系统中前后级之间的批量关系的复杂性,因此,实际上通常要进行如下近似。

规定:前后仓库的订货批量之间满足 2 的幂次倍关系,即 2,4,8,16,32,64,…倍数关系,用公式表示为

$$Q_i = 2^{k_i} \cdot Q_{i-1} \quad (i=2,3,\cdots,N)$$

其中,k_i 为非负整数。

需要指出的是,前后级的 2 的幂次倍批量关系也就是相应订货间隔期的 2 的幂次倍关系,两者在本系统中是等价的。

1. 2 的幂次批量假设的意义

2 的幂次批量假设的优点除了可以使得问题简单之外,还有以下两个方面的考虑。

(1) 前后级之间的订货批量容易保持步调一致。

例如,前后级之间的订货批量的比例关系为 $Q_2 = 2Q_1$,$Q_3 = 3Q_2$,$Q_4 = 7Q_3$,若第 4

级要和第1级达到一次订货同步,则至少要等 $2\times3\times7$ 倍 $=42$ 倍第1级订货间隔期的时间。如果 $Q_2=Q_1,Q_3=2Q_2,Q_4=4Q_3$,则同步关系要简单得多。

(2) 实践证明,2的幂次倍的系统性能已相当好了,比严格最优的解差不太多。

在2的幂次倍批量关系假设下,本系统的决策问题是,求所有仓库最优的订货批量序列 $Q_i(i=1,2,\cdots,N)$ 使得全系统总的成本最小化(以下为叙述方便,此问题称为P0),即

$$\min_{Q_1,Q_2,\cdots,Q_N} \sum_{i=1}^{N}\left(e_i\frac{Q_i}{2}+A_i\frac{d}{Q_i}\right)$$
$$\text{s.t.}: Q_i=2^k Q_{i-1} \quad (i=2,3,\cdots,N)。$$

2. P0 问题的约束放松问题

上述约束优化问题P0的求解是困难的。因此,先研究它对应的两个放松约束条件的问题P1和P2。

(1) 无约束优化问题P1,即

$$\min_{Q_1,Q_2,\cdots,Q_N} \sum_{i=1}^{N}\left(e_i\frac{Q_i}{2}+A_i\frac{d}{Q_i}\right)$$

(2) 问题P2,即

$$\min_{Q_1,Q_2,\cdots,Q_N} \sum_{i=1}^{N}\left(e_i\frac{Q_i}{2}+A_i\frac{d}{Q_i}\right)$$
$$\text{s.t.}: Q_i\geqslant Q_{i-1} \quad (i=2,3,\cdots,N)。$$

显然,很容易得出问题P1的最优解,其各个仓库的最优批量之间是相互独立的,即

$$Q_i^*=\sqrt{\frac{2A_i d}{e_i}} \quad (i=1,2,\cdots,N)$$

问题P2则可以化为无约束拉格朗日问题进行求解,即

$$\max_{\lambda_2,\lambda_3,\cdots,\lambda_N}\min_{Q_1,Q_2,\cdots,Q_N} \sum_{i=1}^{N}\left(e_i\frac{Q_i}{2}+A_i\frac{d}{Q_i}\right)+\sum_{i=2}^{N}\lambda_i(Q_{i-1}-Q_i)$$

其中,λ_i 是拉格朗日乘子。

3. 问题 P2 的求解步骤

具体来讲,问题P2可使用下列简单步骤(称为Roundy算法)来求解。

第一步,首先针对问题P1求出无约束问题的最优解,即

$$Q_i^*=\sqrt{\frac{2A_i d}{e_i}} \quad (i=1,2,\cdots,N)$$

第二步,如果对于所有 $i=2,\cdots,N$,都有 $Q_i^*\geqslant Q_{i-1}^*$ 成立,则 Q_i^* 也是P2问题的解,即 $Q_i=Q_i^*(i=1,2,\cdots,N)$,计算结束。否则,进行如下处理:若其中的某级 i,有 $Q_i^*<Q_{i-1}^*$,将 i 与 $i-1$ 合并为一级,记为第 $(i-1,i)$ 级,重新设定其单位产品的年级存储费为 $e_{(i-1,i)}=e_i+e_{i-1}$,每次级订货费为 $A_{(i-1,i)}=A_i+A_{i-1}$,则原系统变为 $1,2,\cdots,i-2,(i-1,i),i+1,\cdots,N$ 共 $(N-1)$ 级。针对此新的 $(N-1)$ 级系统,重新构造其对应的P1问题,返回第一步作类似处理,直到所有前后级的最优批量都满足不等式约束 $Q_i^*\geqslant Q_{i-1}^*(i=2,\cdots,i-2,(i-1,i),i+1,\cdots,N)$ 为止。

第三步,最终的解:针对所有未合并的 i 级,其最优批量取 $Q_i=Q_i^*$;经过合并的级,其最优批量都等于合并后的最优批量,如 i 与 $i-1$ 合并为第 $(i-1,i)$ 级,$(i-1,i)$ 级的批量为 $Q_{(i-1,i)}^*$,则第 $(i-1)$ 级和第 i 级的批量为 $Q_{i-1}=Q_i=Q_{(i-1,i)}^*$。

得到 P2 问题的解之后,再进行取整和试凑,直到找到一个满足原问题 P0 的近似解 Q_i',即寻找一个 q 值,使得 $Q_i'=2^{k_i}q$ 成立为止,其中 k_i 为非负整数。

理论证明,近似结果 Q_i' 与原问题 P0 的最优解在总成本上的差距不超过 6%。

例 8-1 以表 8-1 所示的 4 级系统为例,计算其订货批量,假设需求量 $d=1$。

表 8-1 系统参数

级数 i	每次订货费 A_i	单位产品年级存储费 e_i	$\dfrac{A_i}{e_i}$
1	50	40	1.25
2	20	100	0.2
3	3	1	3
4	125	10	12.5

解 (1) 计算 $\dfrac{A_i}{e_i}(i=1,2,3,4)$。如表 8-1 所示,发现 $\dfrac{A_1}{e_1}>\dfrac{A_2}{e_2}$,也就是 $Q_1^*>Q_2^*$,因此合并 1、2 级,形成新的级 $(1,2)$,对应的每次订货费为 $A_{(1,2)}=50+20=70$,单位产品的年级存储费 $e_{(1,2)}=40+100=140$。

(2) 针对新系统:$(1,2),3,4$ 级,重新计算 $\dfrac{A_i}{e_i}(i=(1,2),3,4)$。如表 8-2 所示,有 $\dfrac{A_{(1,2)}}{e_{(1,2)}}<\dfrac{A_3}{e_3}<\dfrac{A_4}{e_4}$,说明 $Q_{(1,2)}^*<Q_3^*<Q_4^*$,满足上下级批量的要求,因此找到了 P2 的解为 $Q_{(1,2)}=Q_{(1,2)}^*=\sqrt{\dfrac{2A_{(1,2)}d}{e_{(1,2)}}}=1,Q_3=Q_3^*=\sqrt{\dfrac{2A_3d}{e_3}}=\sqrt{6},Q_4=Q_4^*=\sqrt{\dfrac{2A_4d}{e_4}}=5$。针对合并前的 1 和 2 级,有 $Q_1=Q_2=Q_{(1,2)}$。

表 8-2 合并后的系统

合并后级数 i'	合并后每次订货费 A_i'	合并后单位产品的年级存储费 e_i'	合并后 A_i'/e_i'
(1,2)	70	140	0.5
3	3	1	3
4	125	10	12.5

(3) 根据问题 P2 的最优解 $Q_1=Q_2=1,Q_3=\sqrt{6},Q_4=5$,按照 2 的幂次倍关系进行取整、试凑。假设 $q=1$,则可以找到一个原问题的近似解为 $Q_1'=Q_2'=q=1,Q_3'=2q=2,Q_4'=2^2q=4$。

(4) 总成本比较。

针对问题 P1 的解 $Q_1^*=1.58,Q_2^*=0.63,Q_3^*=2.45,Q_4^*=5$,对应的系统总成本为 178.94,这是原问题最优解的成本下限。

P2 最优解 $Q_1=Q_2=1,Q_3=\sqrt{6},Q_4=5$,对应的总成本为 192.45。

原问题的近似解 $Q_1'=Q_2'=1,Q_3'=2,Q_4'=4$,对应的总成本为 193.75。

例 8-2 二级确定性串行系统。基本参数为 $h_1=2, h_2=1, d=10, A_1=100, A_2=500$。试分别在下列条件下求最优批量 Q_1 和 Q_2。

(1) Q_2 为 Q_1 的整数倍。

(2) 利用 Roundy 近似算法求解。

解 (1) 直接套用 7.2 节的计算公式，$e_1=1, e_2=1$，则 $k^* = \sqrt{\dfrac{A_2 e_1}{A_1 e_2}} = \sqrt{\dfrac{500 \times 1}{100 \times 1}} = \sqrt{5}$，$k'=2$，考虑到 $\dfrac{k^*}{k'} = \dfrac{\sqrt{5}}{2} \leqslant \dfrac{k'+1}{k^*} = \dfrac{3}{\sqrt{5}}$，所以最后 $k^*=2$，$Q_1=Q_1^* = \sqrt{\dfrac{2\left(A_1+\dfrac{A_2}{k}\right)d}{e_1+ke_2}} = 48.30$，$Q_2 = k^* Q_1^* = 96.60$。

(2) 先计算单独的最优解。

由公式 $Q_i^* = \sqrt{\dfrac{2A_i d}{e_i}}$，得

$$Q_1^* = \sqrt{\dfrac{2 \times 100 \times 10}{1}} = 20\sqrt{5} \approx 44.72, \quad Q_2^* = \sqrt{\dfrac{2 \times 500 \times 10}{1}} = 100$$

发现 $Q_2^* > Q_1^*$，不需要进行合并计算。

然后，对上述解按照 2 的幂次倍关系进行取整，粗略地可以取值为 $Q_1=44.72, Q_2=2Q_1=89.44$。这就是问题(2)的一个近似解，其对应的总成本为 145.3448。

当然，上述解还可以进一步优化。假设迭代初值 $q=44.72$，取 $Q_1=q, Q_2=2q$，计算总成本，表达为 q 的函数 $C(q)$，即

$$C(q) = \sum_{i=1}^{2}\left(e_i \dfrac{Q_i'}{2} + A_i \dfrac{d}{Q_i'}\right) = e_1 \dfrac{q}{2} + A_1 \dfrac{d}{q} + e_2 \dfrac{2q}{2} + A_2 \dfrac{d}{2q} = 1.5q + 3500 \dfrac{1}{q}$$

求使得 $C(q)$ 最小化的 q，容易得最优的 $q=48.30$。

因此，最后找到的比较好的问题(2)的解为 $Q_1'=q=48.30, Q_2'=2q=96.60$，其对应的总成本为 144.91。

*8.2 多产品协调问题

多产品情况在实际系统中是常见的。当然有些多产品问题，产品之间没有什么关联性，因此可以利用独立的单产品模型来求解。但是实际上还有一些情况不能独立进行计算，必须进行多种产品之间的协调，有下面的情况。

(1) 生产平顺化要求。

当利用一条生产线生产不同的产品类型时，通常需要合理安排每种产品的生产时间，以期最经济地利用生产线资源，同时生产和库存成本又最低，这种问题称为多产品的经济批量调度问题(Economic Lotsizing and Scheduling Problem, ELSP)。

(2) 订货批量聚集的要求。

有些情况下，当企业面临多种产品采购任务时，希望尽量安排在统一的时间进行订货和运输，以期更好地利用现有的订货和运输资源，这种问题称为多产品的集中补充问题(Joint Replenishment Problem)。

多产品协调问题在多数情况下也可以用类似于多级库存模型的方式来求解，下面针对这两类多产品协调问题进行简要分析。

1. 多产品经济批量调度问题

下面用一个例子来说明本问题的分析和求解过程。

例 8-3 某工厂在唯一的一条生产线上生产 10 种不同产品，这些产品的市场需求基本都是稳定的，系统参数如表 8-3 所示，其中 m_i 表示第 i 种产品的生产速率，s_i 为第 i 种产品的生产准备时间（或者称为设备转换时间）。h_i 为该产品的单位产品单位时间存储费（表 8-3 中 h_i 乘以 10^5 倍的结果），A_i 为每次订货费（又称为每次生产准备费，包括一次生产任务的固定费，如机器设备的转换成本等）。单位时间为小时，d_i 为第 i 种产品的单位时间需求。现在的问题是该工厂在同一时间内只能生产一种产品，在满足需求并不允许缺货的条件下，要求系统总成本最低，则应该如何安排生产。

表 8-3 某工厂的产品参数

产品 i	1	2	3	4	5	6	7	8	9	10
$h_i \times 10^5$	0.2708	7.396	5.313	4.176	116.0	11.15	62.5	245.8	37.5	1.667
A_i	15	20	30	10	110	50	310	130	200	5
d_i	400	400	800	1600	80	80	24	340	340	400
m_i	30000	8000	9500	7500	2000	6000	2400	1300	2000	15000
s_i	0.125	0.125	0.25	0.125	0.5	0.25	1	0.5	0.75	0.125

解 首先必须针对该问题建立数学优化模型。为此，先参考带生产速率的单产品单仓库确定性库存模型，即 EPQ 模型的总成本为

$$C = \frac{Q\left(1-\frac{d}{m}\right)}{2}h + \frac{d}{Q}A$$

把它写为订货间隔期的函数，即

$$C = hd\left(1-\frac{d}{m}\right)\frac{T}{2} + \frac{A}{T}$$

根据 EPL 模型，本问题中每种产品 i 的成本为

$$C_i = h_i d_i \left(1-\frac{d_i}{m_i}\right)\frac{T_i}{2} + \frac{A_i}{T_i}$$

其中，T_i 为第 i 种产品的订货间隔期。

显然，本例中的总成本就是上述产品成本之和，即 $\sum_{i=1}^{10} C_i$。

因此，本例的问题就是要找一个产品的订货间隔期序列 $T_i(i=1,2,\cdots,10)$，使得总成本 $\sum_{i=1}^{10} C_i$ 最小化。

在求解这个问题之前，先进行一些必要的分析。

首先，本问题的一个最笨的解是，每年每种产品只生产一次，这一次生产就把全年本产品的需求量全部都生产完。这种安排可以满足生产线的独占性要求，但是显然它

很不好,因为其库存占用成本太高。因此可以推测,最好的情况应该是各种产品能够交错生产,当然这种交错必须安排得恰到好处。看下面的一种安排。

安排 A:单独计算每种产品的最优订货时间间隔期为

$$T_i^* = \sqrt{\frac{2A_i}{h_i d_i \left(1 - \frac{d_i}{m_i}\right)}}$$

就用它来安排生产。

当采用安排 A 时,可以计算出其相关参数,如表 8-4 所示,其中 $s_i + \frac{d_i}{m_i} T_i$ 表示每进行一次产品 i 的生产,对生产线的实际占用时间,就是转换时间加上每次批量生产所需的生产时间。

表 8-4 安排 A 的若干参数

产品 i	1	2	3	4	5	6	7	8	9	10
T_i	167.5	37.7	39.3	19.5	49.7	106.6	204.3	20.5	61.5	39.3
C_i	0.179	1.06	1.528	1.024	4.428	0.938	3.034	12.668	6.506	0.255
$s_i + \frac{d_i}{m_i} T_i$	2.36	2.01	3.56	4.29	2.49	1.67	3.04	5.87	11.20	1.17

可以看到,上述安排 A 是不可行的。如检查产品 4、8、9 的方案:若在 t 时刻开始生产产品 9,根据表 8-4,它需要 11.20 h 才可以把一批次的产品 9 生产完,也就是说,在 $(t, t+11.20)$ 内产品 9 占用了该生产线。在此情况下,再考虑产品 4 和 8,它们一次订货循环必须在 19.5 h 和 20.5 h 内完成,即约每 20 h 就必须生产产品 4 和 8 各一次,也就是在 $(t, t+20.5)$ 内就必须生产产品 4 和 8 各一批次,因为前面 $(t, t+11.20)$ 的时间内生产线被产品 9 占用了,因此,只能安排在 $(t+11.20, t+20.5)$ 之间生产产品 4 和 8,然而在这段约 9.3 h 的时间长度内是无论如何也不能把产品 4 和 8 的生产都安排好的,因为产品 4 和 8 的一批次生产时间之和超过了这个限制,即 $4.29+5.87=10.16$ h>9.3 h。

上述安排 A 的矛盾问题可以形象地画在图 8-2 中,图 8-2 中在同一时间尺度下画出了产品 4、8 和 9 在安排 A 情况下的生产库存变化图,其中的粗体水平实线表示该产品在一个订货循环内的生产时间,即占用生产线的时间。在安排 A 规定的批量情况下,我们会发现,不论怎样平移上述各个产品的库存图,都会发生图 8-2(b)所示的生产线冲突的情况,因此安排 A 是不可行的。

求解例 8-3 的问题,可采用 Bomberger 近似计算方法,该方法的基本思想是在 2 的幂次倍假设下求解原问题的解,即假设

$$T_i = 2^{k_i} W$$

其中,k_i 为非负整数;W 为一个最小的基本时间长度。也就是说,T_i 的取值只能在 2 的幂次倍的 W 之间取,如 $W, 2W, 4W, 8W, 16W, \cdots$,显然与 8.1 节多级库存系统 2 的幂次倍批量假设类似,各产品的订货时间间隔期之间满足 2 的幂次倍关系,使得容易协调这些产品的订货,同时研究也表明,这种限制和近似对将来的成本影响不大。

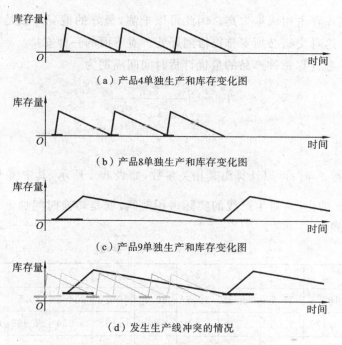

图 8-2 安排 A 的时间冲突关系

Bomberger 计算方法与 8.1 节的计算方法类似,具体步骤如下。

第一步,按照独立最优订货批量计算每种产品的 EOQ,找出其中的最小的 T_i 作为 W 的迭代初值。

第二步,在给定 W 情况下,根据成本

$$C_i = h_i d_i \left(1 - \frac{d_i}{p_i}\right)\frac{T_i}{2} + \frac{A_i}{T_i}$$

计算使得它最小化的 $T_i = 2^k W$ 的 k_i。

第三步,在计算出所有产品的 k_i 后,计算使得

$$C = \sum_{i=1}^{n}\left[\frac{A_i}{2^{k_i}W} + h_i d_i\left(1-\frac{d_i}{k_i}\right)2^{k_i}\frac{W}{2}\right]$$

最小的 W。

第四步,继续执行第二步,一直到解满足一定要求(如收敛到一定误差范围)为止。最后检查解是否可行,若可行,计算结束;若不可行,调整 W,返回第三步。

下面应用 Bomberger 算法求例 8-3 的解。

(1) 根据表 8-4 选初值 $W=19.5$。

(2) 计算每个产品对应的 k_i。十种产品分别为(8,2,2,1,2,4,8,1,4,2)。

(3) 将上述 2^k 代入,并将 W 作为计算

$$\min C = \sum_{i=1}^{n}\left[h_i d_i\left(1-\frac{d_i}{m_i}\right)2^{k_i}\frac{W}{2} + \frac{A_i}{2^{k_i}W}\right]$$

找到 $W=20.30$,算法收敛。经检查发现,所求的 W 不可行,如检查产品 4、5 和 9 的生产匹配关系有矛盾。

(4) 调整 W。

我们发现,产品 9 的订货循环时间太长了,可以考虑将产品 9 的 2^k 的值从原来的 4 缩短为 2。

返回步骤(3),找到使得 C 最小的 $W=23.42$。再检查,发现它可行了。

(5) 最后的解为 $W=23.42$,总成本为 32.07。具体的生产安排如表 8-5 和表 8-6 所示,每 8 个 W 时间重复一次。

表 8-5 产品的参数

产品 i	1	2	3	4	5	6	7	8	9	10
2^{m_i}	8	2	2	1	2	4	8	1	2	2
$s_i + \dfrac{d_i}{m_i} T_i$	2.36	2.47	4.19	5.12	2.37	1.50	2.87	6.63	8.71	1.37
T_i	187.36	46.84	46.84	23.42	46.84	93.68	187.36	23.42	46.84	46.84

表 8-6 生产安排表

基本周期	产品生产顺序	生产时间
1	4,8,2,9	22.93
2	4,8,3,5,10,1	22.30
3	4,8,2,9	22.93
4	4,8,3,5,10,6	21.18
5	4,8,2,9	22.93
6	4,8,3,5,10,7	22.55
7	4,8,2,9	22.93
8	4,8,3,5,10,6	21.18

2. 集中补充问题

该问题通过一个例题说明。

例 8-4 现有 4 种产品,具体参数如表 8-7 所示。现希望尽量统一它们的订货期,以期统一订货、发运、装车等,如果集中补充订货,则每次集中订货费为 300 元,则应该如何安排每种产品的订货策略?

表 8-7 产品的参数

产品 i	1	2	3	4
h_i/元/(件·天)	10	10	10	10
A_i/元/天	50	50	50	50
d_i/元/天	5000	1000	700	100

解 一种最笨的方法是,将全部产品都统一为一个最大的订货时间间隔期,但是这样做可能成本太高。因此,必须在产品订货时间间隔和成本之间找到一个平衡。同样,为了计算简单我们假设各种产品的订货时间间隔期之间满足 2 的幂次倍关系,即

$$T_i = 2^k T_0$$

其中,T_0 为一个基准的最小的订货间隔期;k_i 为正整数。

设 A_0 为集中订货一次的订货费,A_i 为产品 i 单独订货一次的订货费,h_0 为集中订货的单位产品单位时间存储费,不失一般性,$h_0=0$,而 h_i 为产品 i 单独订货的单位

产品单位时间存储费。

在上述假设下,决策问题是求最优的订货间隔期序列(对所有产品),使得总的成本最小化(为以下叙述方便,称为问题 P0),即

$$\min_{T_0,T_1,\cdots,T_N} \sum_{i=0}^{N} \left(h_i d_i \frac{T_i}{2} + A_i \frac{1}{T_i}\right)$$

$$\text{s. t. } T_i = 2^k T_0 \quad (i=1,2,\cdots,N)$$

其中,$d_0 = 0$。

针对上述约束优化问题 P0,其求解是困难的。因此,先研究它对应的一个放松约束条件的问题,称为 Roundy 问题 P1(类似于 8.1 节问题),即

$$\min_{T_0,T_1,\cdots,T_N} \sum_{i=0}^{N} \left(h_i d_i \frac{T_i}{2} + A_i \frac{1}{T_i}\right)$$

$$\text{s. t. } T_i \geqslant T_0 \quad (i=1,2,\cdots,N)$$

针对 P1 问题,可以将其化为无约束拉格朗日问题进行求解,即

$$\max_{\lambda_1,\lambda_2,\cdots,\lambda_N} \min_{T_0,T_1,\cdots,T_N} \sum_{i=0}^{N} \left(h_i d_i \frac{T_i}{2} + A_i \frac{1}{T_i}\right) + \sum_{i=1}^{N} \lambda_i (T_0 - T_i)$$

因此,求得 P1 问题的最优解,然后将此 P1 的最优解近似取整为 2 的幂次倍,则可以作为原问题 P0 的近似解。下面针对例 8-4 进行求解。

第一步,计算 P1 问题的最优解。这里采取 Roundy 近似算法(类似 8.1 节),并从 $i=0$ 开始依次进行批量的合并。注意判断前后级(产品)是否合并的依据为 $\frac{A_i}{h_i d_i}$。

(1) 先合并产品 0 和 1,即

$$\frac{A_0 + A_1}{h_0 d_0 + h_1 d_1} = 350/50000$$

与没有合并的产品 2 进行比较,发现

$$350/50000 > \frac{A_2}{h_2 d_2} = 50/10000$$

因此,要把产品 2 合并进来。

(2) 合并产品 0、1 和 2,即

$$\frac{A_0 + A_1 + A_2}{h_0 d_0 + h_1 d_1 + h_2 d_2} = 400/60000$$

与没有合并的产品 3 进行比较,发现

$$400/60000 < \frac{A_3}{h_3 d_3} = 50/7000$$

因此,不要把产品 3 合并进来。

(3) 看产品 3 和 4 可否合并,发现

$$\frac{A_3}{h_3 d_3} = 50/7000 < \frac{A_4}{h_4 d_4} = 50/1000$$

因此,不要把产品 4 合并到产品 3 中。

(4) 因此,经过上述合并后形成新的产品级(0,1,2),3,4,注意其中的第一种产品为虚拟产品(0,1,2)。重新构造这个新产品级的 P1 问题,最后得到 P1 的解为

$$T_0 = T_1 = T_2 = T_{(0,1,2)} = \sqrt{2\frac{A_0+A_1+A_2}{h_0d_0+h_1d_1+h_2d_2}} = \sqrt{\frac{2\times 400}{60000}} = 0.1155$$

$$T_3 = \sqrt{\frac{2A_3}{h_3d_3}} = \sqrt{100/7000} = 0.1195$$

$$T_4 = \sqrt{\frac{2A_4}{h_4d_4}} = \sqrt{100/1000} = 0.3162$$

第二步,在 P1 解的基础上按照 2 的幂次倍关系进行取整,取 $q=1$,则有

$$T_0 = T_1 = T_2 = 2^{-3}q = 0.125$$
$$T_3 = 2^{-3}q = 0.125$$
$$T_4 = 2^{-2}q = 0.250$$

它们就是原问题 P0 的近似解。

*8.3 随机需求下的周期盘点二级串行系统

1. 有限周期情况

本节讨论一个随机需求下的二级串行系统(如图 8-3 所示),假设在 $t=1,2,\cdots,T$ 一共 T 个周期的时间期内考虑问题,并进行以下约定。

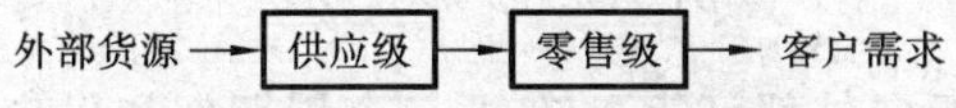

外部货源 → 供应级 → 零售级 → 客户需求

图 8-3 二级串行系统的结构

(1) 不论供应级还是零售级,都遵循基于"级库存水平"的 S 策略。其中零售级的级库存量就是其本身的库存量,而供应级的级库存量包含供应级本身的库存量、零售级的本地库存量及从供应级向零售级的在途库存量。供应级的级库存量也就是全系统的级库存量。设零售级在每个周期 t 最优 S 策略为 $S_t^{(1)}$,则全部周期形成一个最优 S 策略序列 $(S_1^{(1)}, S_2^{(1)}, \cdots, S_T^{(1)})$,类似地,供应级的最优 S 策略序列为 $(S_1^{(2)}, S_2^{(2)}, \cdots, S_T^{(2)})$。

(2) 设零售级提前期为 L_1,供应级提前期为 L_2。为了使叙述简化,设 $L_1=2, L_2=1$,其他情况下可以通过与本节内容类似的步骤得到。设不论供应级还是零售级,它们的订货都在每个周期的期初到达;供应级的采购单价为 c,从供应级到零售级的运费为 c_1。

(3) 假设每个周期的市场需求量为 D,它是独立同分布的随机变量,其分布函数为 $\Phi(x)$,分布密度函数为 $\phi(x)$。

(4) 每个周期的成本计算,不论缺货成本还是库存持有成本都是以本周期的期末净库存量来计算的,也就是需求发生后的净库存量。净库存量大于零,记为库存持有成本,否则,记为缺货成本。

(5) 零售级的单位产品的每周期的存储费为 h_1,零售级的缺货进行拖后处理,每缺货一件则缺货费为 p,供应级的单位产品的每周期的存储费为 h_2,当供应级不能满足零售级的订单要求的量时,也进行拖后处理,但是由于供应级的缺货费是付给零售级的,从总的系统来看,这个惩罚费不计入系统总成本。总之,全系统的库存成本为

零售级的库存持有成本＋零售级对最终需求的缺货成本
＋供应级的库存持有成本

下面简单讲述 Scarf-Clark(1960)模型。

用 $C_t(x_1,w_1,x_2)$ 表示全系统未来 t 个周期期望成本之和。系统状态可以用变量组(x_1,w_1,x_2)表示：在一个周期的期初订货决策前，零售级的净库存量为 x_1，在途库存量为 w_1，系统级净库存量为 x_2。

每个周期初期，要进行两个决策，即供应级的订货量(将在下一个周期期初到达供应级)和零售级的订货量(订货后在当前周期就变为在途库存量的一部分，并在下两个周期期初到达零售级)。

在此决策下，设零售级的库存水平(净库存量＋在途库存量)将由 x_1+w_1 上升为 y，当然，y 为 x_1+w_1 和 x_2 之间的某个值，并且通过以上决策，零售级在本周期期末及下一个周期之初的净库存量均为 x_1+w_1-D，在途库存量均为 $y-x_1-w_1$，这是因为在途库存量 w_1 在下一个周期期初到达了。显然，零售级的这次订货不会影响全系统(供应级)此时的级库存量。

因此，根据单仓库模型的结论，零售级在本周期的期望成本记为 $L(x_1+w_1)$，其中函数 $L(x)$ 定义为

$$L(x)=\begin{cases} h_1 x+p\int_x^\infty (t-x)\phi(x)\mathrm{d}x & (x>0) \\ p\int_0^\infty (t-x)\phi(x)\mathrm{d}x & (x\leqslant 0) \end{cases}$$

另外一方面，供应级向外部订货 z，在下一个周期期初供应级的级库存量变为 x_2+z-D。供应级在本周期的成本记为 $\tilde{L}(x_2)=h_2 x_2$。

经过上述决策，在下一个周期期初系统状态变为$(x_1+w_1-D,y-x_1-w_1,x_2+z-D)$。

一般而言，以 $t=T$ 的全局问题 $C_T(x_1,w_1,x_2)$ 最小化为目标进行上述决策。而 $C_t(x_1,w_1,x_2)$ 显然可以分为本周期的成本和未来$(t-1)$个周期的成本之和，其中由于上述决策带来的未来$(t-1)$个周期的总预期成本为

$$\int_0^\infty C_{t-1}(x_1+w_1-\xi,y-x_1-w_1,x_2+z-\xi)\phi(\xi)\mathrm{d}\xi$$

本周期发生的产品采购和运输成本为 $cz+c_1(y-x_1-w_1)$。

本周期库存持有成本和缺货成本之和为 $\tilde{L}(x_2)+L(x_1)$，系统在 t 个周期的总成本为上述三个部分之和的最小值，即

$$C_t(x_1,w_1,x_2)=\min_{\substack{x_1+w_1\leqslant y\leqslant x_2 \\ z\geqslant 0}}\Big[cz+c_1(y-x_1-w_1)+\tilde{L}(x_2)+L(x_1)$$

$$+\int_0^\infty C_{t-1}(x_1+w_1-\xi,y-x_1-w_1,x_2+z-\xi)\phi(\xi)\mathrm{d}\xi\Big] \quad (8\text{-}1)$$

其中，决策变量为 y 和 z。

迭代的初始条件为 $C_0=0$，并且显然有 $C_1(x_1,w_1,x_2)=L(x_1)+\tilde{L}(x_2)$。式(8-1)就是全系统的动态规划方程的总成本公式。

为了求解此动态规划问题，我们介绍下列定理。

定理 1 问题 $C_t(x_1,w_1,x_2)$ 可以表达为

$$C_t(x_1,w_1,x_2)=C_t(x_1,w_1)+g_t(x_2) \quad (8\text{-}2)$$

其中，$C_t(x_1, w_1)$ 是零售级在不考虑供应级情况下的 t 周期单仓库库存的动态规划方程决策方程，即

$$C_t(x_1, w_1) = \min_{y \geq x_1 + w_1}\Big[c_1(y - x_1 - w_1) + L(x_1)$$
$$+ \int_0^\infty C_{t-1}(x_1 + w_1 - \xi, y - x_1 - w_1)\phi(\xi)\mathrm{d}\xi\Big]$$

而 $\quad g_t(x_2) = \min_{z \geq 0}\Big[cz + \widetilde{L}(x_2) + \Lambda_t(x_2) + \int_0^\infty g_{t-1}(x_2 + z - \xi)\phi(\xi)\mathrm{d}\xi\Big]$,

其中，$\Lambda_t(x_2) = c_1(x_1 - S_t^{(1)}) + \int_0^\infty \int_0^\infty [L(x_2 - \xi - \zeta) - L(S_t^{(1)} - \xi - \zeta)]\phi(\xi)\phi(\zeta)\mathrm{d}\xi\mathrm{d}\zeta$
$$+ \int_0^\infty [f_{t-1}(x_2 - \xi) - f_{t-1}(S_t^{(1)} - \xi)]\phi(\xi)\mathrm{d}\xi$$

$$f_t(u) = \min_{y \geq u}\Big[c(y - u) + \int_0^\infty \cdots \int_0^\infty L(y - \xi_1 - \cdots \xi_{L_1})\phi(\xi_1)\cdots\phi(\xi_{L_1})\mathrm{d}\xi_1\cdots\mathrm{d}\xi_{L_1}$$
$$+ \int_0^\infty f_{t-1}(y - \xi)\phi(\xi)\mathrm{d}\xi\Big]$$

针对问题 $C_t(x_1, w_1, x_2)$，零售级的最优决策为，在不考虑供应级的情况下，问题 $C_t(x_1, w_1)$ 的解为 $y = S_t^{(1)}$。供应级的最优解可以通过求解问题 $g_t(x_2)$ 的最优解 $z = S_t^{(2)}$ 获得。

证明 （1）首先用归纳法证明式(8-2)，显然有 $C_1(x_1, w_1) = L(x_1)$，$C_1(x_1, w_1, x_2) = L(x_1) + \widetilde{L}(x_2)$，因此，原系统动态规划方程，对于 $t=1$ 的情况，可以写为 $C_1(x_1, w_1, x_2) = C_1(x_1, w_1) + g_1(x_2)$。说明当 $t=1$ 时式(8-2)成立。

以下假设 $t-1$ 时式(8-2)成立，即 $C_{t-1}(x_1, w_1, x_2) = C_{t-1}(x_1, w_1) + g_{t-1}(x_2)$，下面证明 t 时也成立。

由 $\quad C_t(x_1, w_1, x_2) = \min_{\substack{x_1 + w_1 \leq y \leq x_2 \\ z \geq 0}}\Big[cz + c_1(y - x_1 - w_1) + \widetilde{L}(x_2) + L(x_1)$
$$+ \int_0^\infty C_{t-1}(x_1 + w_1 - \xi, y - x_1 - w_1, x_2 + z - \xi)\phi(\xi)\mathrm{d}\xi\Big]$$

把 $C_{t-1}(x_1, w_1, x_2) = C_{t-1}(x_1, w_1) + g_{t-1}(x_2)$ 代入上式，得到

$$C_t(x_1, w_1, x_2) = \min_{\substack{x_1 + w_1 \leq y \leq x_2 \\ z \geq 0}}\Big[cz + c_1(y - x_1 - w_1) + \widetilde{L}(x_2) + L(x_1)$$
$$+ \int_0^\infty C_{t-1}(x_1 + w_1 - \xi, y - x_1 - w_1)\phi(\xi)\mathrm{d}\xi$$
$$+ \int_0^\infty g_{t-1}(x_2 + z - \xi)\phi(\xi)\mathrm{d}\xi\Big] \tag{8-3}$$

当不考虑 y 的上限约束时，系统最优的零售级库存策略就是单仓库库存问题 $C_t(x_1, w_1)$ 的解 $S_t^{(1)}$，即 $y = S_t^{(1)}$ 使得

$$c_1(y - x_1 - w_1) + L(x_1) + \int_0^\infty C_{t-1}(x_1 + w_1 - \xi, y - x_1 - w_1)\phi(\xi)\mathrm{d}(\xi)$$

最小化。

因此在式(8-3)中，当 $x_2 \geq S_t^{(1)}$ 时，零售级的最优策略就是 $S_t^{(1)}$，因此式(8-3)变为

$$C_t(x_1, w_1, x_2) = C_t(x_1, w_1) + \min_{z \geq 0}\Big[cz + \widetilde{L}(x_2) + \int_0^\infty g_{t-1}(x_2 + z - \xi)\phi(\xi)\mathrm{d}\xi\Big]$$

说明在这种情况下式(8-2)成立。

当 $x_2 < S_t^{(1)}$ 时，y 最高只能取 x_2，而因为成本公式是凸函数，因此在这种情况下，y 越大越好，最优的 $y = x_2$，式(8-3)变为

$$C_t(x_1, w_1, x_2) = c_1(x_2 - x_1 - w_1) + L(x_1) + \int_0^\infty C_{t-1}(x_1 + w_1 - \xi, x_2 - x_1 - w_1)\phi(\xi)\mathrm{d}\xi$$
$$+ \min_{z \geqslant 0}\left[cz + \tilde{L}(x_2) + \int_0^\infty g_{t-1}(x_2 + z - \xi)\phi(\xi)\mathrm{d}\xi\right]$$

检验在这种情况下的 $C_t(x_1, w_1, x_2) - C_t(x_1, w_1)$ 是否仅仅是 x_2 的函数。经过运算，可以得到其值为

$$\Lambda_t(x_1, w_1, x_2) + \min_z\left[cz + \tilde{L}(x_2) + \int_0^\infty g_{t-1}(x_2 + z - \xi)\phi(\xi)\mathrm{d}\xi\right]$$

其中，当 $x_2 < S_t^{(1)}$ 时，$\Lambda_t(x_1, w_1, x_2) = c_1(x_2 - x_1 - w_1) + L(x_1) + \int_0^\infty C_{t-1}(x_1 + w_1 - \xi, x - x_1 - w_1)\phi(\xi)\mathrm{d}\xi - C_t(x_1, w_1)$；当 $x_2 \geqslant S_t^{(1)}$ 时，$\Lambda_t(x_1, w_1, x_2) = 0$。

下一步证明当 $x_2 < S_t^{(1)}$ 时 $\Lambda_t(x_1, w_1, x_2)$ 确实仅仅是 x_2 的函数。

仅仅考虑 $x_2 < S_t^{(1)}$ 的情况，因为 $\Lambda_t(x_1, w_1, x_2)$ 函数式中的

$$C_{t-1}(x_1, w_1) = L(x_1) + \int_0^\infty L(x_1 + w_1 - \xi)\phi(\xi)\mathrm{d}\xi + f_t(x_1 + w_1)$$

所以 $\Lambda_t(x_1, w_1, x_2)$ 可以写为

$$\Lambda_t(x_1, w_1, x_2) = c_1(x_2 - x_1) + \int_0^\infty [C_{t-1}(x_1 + w_1 - \xi, x_2 - x_1 - w_1)$$
$$- C_{t-1}(x_1 + w_1 - \xi, S_t^{(1)} - x_1 - w_1)]\phi(\xi)\mathrm{d}\xi$$

仅考虑上述 $\Lambda_t(x_1, w_1, x_2)$ 中的积分项，即

$$\int_0^\infty L(x_2 - \xi - \zeta)\phi(\zeta)\mathrm{d}\zeta + f_{t-1}(x_2 - \xi) - \int_0^\infty L(S_t^{(1)} - \xi - \zeta)\phi(\zeta)\mathrm{d}\zeta - f_{t-1}(S_t^{(1)} - \xi)$$

说明 $\Lambda_t(x_1, w_1, x_2)$ 确实仅仅为 x_2 的函数。事实上，可以进一步明确为

$$g_t(x_2) = \min_{z \geqslant 0}\left[cz + \tilde{L}(x_2) + \Lambda(x_2) + \int_0^\infty g_{t-1}(x_2 + z - \xi)\phi(\xi)\mathrm{d}\xi\right]$$

其中，

$$\Lambda_t(x_2) = c_1(x_1 - S_t^{(1)}) + \int_0^\infty\int_0^\infty [L(x_2 - \xi - \zeta) - L(S_t^{(1)} - \xi - \zeta)]\phi(\xi)\phi(\zeta)\mathrm{d}\xi\mathrm{d}\zeta$$
$$+ \int_0^\infty [f_{t-1}(x_2 - \xi) - f_{t-1}(S_t^{(1)} - \xi)]\phi(\xi)\mathrm{d}\xi$$

（2）显然 $C_t(x_1, w_1, x_2) = C_t(x_1, w_1) + g_t(x_2)$，因此，原问题可以转化为两个相对独立的最优化问题，其中 $C_t(x_1, w_1)$ 是多周期单仓库问题，可以通过动态规划迭代求得最优 $(S_1^{(1)}, S_2^{(1)}, \cdots, S_T^{(1)})$ 序列。$g_t(x_2)$ 仅仅与 x_2 有关，因此，可以通过对 $g_t(x_2)$ 迭代求解获得供应级的最优 S 策略序列 $(S_1^{(2)}, S_2^{(2)}, \cdots, S_T^{(2)})$。证毕。

2. 无限周期情况

Scarf-Clark 模型讨论了有限周期情况下的系统最优策略。在很多情况下，当周期趋于无限多时我们想知道系统的最优策略问题。因此本节对此问题进行讨论。

假设零售级提前期为 L_1，供应级提前期为 L_2。每个周期的市场需求量为 D，它是

独立同分布的随机变量,其分布函数为 $\Phi(x)$,分布密度函数为 $\phi(x)$。在 L_1+1 周期内累积的需求量为 $D^{(L_1+1)}$,其均值为 μ_1,其分布函数为 $\Phi^{(L_1+1)}(x)$,分布密度函数为 $\phi^{(L_1+1)}(x)$。在 L_2 周期内累积的需求量为 $D^{(L_2)}$,其均值为 μ_2,其分布函数为 $\Phi^{(L_2)}(x)$,分布密度函数为 $\phi^{(L_2)}(x)$。其他条件同 8.3 节。

在不太严格的意义下,我们采取以下标准成本计算方法:因为是无限周期,我们可以假定在一定的决策下,系统达到了稳定状态,在这种稳定状态下,每个周期的系统期望成本都相等。因此,可以从任意一个周期(如第 t 周期)开始,推导系统的预期成本表达式。下面根据这样的思路,进行系统库存变化的分析。

在第 t 周期,供应级向外部订货后,将供应级的级库存量提高到 S_2,当然,这部分订货量到第 $(t+L_2)$ 周期才真正到达,供应级净库存量在这期间没有再提高,因为期间没有新的订货到达。当这个订单到达时供应级的级净库存量变为 $S_2-D^{(L_2)}$。

在上述供应级的这次订单刚刚到达之后,零售级开始订货,试图将自己的库存量提高到 S_1,但是有可能这个要求达不到。这是因为供应级当前可能没有那么多的在库库存量,来保证马上实现零售级的这次全部订单。因此,实际上零售级当前时刻仅仅可以将自己的库存量提高为 $\min[S_1,S_2-D^{(L_2)}]$,把这一值记为 $\hat{S}_1$,即 $\hat{S}_1=\min[S_1,S_2-D^{(L_2)}]=S_1-(S_2-D^{(L_2)}-S_1)^-$,其中 $()^-$ 表示对括号中的式子取其负的部分,当然零售级的这次订货要等到第 $(t+L_2+L_1)$ 周期才能到达,期间没有提高零售级的净库存量,而它还要面对需求量 D^{L_1+1},因此,在第 $(t+L_2+L_1)$ 周期期末时,零售级的净库存量变为 $\min[S_1,S_2-D^{(L_2)}]-D^{(L_1+1)}$。

通过以上库存变化情况的分析,可以得出供应级的期望成本为

$$C_2(S_1,S_2)=h_2 E[(S_2-D^{(L_2)}-S_1)^+]=h_2(S_2-\mu_2-S_1)+h_2 E[(S_2-D^{(L_2)}-S_1)^-]$$
$$=h_2(S_2-\mu_2)-h_2 E[\hat{S}_1]$$

零售级的期望成本为

$$C_1(S_1,S_2)=(h_1+h_2)E[(\hat{S}_1-D^{(L_1+1)})^+]+pE[(\hat{S}_1-D^{(L_1+1)})^-]$$
$$=(h_1+h_2)(E[\hat{S}_1]-\mu_1)+(h_1+h_2+p)E[(\hat{S}_1-D^{L_1+1})^-]$$

将上述两式中包含的 $-h_2 E[\hat{S}_1]$ 项进行相互转移,令

$$\widetilde{C}_2(S_2)=h_2(S_2-\mu_2)$$
$$\widetilde{C}_1(S_1,S_2)=h_1 E[\hat{S}_1]-(h_1+h_2)\mu_1+(h_1+h_2+p)E[(\hat{S}_1-D^{(L_1+1)})^-]$$

经过上述的成本转移,系统总成本仍保持不变,即

$$C(S_1,S_2)=C_1(S_1,S_2)+C_2(S_2)=\widetilde{C}_1(S_1,S_2)+\widetilde{C}_2(S_2)$$

观察 $\widetilde{C}_1(S_1,S_2)$ 的定义可发现,它就是 $\hat{S}_1$ 的函数,即可以写为

$$\widetilde{C}_1(S_1,S_2)=\hat{C}_1(\hat{S}_1)=h_1\hat{S}_1-(h_1+h_2)\mu_1+(h_1+h_2+p)E[(\hat{S}_1-D^{(L_1+1)})^-]$$

可以证明,使得上述总成本最小化的最优的 S_1 和 S_2,分别记为 S_1^* 和 S_2^*,可以通过以下两个步骤得到。

(1) 求使得 $\hat{C}_1(\hat{S}_1)$ 最小化的 $\hat{S}_1$ 为最优的 S_1^*,即

$$\hat{C}_1(\hat{S}_1)=h_1\hat{S}_1-(h_1+h_2)\mu_1+(h_1+h_2+p)\int_{\hat{S}_1}^{\infty}(v-\hat{S}_1)\phi^{(L_1+1)}(v)\mathrm{d}v$$

易看到,$\hat{C}_1(\hat{S}_1)$ 是凸函数,存在唯一的极值点。

$$\frac{d(\hat{C}_1)(\hat{S}_1)}{d\hat{S}_1} = h_1 - (h_1 + h_2 + p)\int_{S_1}^{\infty} \phi^{(L_1+1)}(v)dv$$
$$= h_1 - (h_1 + h_2 + p)[1 - \Phi^{(L_1+1)}(\hat{S}_1)] = 0$$

因此

$$\Phi^{(L_1+1)}(S_1^*) = \frac{h_1 + p}{h_1 + h_2 + p} \tag{8-4}$$

(2) 系统全局总成本 $C(S_1, S_2) = \hat{C}_1(S_1^*) + \widetilde{C}_2(S_2)$，当 S_1^* 给定时，它就是 S_2 的函数，因此可令 $\hat{C}_2(S_2) = \hat{C}_1(S_1^*) + \widetilde{C}_2(S_2)$，系统最优解 S_2 就是函数 $\hat{C}_2(S_2)$ 的最优解 $S_2 = S_2^*$，即

$$\hat{C}_2(S_2) = \hat{C}_1(S_1^*) + \widetilde{C}_2(S_2)$$
$$= h_2(S_2 - \mu_2) + \int_0^{S_2 - S_1^*} \hat{C}_1(S_1^*)\phi^{(L_2)}(u)du + \int_{S_2 - S_1^*}^{\infty} \hat{C}_1(S_2 - u)\phi^{(L_2)}(u)du$$
$$= h_2(S_2 - \mu_2) + \hat{C}_1(S_1^*)\left(1 - \int_{S_2 - S_1^*}^{\infty} \phi^{(L_2)}(u)du\right) + \int_{S_2 - S_1^*}^{\infty} \hat{C}_1(S_2 - u)\phi^{(L_2)}(u)du$$
$$= h_2(S_2 - \mu_2) + \hat{C}_1(S_1^*) + \int_{S_2 - S_1^*}^{\infty} [\hat{C}_1(S_2 - u) - \hat{C}_1(S_1^*)]\phi^{(L_2)}(u)du$$

或者可以进一步将上式展开为

$$\hat{C}_2(S_2) = h_2(S_2 - \mu_2) + \hat{C}_1(S_1^*) + \int_{S_2 - S_1^*}^{\infty} \Big[h_1(S_2 - u) - (h_1 + h_2)\mu_1$$
$$- (h_1 + h_2 + p)\int_{S_2 - u}^{\infty} (S_2 - u - v)\phi^{(L_1+1)}(v)dv - \hat{C}_1(S_1^*)\Big]\phi^{(L_2)}(u)du$$
$$= h_2(S_2 - \mu_2) + \hat{C}_1(S_1^*) + \int_{S_2 - S_1^*}^{\infty} [h_1(S_2 - u) - (h_1 + h_2)\mu_1 - \hat{C}_1(S_1^*)]\phi^{(L_2)}(u)du$$
$$- (h_1 + h_2 + p)\int_{S_2 - S_1^*}^{\infty} \int_{S_2 - u}^{\infty} (S_2 - u - v)\phi^{(L_1+1)}(v)\phi^{(L_2)}(u)dvdu \tag{8-5}$$

可以证明，$\hat{C}_2(S_2)$ 也是凸函数，它存在唯一的最优解。

下面用一个具体的例子简要说明上述计算过程。

例 8-5 假设 $L_1 = L_2 = 5$，需求满足均值为 10、方差为 5 的正态分布 $N(10, 5^2)$，$h_1 = 0.5, h_2 = 1.0, p = 10$，则 $D^{(L_1+1)}$ 的分布为 $N(\mu_1, \sigma_1^2)$，其中 $\mu_1 = 60, \sigma_1 = 12.2474$；$D^{(L_2)}$ 的分布为 $N(\mu_2, \sigma_2^2)$，其中 $\mu_2 = 50, \sigma_2 = 11.1873$。

解 根据式(8-4)，可以得到最优的 $S_1^* = \hat{S}_1^* = 81.096$，对应的成本为 $C_1(\hat{S}_1^*) = -47.0148$。

通过对式(8-5)的搜索，如图 8-4 所示，得到最优的 $S_2^* = 129.7$，对应的成本为 $C_2(S_2^*) = 39.4$。

3. 装配形系统的扩展

在对周期盘点串行系统分析的基础上，实际上可以进一步分析装配形系统。Rosling证明了纯装配形系统（多种原料最后生产为一种成品）可以等价地转化为串行系统。下面简要介绍这种理论结果。

以图 8-5 所示的简单装配形系统为例（其他更加复杂的装配系统可以通过类似的分析进行），系统中包含两个上游生产单元，分别称为仓库 1 和仓库 2，一个下游生产单元，记为仓库 0。仓库 1 通过对采购的原料进行加工输出部件 1，仓库 2 通过对采购

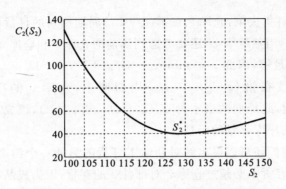

图 8-4 $C_2(S_2)$ 随着 S_2 变化而变化的曲线

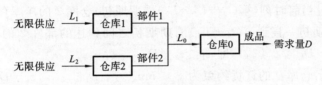

图 8-5 装配形系统

的原料进行加工输出部件 2,最后部件 1 和部件 2 在仓库 0 加工为最终成品。不失一般性,我们假设部件 1、部件 2 与成品的产出比均为 1∶1。

设仓库 0、仓库 1、仓库 2 的提前期分别为 L_0、L_1、L_2,单位产品每周期的存储费分别为 h_0、h_1、h_2,仓库 0 的单位产品每周期的缺货拖后费为 p。仓库 1 和仓库 2 的外部原材料供应能力无限大。最终成品的每个周期的需求量为 D。用 D_{t_1,t_2} 表示从第 t_1 周期开始到第 t_2 周期结束之间累积的需求量。其他条件与前面介绍的串行系统相同。

针对上述系统,如果 $L_1=L_2$,则问题就变得简单了。因为仓库 1 和仓库 2 可以直接合并为一个虚拟的仓库(1,2),其提前期为 $L_{(1,2)}=L_1=L_2$,当然,这个仓库同时生产等量的部件 1 和部件 2,因此虚拟仓库(1,2)和仓库 0 构成一个典型的串行系统,可以沿用串行系统的理论结果。

下面仅仅分析 $L_1 \neq L_2$ 的情况,不失一般性,假设 $L_1 < L_2$。下面证明这种系统仍然可以转化为等价的串行系统。

在 $L_1 < L_2$ 情况下,我们把从所有 3 个仓库各进行一次订货决策,一直到该订货到货并影响全系统的库存状态为止,称为一个大订货循环。设当前周期为第 t_0 周期,则在以后的一个大订货循环内,系统要进行下列三个决策。

(1) 仓库 2 的订货决策:仓库 2 在第 t_0 周期期初的订货决策使得仓库 2 的级库存量提高到 z_2,这个决策的直接后果在第 (t_0+L_2) 周期显现出来,因为在此周期期初该订货到达并影响该周期期末的净库存量,而在第 (t_0+L_2) 周期期末,仓库 2 的净库存量为 $z_2-D_{t_0,t_0+L_2-1}$,因此,在此周期的成本为 $C_2(z_2-D_{t_0,t_0+L_2-1})$,该成本为仓库 2 的成本函数,它是仓库 2 的净库存量的函数。

(2) 仓库 1 的订货决策:仓库 1 在第 $(t_0+L_2-L_1)$ 周期期初的订货决策使得仓库 1 的级库存量提高到 z_1,这个决策的直接后果导致在第 (t_0+L_2) 周期期末,仓库 1 的净库存量为 $(z_1-D_{t_0+L_2-L_1,t_0+L_2})$,因此,在此周期的成本为 $C_1(z_1-D_{t_0+L_2-L_1,t_0+L_2})$,该成本为仓库 1 的成本函数,它是仓库 1 的净库存量的函数。

(3) 仓库 0 的订货决策：仓库 0 在第 (t_0+L_2) 周期期初的订货决策使得仓库 0 的级库存量提高到 z_0，当然这个 z_0 还要考虑到当前的仓库 1 和仓库 2 中部件 1 和部件 2 的在库库存量是否足够，因此 $z_0 \leqslant \min(z_2-D_{t_0,t_0+L_2-1}, z_1-D_{t_0+L_2-L_1,t_0+L_2-1})$。这个决策的直接后果导致在第 $(t_0+L_2+L_0)$ 周期期末，仓库 0 的净库存量为 $(z_0-D_{t_0+L_2,t_0+L_2+L_0})$，因此，此周期的成本为 $C_0(z_0-D_{t_0+L_2,t_0+L_2+L_0})$，该成本为仓库 0 的成本函数，它是仓库 0 的净库存量的函数。

在此基础上，我们还可以得出针对仓库 1 订货的另外一个约束条件，就是实际上仓库 1 对部件 1 的存货不必超过仓库 2 对部件 2 的存货，因为成品与部件 1、部件 2 的产出比均为 1:1 关系，过量的部件 1 不会对生产成品有任何作用。也就是说，部件 1 的 z_1 不需要超过当前时刻（第 $(t_0+L_2-L_1)$ 周期期初）仓库 2 的净库存量加上在第 $(t_0+L_2-L_1)$ 周期期初一直到第 (t_0+L_2) 周期期初之间到达的部件 2 的在途库存量，这个界限就是 $(z_2-D_{t_0,t_0+L_2-L_1-1})$，即 $z_1 \leqslant z_2-D_{t_0,t_0+L_2-L_1-1}$。

在此约束下，仓库 0 的订货约束为 $z_0 \leqslant \min(z_2-D_{t_0,t_0+L_2-1}, z_1-D_{t_0+L_2-L_1,t_0+L_2-1})$，可以写为 $z_0 \leqslant z_1-D_{t_0+L_2-L_1,t_0+L_2-1}$。

因此，根据上述分析，可以将原系统转化为一个三级串行系统，如图 8-6 所示，仓库 0、仓库 1′、仓库 2′ 的提前期分别为 L_0、L_1、L_2-L_1，对应的单位产品每周期的存储费为 h_0、h_1、h_2，仓库 0 的单位产品每周期的缺货拖后费为 p，可以直接利用串行系统的理论结果进行求解。

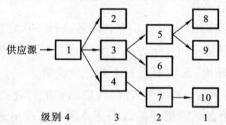

图 8-6 等价的串行系统

*8.4 随机需求下的周期盘点多级分配形系统

本节简要介绍分配形库存系统在周期盘点模式下的最优订货策略的计算问题。如图 8-7 所示，为了区分系统中的各个仓库，引入下列记法。

图 8-7 一个分配形系统的仓库编号与级别划分

N 表示系统总级数（图 8-7 中 $N=4$）；$ech(i)$ 表示第 i 级包含的所有仓库编号（如在图 8-7 中，$ech(2)=\{5,6,7\}$）；$pre(i)$ 表示仓库 i 的直接前级仓库（如在图 8-7 中，$pre(8)=5$）；E 表示所有需求端仓库集合（在图 8-7 中，$E=\{2,6,8,9,10\}$）；E_i 表示所有级数为 i 的需求端仓库（如在图 8-7 中，$E_1=\{8,9,10\}$）；M 表示所有非需求端的中间仓库（在图 8-7 中，$M=\{1,3,4,5,7\}$）；U_i 表示从供应源到仓库 i 过程中的所有经过的仓库（如在图 8-7 中，$U_6=\{1,3\}$）；V_i 表示所有由仓库 i 供应的仓库(如在图 8-7 中,$V_1=\{2,3,4\}$);$LLC(i)$ 表示仓库 i 的 LLC 值,定义需求端仓库的 LLC 值为 1,其他中间仓库 i 的 LLC 值为 $LLC(i)=1+\max_{j\in V_i}[LLC(j)]$;$\mu_i$ 表示仓库 i 在一个周期内的需求量的均值;$D_i^{(t)}$ 表示集合 E_i 中所有仓库在共 t 个周期内的需求量总和,它是一个随机变量,其均值为 $t\sum_{j\in E_i}\mu_j$;L_i 表示仓库 i 的提前期;S_i 表示仓库 i 的最大库存水平,假设所有仓库均采取 S 策略;Δ_i 表示仓库 i 的最大在库库存量,即 $S_i-\sum_{j\in V_i}S_j$;Ψ_i 表示仓库 i 的所有下游仓库的控制参数,即 $\Psi_i=\begin{cases}\varnothing & (i\in E)\\ \bigcup_{j\in V_i}(z_j,S_j,\Psi_j) & (i\in M)\end{cases}$;$D_i(S_i,\Psi_i)$ 表示在给定 S_i 和 Ψ_i (若 Ψ_i 为空集时则省略 Ψ_i 不写出)的情况下,集合 $\mathrm{ech}(i)$ 对应的所有仓库在一个周期内期望成本之和,假设成本计算以期末为准;$\phi_i^{(L)}(x),\Phi_i^{(L)}(x)$ 表示 E_i 对应的所有需求端仓库在 L(若 $L=1$ 时,则省略不写出)周期内累积的需求所对应的分布密度函数和分布函数。

由 8.3 节的串行系统的分析可知,在随机需求情况下,并不总能达到零售级提出的最大库存水平。当供应级的当前在库库存量足够时,可以达到;而当库存量不够时,即使其全部在库库存量都发出,也不能使零售级满足其订货要求。而当系统存在多个零售级仓库时,情况就更加复杂。如果供应级剩余库存量足够,则没有问题;如果不够,每个零售仓库各应分配多少呢?是应该优先保证一个呢,还是进行平均分配?因此,针对这种系统的优化问题,一般不但要进行每个仓库的最大库存量 S 的决策,同时,还要决定向下游的货物分配规则。这种决策问题是相当困难的,因为有太多可能的分配规则可以考虑,而目前还不能在一般的情况下证明哪种分配策略是最优的。因此,现有的研究往往事先规定分配规则(称为分配假设,Allocation Assumption),然后再计算在这种假设下的最优策略的值。

当然一种比较好的分配机制是,分配的目的总使得下游仓库的服务水平一致,这就是所谓平衡分配假设(Balanced Inventories Assumption)。这种假设是指为了使得下游的服务水平一致,允许通过设定下游的订货量为负来实现对下游仓库的存货进行重新分配的方法。当然这种假设在有些实际系统中会出现问题。如针对图 8-7 所示的仓库 5 和仓库 8、仓库 9 的关系为例,假设仓库 8、仓库 9 的平均需求量都大致为 50。若在 $t=0$ 时刻仓库 8、仓库 9 的服务水平是相等的,均为 90%。经过一段时间的运行,仓库 5 的库存量为 0,仓库 8 的库存量为 100,而仓库 9 的库存量为 0,显然此刻仓库 8 和仓库 9 的服务水平不平衡,因为仓库 8 的存货很高,而仓库 9 没有存货,因此按照平衡分配原则,下一步的订货分配就应该平衡仓库 8、仓库 9 的库存量。因为仓库 5 目前没有货物可以分配,因此,最好的办法就是仓库 8 能够转移一部分存货给仓库 9,如 50 件。这种转移就相当于仓库 8 向仓库 5 订货−50 件,仓库 9 向仓库 5 订货 50 件。当然这种负的订货在某些实际系统中是不允许发生的。不过也有学者通过研究表明,在目前出现的一些订货策略下,出现负的订货量的情况是极其罕见的,因此可以说平衡分配假设是一种不错的近似。

需要说明的是，分配平衡假设下的系统最优策略计算非常烦琐。在本模型中，我们假设系统采取更加简单的一种线性分配规则，即

$$z_j(x) = \hat{S}_j - q_j\left(\sum_{k \in V_j}\hat{S}_k - x\right)$$

其中，q_j 表示仓库 j 的分配系数，注意有 $\sum_{j \in V_j} q_j = 1, q_j > 0$。$z_j(x)$ 表示在分配前仓库 j 的库存量为 x，经过分配后仓库 j 的库存量达到 $z_j(x)$。

在此分配规则下，可以写出系统各部分的成本。

对于所有需求端仓库 $i \in E$，其期望成本为

$$D_i(S_i) = h_i(S_i - (L_i+1)\mu_i) + \int_{S_i}^{\infty}\left(h_i + \sum_{j \in U_i}h_j + p_i\right)(u - S_i)\mathrm{d}\Phi_i^{(L_i+1)}(u)$$

对于其他非需求端仓库 $i \in M$，其期望成本为

$$D_i(S_i, \Psi_i) = h_i[S_i - (L_i+1)\mu_i] + \sum_{j \in V_i}\bigg\{D_i(S_i, \Psi_i)$$
$$+ \int_{\Delta_i}^{\infty}D_j[z_j(S_i - u), \Psi_j] - D_j(S_j, \Psi_j)\mathrm{d}\Phi_i^{(L_i)}(u)\bigg\}$$

可以证明，在上述分配规则下，本系统存在最优的 S 策略组合，在这种最优策略组合下，每个仓库都存在最优的不缺货概率。若用 $\alpha_k^i(y)$ 表示当其最上游供应仓库采取最优 $S=S_i$ 的 S 策略情况下，需求端仓库 k 的最优不缺货概率，则对于所有 $k \in E_i$，有

$$\alpha_k^i(S_i) = \frac{\sum_{j \in U_i}h_j + p_k}{h_k + \sum_{j \in U_k}h_j + p_k} \tag{8-6}$$

如果所有分配函数存在 $z_j\left(\sum_{j \in V_i}S_j\right) = S_j$，则对于所有 $j \in V_i, k \in E_j$，有

$$\alpha_k^i(S_i) = \begin{cases} \Phi_k^{(L_k+1)}(S_i) & (i \in E) \\ \int_0^{\infty}\alpha_k^i(z_j(S_i - u))\mathrm{d}\Phi_i^{(L_k)}(u) & (i \in M, \Delta_i < 0) \\ \int_0^{\infty}\alpha_k^i\left(z_j\left(\sum_{j \in V_i}S_i - u\right)\right)\mathrm{d}(\Phi_i^{(L_k)})^{\Delta_i}(u) & (i \in M, \Delta_i \geqslant 0) \end{cases} \tag{8-7}$$

其中，$(\Phi_i^{(L)})^{\Delta}(x) = \begin{cases} 0 & (x<0) \\ \Phi_i^{(L)}(x+\Delta) & (x \geqslant 0) \end{cases}$。

上述最优解的求解步骤如下。

(1) 设定迭代步数 $n=1$。

(2) 对于每个 $\mathrm{LLC}(i)=n$ 的仓库 i，设定各个其对应的需求端仓库的缺货率的目标值，即

$$\alpha_k^i = \frac{\sum_{j \in U_i}h_j + p_k}{h_k + \sum_{j \in U_k}h_j + p_k} \quad (k \in \mathrm{ech}(i))$$

(3) ① 对于仓库 i，设定其最大库存量第一次迭代的初值 S_i；设定允许误差为 ε，

步长为 δ。

② 对于所有 $j \in V_i$，搜索使式 $\alpha_k^i(S_i) = \alpha_k^i$ 成立的 $q_{j[k]}$ 值，计算 $q_j = \sum_{n \in E_j} q_{j[n]} / |E_j|$。

③ 若 $\sum_{j \in V_i} q_j > 1+\varepsilon$，则增加 S_i，即 $S_i = S_i - \delta$；若 $\sum_{j \in V_i} q_j < 1-\varepsilon$，则减小 S_i，即 $S_i = S_i + \delta$；直到满足 $1-\varepsilon \leqslant \sum q_k \leqslant 1+\varepsilon$ 为止，停止计算 S_i。

(4) 重复步骤(2)和(3)，直到对于所有 i，LLC=n 的 S_i 及分配比例都计算完毕为止。

(5) ① 令 $m = n$。

② 如果某仓库 i，其 LLC=m，出现下列情况：当 $S_i < \sum_{j \in V_i} S_j$ 时，将 $j \in V_i$ 对应的 S_j 调整为 $S_j = Z_j(S_i)$，转步骤(2)。

(6) 若 $n < N$，则令 $n = n+1$，转步骤(2)。

*8.5 随机需求下的连续盘点二级分配形系统

在多级库存理论中，利用排队论对连续盘点模式下的系统最优策略的研究占有重要地位，这就是著名的 METRIC 系统。本节将简要介绍这种理论的一些结果。

考虑一个二级分配形系统，由一个供应级仓库和 N 个零售级仓库构成，显然，二级串行系统是它的一种特例。

针对上述系统，进行如下约定。

所有成员使用连续盘点的$(S-1, S)$订货策略，即连续盘点 S 策略，这意味着任何时候都保持在 S 的库存量上。每个零售级仓库的需求为独立的泊松过程。

为了方便叙述，规定符号：L_i 表示从供应级到零售级 i 的提前期，$i = 1, 2, \cdots, N$；L_0 表示供应级向外部货源订货的提前期；λ_i 表示零售级 i 面对的需求率；$\lambda_0 = \sum_{i=1}^{N} \lambda_i$ 表示供应级面对的等效需求率，它是所有零售级需求之和；S_i 表示零售级 i 的最大订货点；S_0 表示供应级的最大订货点；IL_i、IL_i^+、IL_i^- 分别表示零售级 i 的当前净库存量、在库库存量、缺货拖后量；IL_0、IL_0^+、IL_0^- 分别表示供应级的当前净库存量、在库库存量、缺货拖后量；h_0、h_i 分别表示供应级、零售级 i 的单位产品单位时间的存储费；p_i 表示零售级 i 的单位产品单位时间的缺货拖后费。

先看供应级。供应级的库存量总保持在 S_0。对于时刻 $t+L_0$，在时刻 t 的所有在途库存量都到达了，因此此刻的净库存量为 S_0 减去在 t 到 $t+L_0$ 的过程中发生的需求量 $D_0(L_0)$，即

$$IL_0(t+L_0) = S_0 - D_0(L_0)$$

$D_0(L_0)$ 是一个随机变量，满足均值为 $\lambda_0 L_0$ 的泊松分布，因此，可以得到供应级的净库存量的分布为

$$P(IL_0 = j) = P[D_0(L_0) = S_0 - j] = \frac{(\lambda_0 L_0)^{S_0-j}}{(S_0-j)!} e^{-\lambda_0 L_0} \quad (j \leqslant S_0)$$

根据此分布,可以得到供应级的平均在库库存量为

$$E(\mathrm{IL}_0^+) = \sum_{j=1}^{S_0} j \cdot P(\mathrm{IL}_0 = j) = \sum_{j=1}^{S_0} j \cdot \frac{(\lambda_0 L_0)^{S_0-j}}{(S_0-j)!} e^{-\lambda_0 L_0}$$

其平均拖后量为

$$E(\mathrm{IL}_0^-) = \sum_{j=-\infty}^{-1} (-j) P(\mathrm{IL}_0 = j) = \sum_{j=-\infty}^{-1} (-j) \frac{(\lambda_0 L_0)^{S_0-j}}{(S_0-j)!} e^{-\lambda_0 L_0}$$

或者

$$E(\mathrm{IL}_0^-) = E(\mathrm{IL}_0^+) - E(\mathrm{IL}_0) = \sum_{j=1}^{S_0} j \frac{(\lambda_0 L_0)^{S_0-j}}{(S_0-j)!} e^{-\lambda_0 L_0} - (S_0 - \lambda_0 L_0)$$

供应级可以看成 M/D/∞ 排队系统,缺货拖后可以看成是等待的顾客,因此,可以计算供应级的平均等待时间即 $E(W_0) = E(\mathrm{IL}_0^-)/\lambda_0$。

考虑到零售级,由于向供应级的订货存在上述等待期,因此,每个零售级仓库的实际提前期为原固定提前期 L_i 加上上述等待时间,当然,这个零售级的实际提前期也是随机变量,其平均值为 $\overline{L}_i = L_i + E(W_0)$。

由于零售级的实际提前期为随机变量,因此问题变得复杂起来,METRIC 法的主要思想是将上述随机的提前期用它对应的平均值来代替,即假设零售级 i 的提前期为确定值,即 $L_i + E(W_0)$。

在此近似下,可以得到零售级 i 的净库存量的概率分布为

$$P(\mathrm{IL}_i = j) = P[D_i(\overline{L}_i) = S_i - j] = \frac{(\lambda_i \overline{L}_i)^{S_i-j}}{(S_i-j)!} e^{-\lambda_i \overline{L}_i} \quad (j \leqslant S_i)$$

同理,可以得到零售级 i 的平均在库库存量为

$$E(\mathrm{IL}_i^+) = \sum_{j=1}^{S_i} j P(\mathrm{IL}_i = j) = \sum_{j=1}^{S_i} j \frac{(\lambda_i \overline{L}_i)^{S_i-j}}{(S_i-j)!} e^{-\lambda_i \overline{L}_i}$$

平均缺货拖后量为

$$E(\mathrm{IL}_i^-) = \sum_{j=-\infty}^{-1} (-j) P(\mathrm{IL}_i = j) = \sum_{j=-\infty}^{-1} (-j) \frac{(\lambda_i \overline{L}_i)^{S_i-j}}{(S_i-j)!} e^{-\lambda_i \overline{L}_i}$$

平均等待时间为

$$E(W_i) = E(\mathrm{IL}_i^-)/\lambda_i$$

根据上述库存量情况,可以进一步计算全系统的成本。

供应级的期望成本为 $C_0(S_0) = h_0 E(\mathrm{IL}_0^+)$,零售级 i 的期望成本为 $C_i(S_0, S_i) = h_i E(\mathrm{IL}_i^+) + p_i E(\mathrm{IL}_i^-)$。

系统总的期望成本是所有成员仓库的期望成本之和,即

$$C = C_0(S_0) + \sum_{i=1}^{N} C_i(S_0, S_i)$$

或者

$$C = h_0 E(\mathrm{IL}_0^+) + \sum_{i=1}^{N} h_i E(\mathrm{IL}_i^+) + \sum_{i=1}^{N} p_i E(\mathrm{IL}_i^-)$$

分析上述公式,可以发现,当给定 S_0 时,成本式 $C_i(S_0, S_i)$ 对于 S_i 是凸函数,可以找到唯一的最优解 $S_i = S_i^*(S_0)$,用此关系替换 $C = C_0(S_0) + \sum_{i=1}^{N} C_i(S_0, S_i)$ 中的

S_i，即

$$C(S_0) = C_0(S_0) + \sum_{i=1}^{N} C_i(S_0, S_i^*(S_0)) \tag{8-8}$$

遗憾的是，式(8-8)对于 S_0 不是凸函数，因此，需要搜索所有可能的 S_0 以发现其最优解。在实际计算中，可以先求 S_i 的上、下界：在最小提前期 L_i 下求得 S_i 的最优解 S_i^L 为下界，在最大提前期 L_i+L 下求得 S_i 的最优解 S_i^U 为上界。然后将所有 $S_i = S_i^L$ 代入式(8-8)，对 S_0 进行优化，得到 $S_0 = S_0^U$ 并作为 S_0 的上界，将所有 $S_i = S_i^U$ 代入式(8-8)，对 S_0 进行优化，得到 $S_0 = S_0^L$ 并作为 S_0 的下界，因此，在 $S_0 = [S_0^L, S_0^U]$ 范围内搜索，可以最终找到 S_0 的最优解。

*8.6 MTO装配线安全库存优化模型

前面 8.3~8.5 节介绍了随机需求情况下多级库存系统的最优订货策略的存在性问题，从中我们可以知道一般的多级库存系统的这种严格最优的订货策略的求解是十分烦琐的，因此在实践中迫切需要简单可靠的近似求解算法。本节就介绍一种针对复杂装配线多级库存系统的安全库存进行优化的近似求解方法。

面向订单的生产(Make To Order, MTO)是一种重要的生产模式，它是指企业在收到客户订单后才开始采购物料并组织生产的生产模式，在这种模式下，客户必须等待进货和生产所需的时间。在 MTO 系统中，客户订单的交货期是一个反映生产企业服务水准的重要指标，因此为了保证交货期不超过一定的标准，企业必须维持一定量的安全库存量，以应对可能存在的客户订单变化和采购和生产中的不确定性因素的影响。如图 8-8 所示的是 MTO 装配线，成品为部件 1。一旦接到生产订单，马上开动进行生产。为了保证在 30 天内交付订单，需要在部件 1 或者某些中间在制品阶段就维持一定量的安全库存量。其中，这种 MTO 装配线中的一个库存单元可以看成是按照 S 策略运行的系统，其最终产品的需求订单会触发所有部件的生产启动。

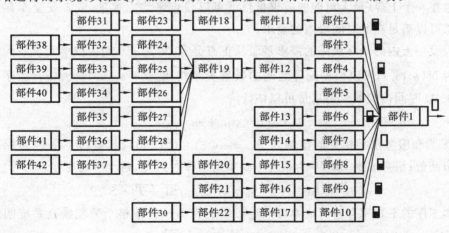

图 8-8 MTO 装配线

在整个 MTO 装配线系统中，原材料、中间在制品及成品的安全库存量之间是高度相关的。为了保证最终订单的交货期，一种最简单进行安全库存量设定办法是：只在成品阶段维持一定的库存量。显然,这种方法是很不经济的,因为成品的价值最高,其单位产品单位时间的存储费也最高,导致系统的平均库存持有成本很高。实际上,可以尽量压低成品库存量,而将必要的安全库存量用等效的前级的原材料或者中间在制品库存量来代替,这是因为元部件或中间在制品具有较低的单位存储费。当然这种安排必须综合考虑整个生产线,因为各个工序之间存在复杂的相互服务关系。

1995 年,针对 MTO 装配线,美国麻省理工学院(MIT)的教授 S. Graves 提出的安全库存优化模型解决了很多美国大型企业(如 HP、Kodak、Cartpiler 等)的在制品库存问题,节省了大量的库存占用资金。下面简要介绍这种方法。

1. 单元分析

在整个生产线中,每个生产单元的情况如图 8-9 所示。图 8-9 中,工序 j 加工部件为 j;Dallas 表示本工序的地理名称;($0.50)表示本工序加工的部件 j 的单价,其对应的单位产品单位时间的存储费为 h_j;b_j 表示一件最终成品需要 b_j 件部件 j;SI_j 表示上游承诺给本工序的服务时间,也就是当本工序在 t 时刻向上游提出零件要求后,在 $(t+SI_j)$ 时刻上游零件一定可以到达本工序;S_j 表示本工序向下游工序承诺的最长交货时间;T_j 表示本工序对一批次生产任务的生产时间与运输到下游的时间之和。

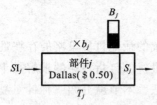

图 8-9 单元工序的参数

因此,部件 j 在该工序的平均库存量 B_j 会影响本工序对下游工序的承诺的最长交货时间 S_j,考虑下列两种情况:

(1) 如果 $SI_j + T_j \leqslant S_j$,则本工序就不需要设立库存,即 $B_j = 0$,因为总可以在承诺的时间内交货;

(2) 如果 $SI_j + T_j > S_j$,则本工序的平均库存量 B_j 要应付在时间间隔 $SI_j + T_j - S_j$ 之内的需求量,而在此时间段之外总可以保证满足预订的交货期。如果这个需求量总存在一个上界(最大可能的需求量),就可以设定平均库存量(或者安全库存量),使得总可以满足在此时间段内的需求。

假设一天内的最终成品的需求量服从正态分布 $N(\mu, \sigma^2)$,则生产单元 j 一天的需求量为 $N(\mu_j, \sigma_j^2)$,可以根据配件之间的数量关系得出,$\mu_j = b_j \mu$,$\sigma_j = \sqrt{b_j} \sigma$。工序 j 面临的在 Δt 时间内的最大需求量可以估计为

$$D_j(\Delta t) = \Delta t \mu_j + z \sigma_j \sqrt{\Delta t}$$

其中,z 为和服务水平相关的比例因子。$z = \Phi_{N(0,1)}^{-1}(\text{SLM0})$,其中:$\Phi_{N(0,1)}()$ 为标准正态分布函数;服务水平 SLM0 为系统不缺货的概率。因此,这个平均库存量为

$$B_j = (SI_j + T_j - S_j) \mu_j + z \sigma_j \sqrt{SI_j + T_j - S_j}$$

本工序的平均库存持有成本可以近似表达为 $B_j h_j$。故整个装配线全系统的优化目标就是平均的全系统库存持有成本最低,近似为 $\sum_j B_j h_j$。

2. 二级系统情况

为了理解生产线上前后工序之间的服务关系和安全库存的问题,下面研究一个二

级系统,如图 8-10 所示。

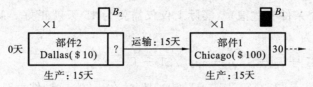

图 8-10 一个二级系统

假设最终产品的每天需求服从 $N(10,10^2)$,存储费按照单价的 20% 计算,即 $h_2=(10\times20\%)$美元/(件·天)=2 美元/(件·天),$h_1=100\times20\%$ 美元/(件·天)=20 美元/(件·天),要求最终产品在 30 天内交货,即 $S_1=30$ 天。$SI_2=0$,$T_2=30$ 天,$S_2=SI_1=30$ 天,$T_1=15$ 天。$b_1=b_2=1$,我们考虑以下几种情况。

(1) 部件 2 工序的库存量等于 0。

试想,若部件 1 工序也不设库存,则最少需要 $SI_2+T_2+T_1=(0+15+15+15)$ 天 =45 天后才可以向需求方供货。

因此,要满足 30 天的需求供货期,必须在部件 1 工序设库存量,即

$$B_1=(SI_1+T_1-S_1)\mu_1+z\sigma_1\sqrt{SI_1+T_1-S_1}$$
$$=[(30+15-30)\times10+1.65\times10\times\sqrt{30+30-30}]件=213.9 件$$

其中,设 $z=1.56$,服务水平 SLM0 定为 95%。

系统平均库存成本 $=213.9\times20$ 元 $=4278$ 元。

(2) 部件 2 工序维持一定平均库存量,使得向部件 1 工序承诺的服务时间为 20 天,$S_2=SI_1=20$ 天。则部件 2 工序维持平均库存量为

$$B_2=(SI_2+T_2-S_2)\mu_2+z\sigma_2\sqrt{SI_2+T_2-S_2}$$
$$=[(0+30-20)\times10+1.65\times10\times\sqrt{0+30-20}]件=152.17 件$$

试想若部件 1 工序还不设库存,则最少需要 $SI_1+T_1=(20+15)$ 天 $=35$ 天后才可以向需求方供货。因此为满足 30 天的需求供货期,部件 1 工序一定需要设库存为

$$B_1=(SI_1+T_1-S_1)\mu_1+z\sigma_1\sqrt{SI_1+T_1-S_1}$$
$$=[(20+15-30)\times10+1.65\times10\times\sqrt{20+30-30}]件=86.9 件$$

系统平均库存成本 $=(152.17\times2+86.9\times20)$ 元 $=2042$ 元。

可见在该情况下平均总成本得到降低,说明库存应该尽量向系统的上游移动。

(3) 部件 2 工序维持平均库存量,使得向部件 1 工序承诺的服务时间为 5 天,$S_2=SI_1=5$ 天,则部件 2 仓库维持平均库存量为

$$B_2=(SI_2+T_2-S_2)\mu_2+z\sigma_2\sqrt{SI_2+T_2-S_2}$$
$$=[(0+30-5)\times10+1.65\times10\times\sqrt{0+30-5}]件=332.5 件$$

试想若部件 1 工序还不设库存,则最少需要 $(5+15)$ 天 $=25$ 天后才可以向需求方供货。因此要满足 30 天的需求供货期,部件 1 工序不需要设库存,即 $B_1=0$。

系统平均库存成本 $=332.5\times2$ 元 $=665$ 元。

从上述分析可以得出结论:在情况(3)下平均总成本得到进一步降低。

实际上，情况(3)的成本还不是最低的，因为部件 2 工序向部件 1 工序承诺的服务时间为 5 天，这个条件有些浪费，实际上仅仅需要为 15 天就正好。此时，部件 2 工序维持平均库存量为

$$B_2 = (SI_2 + T_2 - S_2)\mu_2 + z\sigma_2\sqrt{SI_2 + T_2 - S_2}$$
$$= [(0+30-15)\times 10 + 1.65\times 10\times\sqrt{0+30-15}] 件 = 213.9 件$$

试想若部件 1 工序还不设库存，则最少需要 $(15+15)$ 天 $=30$ 天后才可以向需求方供货。因此要满足 30 天的需求供货期，部件 1 工序恰好不需要设库存，即 $B_1 = 0$。

在这种情况下，系统平均库存成本 $=213.9\times 2$ 元 $=427.8$ 元。这就是系统可以达到的最小成本。部件 2 工序向部件 1 工序承诺的最优服务时间为 15 天。

3. 多级系统情况

针对更加复杂的生产线系统，可以建立基于整数规划的数学模型为（证明过程略）

$$P = \min\sum_{j=1}^{N}h_j\left[\mu_j(SI_j + T_j - S_j) + z\sigma_j\sqrt{SI_j + T_j - S_j}\right]$$

s.t. : $S_j - SI_j \leqslant T_j (j=1,2,\cdots,N)$

$SI_j \geqslant S_i (i\ \text{是}\ j\ \text{的所有直接上游节点工序})$；

$S_1 \leqslant s_1 (1\ \text{是最终需求节点}\ 1)$；

$S_j, SI_j \geqslant 0 (S_j, SI_j\ \text{为整数}, j=1,2,\cdots,N)$。

其中，S_j 表示工序节点 j 向下游承诺的供货时间；T_j 表示工序节点 j 的生产时间与运输时间之和；s_1 表示需求节点 1 的规定供货时间；μ_j 表示部件 j 的工序面临的将用户成品需求量换算为部件 j 的平均需求量，也就是 $\mu_j = b_j\mu_1$，其中 μ_1 为成品（部件 1）需求量的平均值；σ_j 表示部件 j 对应的需求量的标准差，显然 $\sigma_j = \sqrt{b_j}\sigma_1$，$\sigma_1$ 为成品（部件 1）的需求量的标准差。

例 8-6 试针对图 8-11 所示的多级库存系统及其参数，确定其最优安全库存配置，使得对最终用户的最大供货天数不超过 30 天。设 $b_2 = 2$ 件，其余部件对成品的转化关系为 1:1，即所有 $b_j = 1$ 件，$j \neq 2$。所有最初原材料（部件 2、4、5、7）的供应时间都是 0，令 $z=1.65$，成品（部件 1）订单需求的分布为 $N(10, 10^2)$。每个工序存储费按单价 20% 计算。

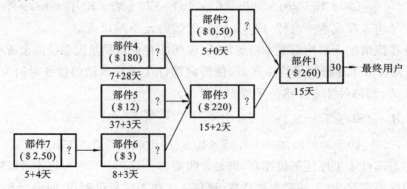

图 8-11　某系统配置图

解　根据上述数学模型编写的 LINGO 程序如下。

```
model:
sets:
    node/1..7/: SI,S,T,h,miu,sigma;
endsets
data:
    h = 260 0.5 220 180 12 3 2.5;
    T = 15 5 17 35 40 11 9;
    miu = 10 20 10 10 10 10 10;
    sigma = 10 14.14 10 10 10 10 10;
enddata
min = @sum(node(i): h(i)*((SI(i)+T(i)-S(i))*miu(i)+1.65*sigma(i)*(SI(i)+T(i)-S(i))^0.5));
@for(node(i):
    SI(i)+T(i) > S(i);
    );
SI(1) > S(2);
SI(1) > S(3);
SI(3) > S(4);
SI(3) > S(5);
SI(3) > S(6);
SI(6) > S(7);
SI(7) = 0;
SI(4) = 0;
SI(5) = 0;
SI(2) = 0;
S(1) < 30;
@for(node(i):
    @gin(SI(i));
    @gin(S(i));
    );
end
```

利用 LINGO 程序的全局求解器(Global Solver)进行计算,结果如下。

Variable	Value	Reduced Cost
SI(1)	15.00000	0.1761896E+08
SI(2)	0.000000	0.000000
SI(3)	0.000000	2467.087
SI(4)	0.000000	0.000000
SI(5)	0.000000	0.000000
SI(6)	9.000000	5.587353

SI(7)	0.000000	0.000000
S(1)	30.00000	0.000000
S(2)	5.000000	0.000000
S(3)	15.00000	−2640.202
S(4)	0.000000	−2051.011
S(5)	0.000000	0.000000
S(6)	0.000000	0.000000
S(7)	9.000000	0.000000

每个工序对应的最优向下游承诺的服务时间如图 8-12 所示。

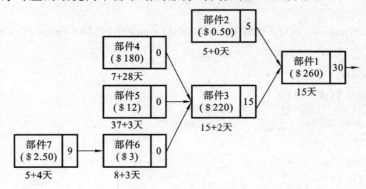

图 8-12　优化结果

*8.7　案例 1：A 公司寻找有效的库存管理策略

A 公司是一家生产工业继电器等产品的韩国制造商企业。A 公司在远东地区的 5 个国家拥有 5 家制造工厂，其总部在首尔。

B 公司是 A 公司的一个子公司，专门为美国国内提供配送和服务功能。该公司在芝加哥设有一个中心仓库，为两类顾客提供服务，即分销商和原始设备制造商。分销商一般持有 B 公司产品的库存，根据顾客需要供应产品。原始设备制造商使用 B 公司的产品来生产各种类型的产品，如自动化车库的开门装置等。

A 公司大约生产 2500 种不同的产品，所有这些产品都是在远东地区制造的，产成品存储在韩国的一个中心仓库，然后从该仓库运往不同的国家。在美国销售的产品是通过海运运到芝加哥仓库的。

近年来，B 公司已经感到竞争大大加剧了，并感受到来自顾客要求提高服务水平和降低成本的巨大压力。不幸的是，正如库存经理艾尔所说："目前的服务水平处于历史最低水平，只有大约 70% 的订单能够准时交货。另外，很多没有需求的产品占用了大量库存。"

在最近一次与 B 公司总裁和总经理及韩国总部代表的会议中，艾尔指出了服务水平低下的几个原因。

(1) 预测顾客需求存在很大的困难。

(2) 供应链存在很长的提前期。美国仓库发出的订单一般要 6~7 周后才能交货。存在这么长的提前期的原因主要是,韩国中心仓库需要1周来处理订单,海上运输时间比较长。

(3) 公司有大量的库存。如前所述,B公司要向顾客配送2500种不同的产品。

(4) 总部给予B公司较低的优先权。美国订单的提前期一般要比其他地方的订单早1周左右。

为了说明预测顾客需求的难度,艾尔向大家提供了某种产品的月需求量信息。

但是,总经理很不同意艾尔的观点。他指出,可以通过空运的方式来缩短提前期。这样,运输成本肯定会提高,但是,怎么样进行成本节约呢?

最终,B公司决定建立一个特别小组解决这些问题。

(1) B公司如何针对这种变动较大的顾客需求进行预测?
(2) 如何平衡服务水平和库存水平之间的关系?
(3) 提前期和提前期的变动对库存有什么影响?B公司该怎么处理?
(4) 对B公司来讲,什么是有效的库存管理策略?

以下是一些专家的意见。

1. 专家1

在这个案例中,B公司所面临的问题主要有两个:较低的订单准时交付率(70%)和大量的库存。针对第(1)个问题,首先应该明白:70%的订单准时交付率到底意味着什么?

多数公司都是这样定义订单准时交付率的:

订单准时交付率=期间内准时交付订单数/期间内总订单数

一般来说,每张订单都包含了几种产品(订单行,Line Item)。若要完成订单,则要求必须完成订单中的每个品种(订单行)。因此,除订单配送时间等因素外,每个品种的库存可得率是影响订单完成率的主要因素。而产品品种的库存可得率水平将直接影响品种的库存水平。例如,如果B公司每张订单的产品品种平均为7种,且要保持70%的订单完成率,则该7种平均每种产品都要设定95%的库存可得率。$95\% \times 95\% \times \cdots \times 95\% = 0.95^7 = 70\%$,而95%的库存可得率就意味着不得不这样设置:安全库存量$=1.65s$(假设需求服从正态分布,s为产品的需求量和供应量的波动性组合)。如果某产品的波动性(通常由公式$CV=s/\mu$得出,μ为周期内的平均需求量)为30%,则必须将安全库存设定为平均需求量的一半以上。而这里的平均需求量是指整个的前置时间(Lead Time)加上可能存在的计划周期(T),就本案例而言为6~7周的需求量。

由上面的初步分析可以看出,服务水平要求越高,库存水平要求也就越高,库存的成本(或投资)也就越高。到底应该如何平衡呢?在此把较为通俗的库存可得率作为衡量库存服务水平的标准。而在实际工作中,应该采用比较容易测量的服务标准来衡量,如订单完成率(或品种完成率)、期间缺货次数及期间平均缺货订单金额等。

针对B公司试图平衡服务水平与库存水平的情况,可以采用"分而治之"的策略,即对产品的重要性(如金额或者利润)和波动性进行分析;然后就不同的分类,设定不同的服务水平,而没必要"一刀切"。例如,对于稀缺但价值或利润不高的产品,没有必要设定较高的服务水平，从而可以降低相应的库存水平。

接下来分析需求订单的情况。由于不同客户的订单有所区别：来自任意制造商订单上的品种数可能会很少，而来自经销商的订单上的品种数可能会较多。因此，可以采取以下策略：芝加哥的库存专门为制造商客户服务，而由韩国的中心仓库直接对经销商的库存进行补足。这会带来两个好处：一是可以减少库存的层次，降低牛鞭效应的影响；二是如果这些产品在北美市场之外的其他地方还有需求，则可以通过库存整合以降低整体库存水平，即通常说的风险共担（Risk Pooling）。

对于空运的方式，也应该引起重视。虽然空运费比较昂贵，但空运可以使提前期大大缩短，从原先的6~7周缩短到2周之内（假设韩国订单处理的1周时间不变）。不管B公司主要采用哪种库存计划方法，如连续检查库存的计划方法、定期检查库存的计划方法，还是"最大—最小"的计划方法，但有一点可以肯定，即空运能降低对芝加哥的库存水平；同时，库存减少可使得仓储费大量降低。另外，提前期的缩短也会减少预测的难度。而对于如何制定有效的库存管理策略，建议B公司针对不同类别的产品，制定不同的库存管理政策，而不是寻求一个"万能"的库存管理政策。

2. 专家2

这个案例的本质问题就是解决B公司的库存管理问题。

安全库存量＝平均销售量×供应周期（提前期）

从这个公式可见，安全库存量与客户需求和订单的提前期有很大关系，客户需求难以确定，安全库存量就无法确定；提前期越长，安全库存量的水平就越高。因此，要有效地解决库存管理问题，抛开成本因素不谈，就必须解决以上因素的相关问题，例如，有效地预测客户需求、减少提前期及平衡安全库存量和服务水平之间的关系等。但是，很多错综复杂的原因使得客户需求的不确定性大大增加了。一是产品寿命周期的不断缩短。由于B公司是生产电子产品的，所以产品寿命周期对其影响比较大。二是电子产品市场上不断出现新的竞争性产品或者替代产品，这些产品的增多使B公司预测某一具体产品的需求量变得更加困难，尽管预测同一市场上相互竞争的所有产品的需求量相对比较容易，但预测单个产品的需求量就比较困难。三是很多产品的销售受季节的影响，需求波动比较大，案例中艾尔经理提供的某一产品的月需求量信息情况就很好地说明了这一点。客户需求的不确定性使得订单的提前期难以确定；同时，及时响应客户需求的库存量也无法得知。对于服务水平和库存，则必须在服务水平和库存之间寻求一个公司和零售商或者经销商都能接受的平衡点。

我个人认为，解决这种问题必须掌握"20/80"原则。就本案例而言，由于B公司拥有2500种不同的产品，要解决所有产品的库存和配送问题，满足所有客户的服务要求是不现实的，必须有的放矢，解决重点产品和重点客户的相关问题。这是因为，在产品方面，大部分公司的产品销售情况经常会出现这样的一种情况，20%品种的销售额，却占到了总销售额的80%。如果重点保证了这些产品的库存和配送，就可以提高公司的服务质量；而在客户方面，也往往会体现出20%的客户贡献了80%的销售额的情况，重点实现这些主要客户的订单，就能确保公司的重点业务。B公司作为一家跨国公司，公司规模庞大，产品种类繁多，没有足够的资金和精力来满足每一类产品或者每一个经销商或者零售商的服务要求,这就要求B公司在现实操作中,集中资金和精力抓"重点",尽量做好"20%"的产品和客户的相关工作。当然,B公司必须弄清楚哪些货物的库存不足,又有哪些货物因需求不足而带来大量的库存,并在实际操作中对这些库存不足的货物重点对待,提高客户响应度,同时降低那些滞销或者销售情况不好的产品库存水平。具体体现在以下几方面。

(1) 集中精力对这些重点产品和客户的需求进行较为精确的预测,重点确定这部分产品需求量和对应的库存量,并针对这部分产品需求设定充足的安全库存量。

(2) 对这些重点客户的订单进行特别处理:确保首尔配送中心能在第一时间收到订单,缩短对产品需求的相应周期。

(3) 提高异地配送中心(B公司)与总部中心仓库的订单信息传送效率,降低配送请求的滞后程度。

(4) 提高中央配送中心订单处理的效率,有重点地将一些订单的处理时间由1周缩短为2天。

(5) 对于库存周转时间长的滞销商品,降低库存量;对于停销商品,直接退回中心仓库。

(6) 对于一些高附加值、体积小、重量轻的产品实行航空运输,缩短订单的提前期。

但是,从根本上讲,如果美国客户需求量足够大,B公司就应该从长远考虑,在美国芝加哥建设一个制造分厂。这样,订单提前期的问题就会迎刃而解,运输成本也会大大降低,同时客户的响应度也能有较大幅度的提高。当然,建设制造分厂会带来一笔巨大的资金支出,这也是B公司必须面对的问题。

*8.8 案例2:C公司运营解决方案

1. 基本情况

(1) C公司销售经理写给总裁的信。

亲爱的艾伦:

今年真是令人伤心失望的一年。我们几乎在所有领域失去了10%~15%的市场份额,可这一年我却曾寄予厚望。当我们决定开4家分店,不再一切都从总部发货时,我确信那会使我们更好地为客户服务。去年5月,恰恰在酷暑到来之前,我们的第4家分店开张了,也许我们只是没有足够的经验开分店。但我个人认为问题比这还要严重得多。

我们的店员被批准持有足够一个月的库存量。去年,当我得知只是分店计划使我们4个分店与总部的库存量剧增时,我就感到迷惑不解。

有必要让4个分店和总部都持有一个月的库存量吗?为何不在总部保持一个月库存量?

就我看来,真正的问题在于客户服务。我们的销售人员士气消沉。他们无法从分店得到货物,只是因为分店并没有持有那么多库存量。于是,客户订单的40%仍然从总部出货。分店店员告诉我,公司为了优先满足客户订单,库存补充订单总是被弃置一旁。

艾伦,我们必须解决这些问题。如果我们无法以库存支持销售的话,一味督促销售实在没有道理。我建议,必须要求公司像对待客户订单一样对待分店库存订单,务必做到及时出货。他们应该视分店如客户。事实上,可以让我的地区经理临时照看分店,给店员提点建议,告诉他们应该如何对待订单。

艾伦,分店问题给我带来的失望和给你带来的一样大。我知道你很关心库存量上升这个事实,但我必须坦诚地说,这只能归因于公司管理不善。并且,我还要公正地说,艾伦,我并不认为公司里的人会意识到问题出在他们那里,从而像我们所需的那样来支持我们。不过,如果得不到我们所需的支持,就没有机会重新获取市场份额了。目前,除销售之外,我的大部分时间花在在一群士气低落的销售员面前扮演牧师角色上了。

您忠实的马丁

(2) C公司库存经理写给总裁的信。

亲爱的格雷斯先生:

您问我对马丁1月5日的信件如何作答,我不知道从何说起,分店计划确实为我们造成了隔阂。

增加分店之时,我以为我们只需把仓库里的货物分出去一些就行了。可事实上,我们必须真正地增加库存量。我们从来没有获得过分店给我们的任何计划,我们见到的只是订单。当我们必须要给他们运货之前两三周拿到订单时,根本就不知道他们的库存信息。有些特殊物品我们确实缺货。这儿有一份客户订单和一份分店补充库存订单。分店此刻确实需要它们吗?我们能够确信的是,客户的确正缺此货。实际上,我必须承认我们直到分店大喊大叫时才结束等待,尽管我们也知道我们极有可能伤害了分店的客户服务。

格雷斯先生,对于今年的形势,我比去年还要担心。有些分店有一种趋势——淡季时把库存量压得很低,这样他们就可以自夸其库存周转率了。而到了旺季,他们又希望我大开公司的水龙头。我们公司没有足够的存储空间,无法在旺季增加库存,以满足人们的稳产需要。而在旺季为了更好地服务我们需要增加库存量。车间经理多次对我说,我们应该让人们以稳定速率进行生产。

所有这些有关库存的争论促使我也提一个建议。我们应该在一般情况下大批量生产,使产品足以满足三个月的需求。只要我们这样做了,就不会不把它们运送给各分店,我们也不必在制造出下一批货之前为他们的订货而紧张和担忧。这样一来,他们也不必再抱怨得不到自己那份库存了。

您也许还没有听说的另外一件烦心事是,运输经理弗兰克建议我们向广州分店送货应该使用海运,这样做的目的是可以节约19万元的运输成本,但增加了运输提前期,也降低了供应的柔性。

有一件事情我们应该予以慎重考虑,那就是设置连接所有库房的计算系统,这样我们就可以用其他分店的库存补充缺货分店的库房。去年9月,我检查了广州分店的缺货情况,发现他们的计算系统很齐全;我和北京、重庆、西安分店及总部库房情形类似,因此建立连接全系统的计算机网络是有基础的。虽然这种系统可能很昂贵,但也许只有它才是解决我们面临问题的唯一答案。

您忠实的罗伯特·埃勒斯

(3) 问题分析。

根据 C 公司两位经理写给总裁的信件,可以发现该公司内部管理上出现许多问题,包括部门之间权责不清,库存与销售之间不协调,部门内部沟通不顺畅等。这些问题导致公司市场份额下滑,销售额下降,客户服务水平降低,公司内部成员士气不振、缺乏团队精神。为更精准发现 C 公司所存在的种种管理问题,我们将两位经理信件所提到各种问题做出说明与归纳,以便能更好地为该公司提出适宜的改革建议。问题分析如下。

① 产品销售的淡、旺季造成了需求不平稳及生产平稳性要求之间的矛盾。在旺季需求量大,但公司的生产能力不足,不能满足市场的需求,容易造成缺货。淡季市场需求量比较小,又会造成公司生产能力的过剩。

② 内部缺少良好的工作流程,各个部门之间信息交流不畅,没有良好协作配合的精神,反而相互抱怨、推卸责任。如分店没有把市场需求预测及时通知公司,造成公司在生产上存在一定的盲目性;分店为了降低其自身的库存周转率,在销售淡季不愿意准备库存来调节淡、旺季之间的需求差异,造成了缺货以后又把责任全部推到总部;另外,公司和分店不能了解彼此的当前库存量,为决策制造了障碍。

③ 公司设立分店的目的是更好地接近和服务客户,但是仍然有 40% 的货物是从总部出货。这样,总部对于分店和自身的订单不能一视同仁,在旺季生产能力不足库存紧张的情况下会做出优先满足自己订单的决策,伤害到分店的积极性、服务水平和客户的满意度。这样,公司没有实现设立分店的初衷。

④ 公司所做出的分店和总部都要保持一个月库存量的决定不是建立在对需求进行科学预测后进行测算的基础上,因此不尽合理,也没有得到分店的充分理解。

⑤ 库存能力有限。仅凭借公司有限的库存能力不能达到在淡季储备库存来满足旺季需求的目的,需要分店和总部之间的相互配合才能完成。

⑥ 考核体系的问题。分店除了要实现自己的销售目标以外,还要关注其库存周转率指标,这也是造成分店不愿意增加库存的重要原因。

以上的问题的直接后果就是公司服务水平的下降、客户满意度的降低及市场占有率的萎缩。根据销售经理的说法,公司的市场份额下降了 10%~15%。

由以上分析总结出的 6 点问题可以发现,该公司内部所存在的管理问题其实是环环相扣的,但是可以总结为:组织内部管理与淡、旺季生产库存管理。为解决其所面临的难题,我们将从两方面着手,分别提出相应的解决方案与建议。

2. 内部管理流程问题改善

基于此前一年分店与总部在销售与库存等环节出现的各种问题,C 公司最大的问题在于它的组织结构不合理、职能分工不清、内部沟通机制不顺畅、绩效考核指标无法有效反映出公司的战略目标。如果不能妥善解决这些问题,那么,公司的生产、库存和销售将很难在公司既有战略意图上取得协调。结合针对这些问题的分析,为适应市场竞争、扩大市场份额及更理性地管理库存,以下将针对 C 公司的组织结构、业务流程、沟通机制与绩效考核制度分别提出改革建议。

1) 组织结构改革

分离分店的销售与库存职能。由于分店在进行销售的同时，还需要管理自己的库存，为降低库存周转率，分店势必在淡季时减少订货。而在旺季库存不够时，总部也难以同时满足如此大的订货量，从而造成无论淡季还是旺季，分店库存空间均未得到合理利用的现象，完全背离了当初设立分店的初衷。当初开分店的目的是为扩大市场范围，让客户缩短提前订货期以提高服务水平。因此，分离分店的销售与库存职能，使分店能专心于销售，才能回到设立分店库存的轨道。其改革前、后的组织结构图如图 8-13 和图 8-14 所示。总部职能众多，如生产、销售、库存、人事和财务等。在这些职能之中，设立营运部门，由营运部门主管销售、生产和库存。其中销售部分包括分店 1、分店 2、分店 3、分店 4 的销售工作和总部自身的一部分销售工作。而库存部分则包括与分店同时存在的库存 1、库存 2、库存 3、库存 4 和总部的库存。

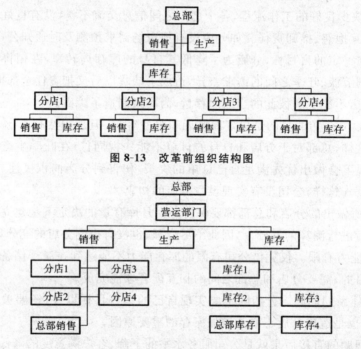

图 8-13　改革前组织结构图

图 8-14　改革后组织结构图

总部统一规划与管理各分店库存。由图 8-14 可以看到，分店的销售与库存职能分离后，由总部建立的内部 ERP 系统统一规划与管理各分店库存，分店原库存管理的人员也由总部统一管理。总部可以根据分店的销售情况和市场走势预测，组织生产，制订生产计划，使生产保持相对平稳，并利用淡、旺季差别合理调配库存量，制订库存周转计划，调控包括运输在内的一系列流程，如在淡季时将生产的产品按比例转移到分店库存中，以填补旺季的生产能力不足，从而最终达到库存的专业化管理。

分店职能仅包括产品销售与市场走势预测及售后服务。分店在分离掉库存管理后，其职能仅包括产品销售与市场走势预测，以及售后服务等。这样，分店将不会因为考虑库存周转率而虚报预测，而可以专心于开拓市场、提高预测准确度和售后服务质量。

在销售工作中,分店的重心将转移到开发市场、扩大市场份额上。由于没有库存压力,分店利用其最接近市场的优势,将会提供关于市场形势的、非常准确的预测,对总部的统一库存规划起到相当强的指导作用。

另外,售后服务质量是顾客满意度的一个重要的衡量标准。分店可以利用剥离库存职能后节省的精力集中投入到提高售后服务质量上去,从而为顾客满意度的提高起到推动作用。

2) 业务流程改革

(1) 销售管理部分。分店争取到销售订单后,直接向总部发送订货要求,由总部来调动库存满足客户的订货需求。另外,分店只有以季度和年度为单位的销售汇报及销售预测责任,这些预测将为总部的库存管理提供非常有价值的信息,图 8-15 所示的为销售业务流程图。产品售出后,分店必须投入精力负责售后服务。售后服务质量的高低直接关系到顾客满意度的高低。因此,分店负有与总部共同提高客户满意度的责任。

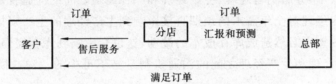

图 8-15　销售业务流程图

(2) 库存管理部分。首先需要建立的是 C 公司内部的 ERP 系统。在该公司现有计算机系统的基础上,设置连接所有库房的计算机系统。该公司每个分店库存都有自己的一套计算机系统。现在所要做的只是花费少量的费用,建立内部的 ERP 系统,连接各个分店库存计算机系统,如图 8-16 所示。

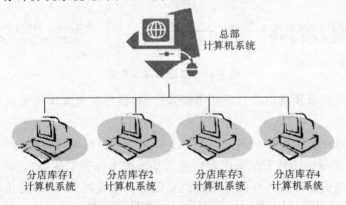

图 8-16　C 公司内部 ERP 系统图

总部通过内部 ERP 系统实时监控各分店库存。接到分店的订单后,总部通过内部 ERP 系统,以就近原则调配各个分店库存,以满足分店的订货需求。

总部根据以往销售量和分店的销售预测制订生产计划,尽量达到平稳生产的目的。在淡季时可将产品按比例运到各个分店的仓库存储,从而缓解旺季的生产压力。

在运输过程中,考虑到淡季供货时间与生产的矛盾并不突出,可以在运输系统上进行改善,如从陆路运输转换成水路运输或者海路运输,以降低物流成本。

3) 沟通机制改革

从案例中我们可以看到,C 公司存在的一个很大的问题就是沟通问题。库存经理、销售经理、生产经理都仅仅只是从各自本部门的利益出发去处理所遇到的问题。分店销售经理在旺季缺货时不能及时得到货物补充、在淡季时又不愿意增加自身的库存数量。这就造成了生产经理安排生产的困难及库存经理在调度货物上的不便。

为了诸如此类的问题,我们提出如上所述的的组织模式。总部把所有的库存交给库存经理管理。各分店的销售经理负责进行年度需求预测,当然预测的准确度是与销售经理的绩效挂钩的。库存经理在需求预测的基础上与生产经理沟通,安排生产,并负责把货物及时地送到分店的库存。淡季时,每月的生产量由库存经理按比例分配给各个分店,以备旺季之用。生产经理在保证基本稳产的前提下可以自主地安排工作。如在淡季时可以大规模从供应商进货,以获得便宜的价格。在淡季时还可以解雇一些技术含量不高的工人,或者组织在职员工培训等。运输经理的建议也可以考虑,即在淡季时,可以采用海运的形式以减少运费。

在这种模式下,分店销售经理、生产经理和库存经理之间的沟通就显得相当重要,因为分店的销售经理对全年需求的预期直接影响到生产经理的生产安排,需求预测与实际销售之间的差别必然造成库存成本的波动,这也会影响到库存经理的绩效。因此销售经理、库存经理和生产经理之间的沟通机制是必不可少的。沟通模式(如图 8-17 所示)如下。

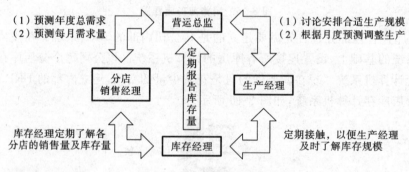

图 8-17 沟通机制示意图

(1)年度总需求预测由各分店销售经理给出,预测准确度作为销售经理的绩效考核指标。

(2)生产经理在年度需求预测的基础上以稳产为目标安排合适的生产规模(设备和工人规模),产量的小幅变化则由安排工人加班或者休工来满足。

(3)分店销售经理对每月的需求量也要做出合理预测,并与营运总监和生产经理定期(每月)交流,以便在需求有较大变动时生产经理可以及时调整生产规模。

(4)库存经理以各分店上报的年度总需求预测按比例给各分店发货,同时每月还应与各分店的销售经理至少沟通一次,了解各分店实际销售量和库存量的情况,以便随时调整各分店的库存规模。生产经理定期与库存经理交流,以便及时了解库存,微调月度产量。另外,当分店库存比较充足或者对货物需求不那么迫切时,库存经理可以安排适度的海运,以降低运输成本。

4)绩效考核

(1)对销售经理的绩效考核。在新的组织框架中,在总部设库存经理,以整体协调各个分店的库存情况,并且由总部来承担所有的库存成本。这样做的好处,一方面,分店的销售人员就不会对库存的增加产生抵触情绪,而专心做好销售工作;另一方面,公司可以顺利实行平稳生产,在淡季增加总库存(包括总部库存和分店库存),在旺季则以多余的库存满足市场需求,以避免生产频繁变动带来的额外成本。

需要指出的是,在这种存在淡、旺季差别的行业中,在淡季时由于销售下降,公司资金回流减少;但原材料采购、研发费等支出却有增无减,会产生不同程度的资金紧张问题。如何防止公司在淡季时发生支付危机,保持现金流动的均衡性,是公司管理人员必须重点考虑的内容。在淡季时督促经销商回款就成为销售人员的一项重要工作,公司只有及时收回货款,使资金快速回笼,才能保证公司资金的安全,保证公司利润的真正实现,保证在淡季时有充足的资金应付各项成本费支出。所以货款回收率就成为销售经理绩效考核的一个重要指标。

另外,我们这种基于全年的整体需求来分配库存的模式能否成功实现高效运作的一个重要因素就是公司对全年预期销售量的把握。这就要求销售经理在预测年度需求时要有高的责任心,否则,过多或者过少地预期都会给公司带来损失。基于此,我们把年初预期需求量与年终实际销售量之间的吻合程度也作为对销售经理的一个重要考核指标。

对销售经理的绩效考评指标如表 8-8 所示。

表 8-8　对销售经理的考评指标

考 核 指 标	指 标 说 明
产品销售额	以考核期内签订的合同为依据
销售费率	(差旅费＋公关费＋意外开支＋其他支出)/产品销售额
货款回收率	(上月末收款＋本月应收款－本月实收款)/本月实收款
新增客户数	对空白市场的开发而获得的客户
客户投诉数	由于售后服务问题、交货不及时及发货失误被投诉的次数
预测准确度	年初预测需求量/年末实际销售量

(2) 对库存经理的绩效考核。库存部门负责成品库存控制与调动及协调公司的生产计划。运输(配送)部门负责公司所有的成品、原材料的实物运输和仓储及进出口业务。物流管理部门需要确定库存水准控制、原材料成本控制、运输或者配送费的控制、服务水准的保持、销售业绩的增长和生产制造成本的控制等主要指标及比例。有些领域的考核用一个指标是不够的。另外,对物流管理部门的考核,也要考虑到物流管理所直接影响的两个主要部门的业绩实现。物流管理部门10%的业绩表现将来自于销售部门的业绩实现(如销售额的增长、销售费的降低、零售客户数目的增加、市场份额的增加等)。同样,物流管理部门的5%业绩表现还来自于生产部门降低制造费的努力。矩阵评估的机制在此将会使相互影响的部门(如此例中的物流管理部门与生产部门、物流管理部门与销售部门)在市场工作中为相同的目标而努力。

在制订库存计划的指标时,如果仅仅考虑自身的库存水准控制责任,则可能会通过采用快速的运输方式或者非经济的批量运输方式,从而造成运输或者配送部门费用上涨。甚至有时为了提高反应速度而采取增加库存点的手段,这也可能造成运输或者配送费上涨。所以,衡量库存水准不应该仅仅是一个时间点(如年末)的数据。因为任何时间点上的库存水准都不会对公司的营运资金带来直接的影响,而较长时期(如一年)内的库存水准的一贯表现才会对公司的营运资金带来影响。同时,如果不用一个时间点,而采用几个时间点(如 12 个月末的库存天数)的简单平均数作为衡量指标,则有可能发生这样的情况:个别月份的库存水准奇高,而通过拼命压低其他月份的库存水准,使得一年下来的平均值能够达到指标,但是在绩效考核体系中不可能那么面面俱到。因此,每周进行的经理碰头沟通与总结,才是使细碎的零售管理和物流管理得以优化的关键。

对库存经理的主要考评指标如表 8-9 所示。

表 8-9 对库存经理的考评指标

考核指标	指标说明
库存水平	库存平均天数不超过 X 天
服务水平	订单完成率、缺货率、货损
运输费	不超过销售额的 $X\%$

3. 淡旺季生产与库存定量解决方案

由前所述,为了更好地协调总部与分店的关系,我们在组织结构上努力将库存与销售分离,采取统一管理、统一分配的策略,并辅以相应的绩效考核制度。这样一来,缓解了分店对库存的顾虑,减少了不同部门间的摩擦,提高了他们的销售积极性。但另一方面,这对总部的生产及库存的控制等都提出了更高的要求。例如,采取何种生产方式解决淡、旺季的需求波动;各分店及总部的安全库存量的设定及相关的运输方式的选择等,都需要总部进行统一规划,并做出战略性选择。由此,我们在原有的历史数据的基础上,对各种方案都进行严格的计算,筛选出成本最小化的方案。

1) 历史需求数据

历史需求数据如表 8-10 所示。为了更直观地观察总需求量的波动情况,我们绘制出总需求量波动的折线图,如图 8-18 所示。

表 8-10 历史需求数据　　　　　　　　　　(单位:万件)

月份	1	2	3	4	5	6	7	8	9	10	11	12
上海	11	8.53	6.05	3.58	6.05	8.53	11	13.5	16	18.4	16	13.5
广州	10	7.75	5.5	3.25	5.5	7.75	10	12.3	14.5	16.8	14.5	12.3
北京	9	6.98	4.95	2.93	4.95	6.98	9	11	13.1	15.1	13.1	11
重庆	5	3.88	2.75	1.63	2.75	3.88	5	6.13	7.25	8.38	7.25	6.13
西安	5	3.88	2.75	1.63	2.75	3.88	5	6.13	7.25	8.38	7.25	6.13
合计	40	31	22	13	22	31	40	49	58	67	58	49

由图 8-18 可以看出,就全国范围来说,需求量具有明显的淡季和旺季,基本上前 6 个月处于销售的淡季,从 7 月份开始,需求量开始回升,出现销售的旺季。因此,如何

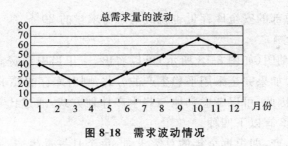

图 8-18 需求波动情况

组织生产方式、控制库存的问题成为重点,也是难点所在。

2) 其他相关数据

(1) 库存费为 0.08 万元/(万件·月)。

(2) 存货消耗的财务费为 217.5 元/万件,取每件产品的生产成本为 5 元,短期月贷款利率为 0.435%。

(3) 工人加班的额外成本为 0.3 万元/万件,包括加班工人的工资,机器额外的折旧费等。

(4) 减产导致的额外成本为 0.1 万元/万件,主要是指虽然减产但仍需付给工人的工资。

(5) 临时工的额外成本为 0.7 万元/万件,主要是指招募临时工的费用、培训费及支付的工资。

(6) 添置新设备每年所需要的成本为 20 万元。购入新设备需要 100 万元,5 年报销,根据直线折旧法,每年设备的折旧费为 20 万元。

3) 安全库存量的设定

要确定总部的安全库存量,首先要从各分店所需的安全库存量出发。计算的思路是根据各分店的日平均需求量和不同的订货提前期,并由以往的数字获得的需求量标准差,得出各分店所需的安全库存量。计算的公式为

$$S = d \times l + \sigma \times z$$

其中,S 为安全库存量;d 为日需求量;l 为订货提前期;σ 为提前期需求的标准差;z 是标准差的个数(这里 z 取 1.64,相当于服务水平达到 95%)。

计算结果如表 8-11 所示。

表 8-11 安全库存计算表

项 目	上海	广州	北京	重庆	西安
各分店月平均需求量/万件	11	10	9	5	5
日平均需求量/万件	0.37	0.33	0.30	0.17	0.17
订货提前期/日	0	4	4	3	3
相应订货提前期内的需求标准差/万件	0	0.4	0.3	0.1	0.2
所需的安全库存量/万件	0	1.98	1.69	0.67	0.84
所需安全库存量占平均需求量的百分比/(%)	0	19.8	18.8	13.4	16.8

由以上计算可以看出,各地安全库存量占平均需求量的百分比基本比较接近,为了简化模型,在后面的计算中以该月份需求量的 20% 作为安全库存量。之所以取 20% 作为设定安全库存量的比例,是因为考虑到缺货成本较高,尽量以安全库存量来

防止缺货。此外,总部的安全库存量也就应为总需求量的20%。

4) 生产方式的确定

由以上需求波动图(如图8-18所示)可以看出,一年当中消费者的需求量具有明显的淡、旺季之分。如果完全采用平稳生产的方式,则对库存的要求较高,会导致库存成本的居高不下。因此,可以考虑其他一些生产计划方式,通过比较它们的成本确定最优方案。备选方案有以下四种。

方案一:平稳生产,即根据全年的总需求量,每个月等量生产,完全以库存调节各个月份多余和不足的产量。这种方案的缺点是,费用主要是在库库存费及存货所占用的财务费。

方案二:劳力不变,工作时间可变,即采用现有的工人,根据不同月份需求量的不同,通过延长或者缩短工作时间的方式生产,在一定程度上缓解库存的压力。采用这种方案会降低库存费和存货费,但同时,减产或者加班,尤其是需要支付给工人加班费。

方案三:增加劳力,工人的工作时间也有改变。在旺季时,请临时工增加生产,以便更好地满足旺季的需求;而在淡季时可以不用生产太多的产品,进一步缓解库存的压力,减少库存和存货的费用。但此时请临时工的费用,包括培训等方面的费用必须要考虑进去。

方案四:增加劳力,工人的工作时间有改变,同时添置新的设备。虽然在第三种方案下,请临时工可加大生产力度,但其产能未必能达到月需求量最大产量,主要存在生产设备上的产能的瓶颈。因此,本方案通过购入新的设备,使生产能力与市场需求完全吻合。

根据第一部分的数据,分别计算四个不同方案下的成本。

首先,计算各个月份计划需要生产的产品数量。一方面,有第一部分给出的12个月份的需求量;另一方面,根据第二部分给出的20%的安全库存量比例,可以计算每个月份需要达到的安全库存量,由此可以得出每个月份计划的生产量,计算的公式为

$$P_t = D_t + S_t - S_{t-1}$$

其中,D_t为本月的需求量;S_t为本月的安全库存量;S_{t-1}为上个月的安全库存量。

最后计算结果如表8-12所示。

表8-12 计划生产量表

月 份	1	2	3	4	5	6	7	8	9	10	11	12
需求量/万件	40	31	22	13	22	31	40	49	58	67	58	49
安全库存量/万件	8	6.2	4.4	2.6	4.4	6.2	8	9.8	11.6	13.4	11.6	9.8
计划生产量/万件	38.2	29.2	20.2	11.2	23.8	32.8	41.8	50.8	59.8	68.8	56.2	47.2

需要说明的是,1月份的上一期安全库存量是用上一年的12月份的安全库存量来表示的,即9.8万件。以下就四个方案的不同成本和费用分别进行计算。

(1) 方案一:平稳生产。

① 根据计划需要生产量和平稳生产条件下实际每月生产量,计算库存量。

② 根据库存费(0.08万元/(万件·月))和存货占用的财务费(217.5元/万件),计算平稳生产方式下的总成本,如表8-13所示。

表 8-13 方案一计算表

月份	1	2	3	4	5	6	7	8	9	10	11	12	总计
计划生产量/万件	38.2	29.2	20.2	11.2	23.8	32.8	41.8	50.8	59.8	68.8	56.2	47.2	480
平稳生产产量/万件	40	40	40	40	40	40	40	40	40	40	40	40	480
产量与计划产量的差/万件	1.8	10.8	19.8	28.8	16.2	7.2	−1.8	−11	−20	−29	−16	−7.2	
安全库存量以外的库存量/万件	1.8	12.6	32.4	61.2	77.4	84.6	82.8	72	52.2	23.4	7.2	0	
库存费/万元	0.14	1.01	2.59	4.9	6.19	6.77	6.62	5.76	4.18	1.87	0.58	0	40.61
存货占用财务费/万元	0.04	0.27	0.7	1.33	1.68	1.84	1.8	1.57	1.14	0.51	0.16	0	11.04
增加的成本/万元	0.18	1.28	3.3	6.23	7.88	8.61	8.42	7.33	5.31	2.38	0.73	0	51.65

(2) 方案二：劳力不变，工作时间可变。

① 由工人加班提供的产量加上原有的产量计算此时工人的总产量。

② 计算实际的总产量和计划产量之差。

③ 由第②步计算结果得出安全库存量以外的库存量，并由此计算所需的库存成本及存货所占用的财务费用。

④ 根据工人加班提供的产量值计算加班额外增加的成本（0.3 万元/万件）。

⑤ 计算休产所减少的产量及由此增加的额外成本。

方案二计算表如表 8-14 所示。

表 8-14 方案二计算表

月份	1	2	3	4	5	6	7	8	9	10	11	12	总计
计划生产量/万件	38.2	29.2	20.2	11.2	23.8	32.8	41.8	50.8	59.8	68.8	56.2	47.2	
工人加班提供的产量/万件		0	0	0	0	0	1.8	5	5	5	5	5	
工人的总产量/万件	38.2	35	35	35	35	35	41.8	45	45	45	45	45	
安全库存量以外的库存量/万件	0	5.8	20.6	44.4	55.6	57.8	57.8	52	37.2	13.4	2.2	0	
库存费/万元	0	0.46	1.65	3.55	4.45	4.62	4.62	4.16	2.98	1.07	0.18	0	27.7
存货占用财务费/万元	0	0.13	0.45	0.97	1.21	1.26	1.26	1.13	0.81	0.29	0.05	0	7.56
实际产量−计划产量/万件	0	5.8	14.8	23.8	11.2	2.2	0	−5.8	−15	−24	−11	−2.2	
加班额外增加的成本/万元	0	0	0	0	0	0	0.54	1.5	1.5	1.5	1.5	1.5	8.04
休产减少的产量/万件	1.8	5	5	5	5	0	0	0	0	0	0	0	
休产增加的额外成本/万元	0.18	0.5	0.5	0.5	0.5	0	0	0	0	0	0	0	2.68
增加的成本/万元	0.18	1.09	2.6	5.02	6.16	6.38	6.42	6.79	5.29	2.86	1.72	1.5	46

需要说明的是,① 在方案二下,工人在正常工作时间内提供的产品数量在淡季时(1月份到6月份)为35万元,在旺季时(7月份到12月份)为45万元;② 由于加班时间及设备等方面的限制,每月加班工人所提供的额外产量不能超过5万件。

(3) 方案三:增加劳力,工人的工作时间可变。

① 由工人加班提供的产量及聘用临时工所增加的产量加上原有的产量计算总产量。

② 计算实际的总产量和计划产量之差。

③ 由第②步计算结果得出安全库存量以外的库存量,并由此计算所需的库存成本及存货所占用的财务费用。

④ 根据工人加班提供的产量计算加班额外增加的成本(0.3万元/万件)。

⑤ 根据临时工提供的产量计算额外的成本(0.7万元/万件)。

⑥ 计算休产所减少的产量及由此增加的额外成本。

具体计算结果如表8-15所示。

表 8-15 方案三计算表

月 份	1	2	3	4	5	6	7	8	9	10	11	12	总计
计划生产量/万件	38.2	29.2	20.2	11.2	23.8	32.8	41.8	50.8	59.8	68.8	56.2	47.2	
原工人加班可生产的产量/万件	0	0	0	0	0	1.8	5	5	5	5	5	5	
原工人的产量/万件	38.2	29.2	25	25	25	32.8	41.8	45	45	45	45	45	
雇用临时工的产量/万件	0	0	0	0	0	0	0	5.8	10	10	10	2.2	
原工人加临时工的总产量/万件	38.2	29.2	25	25	25	32.8	41.8	50.8	55	55	55	47.2	
产量与计划产量的差/万件	0	0	4.8	13.8	1.2	0	0	0	−4.8	−14	−1.2	0	
原工人加班增加的成本/万元	0	0	0	0	0	0.54	1.5	1.5	1.5	1.5	1.5	1.5	8.04
临时工增加成本/万元	0	0	0	0	0	0	0	4.06	7	7	7	1.54	26.6
休产所减少的产量/万件	1.8	10.8	15	15	15	7.2	0	0	0	0	0	0	
休产增加的成本/万元	0.1	0.18	1.08	1.5	1.5	1.5	0.72	0	0	0	0	0	6.48
安全库存量以外的库存量/万件	0	0	4.8	18.6	19.8	19.8	19.8	19.8	15	1.2	0	0	
库存费/万元	0	0	0.38	1.49	1.58	1.58	1.58	1.58	1.2	0.1	0	0	9.5
存货占用财务费/万元	0	0	0	0.1	0.4	0.43	0.43	0.43	0.43	0.33	0.03	0	2.58
增加的成本/万元	0.18	1.08	1.99	3.39	3.51	2.73	2.55	7.57	10	8.62	8.5	3.04	53.2

需要说明的是,由于设备等方面的限制,每月临时工所能提供的额外产量不能超过10万件。

(4) 方案四:增加劳力,有加班,同时添置新的设备。

方案四的计算步骤与方案三的基本一样,这里需要说明的是:由于购置了新的设备,临时工人的产量就没有限制因素了,因此,实际的总产量可以与市场情况完全吻合。具体计算结果如表 8-16 所示。

表 8-16 方案四计算表

月 份	1	2	3	4	5	6	7	8	9	10	11	12	总计
计划生产量/万件	38.2	29.2	20.2	11.2	23.8	32.8	41.8	50.8	59.8	68.8	56.2	47.2	
原有工人加班可生产的产量/万件	0	0	0	0	0	0	1.8	5	5	5	5	5	
原有工人的产量/万件	38.2	29.2	20.2	11.2	23.8	32.8	41.8	45	45	45	45	45	
雇用临时工的产量/万件	0	0	0	0	0	0	0	5.8	14.8	23.8	11.2	2.2	
原有工人加临时工的总产量/万件	38.2	29.2	20.2	11.2	23.8	32.8	41.8	50.8	59.8	68.8	56.2	47.2	
产量与计划产量的差/万件	0	0	0	0	0	0	0	0	0	0	0	0	
原有工人加班增加的成本/万元	0	0	0	0	0	0	0.54	1.5	1.5	1.5	1.5	1.5	8.04
临时工增加的成本/万元	0	0	0	0	0	0	0	4.06	10.4	16.7	7.84	1.54	40.5
新设备成本/万元													20
休产减少的产量/万件	1.8	10.8	19.8	28.8	16.2	7.2	1.8	0	0	0	0	0	
休产增加的成本/万元	0.18	1.08	1.98	2.88	1.62	0.72	0.18	0	0	0	0	0	8.64
安全库存量以外的库存量/万件	0	0	0	0	0	0	0	0	0	0	0	0	
库存费/万元	0	0	0	0	0	0	0	0	0	0	0	0	0
存货占用财务费/万元	0	0	0	0	0	0	0	0	0	0	0	0	
增加的成本/万元	0.18	1.08	1.98	2.88	1.62	0.72	0.72	5.56	11.9	18.2	9.34	3.04	77.1

最后,为了更清楚地表示四种方案下的每月生产计划和安全库存量以外的库存量,采用图 8-19 表示。

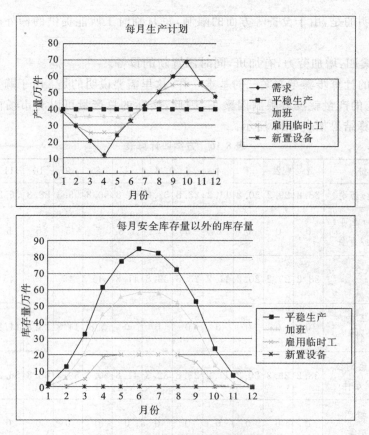

图 8-19 每月库存和生产量比较图

根据四种方案计算的总成本合计,我们可以得出,方案二是最优方案,因此,采取方案二作为安排生产的方式,即在不增加工人数量的条件下,根据市场需求,适当地增加或者减少工作时间来调节。

5) 运输方式的确定

现在出现了一种新的情况,即从总部上海到广州分店开通了一条新的海运。这对我们来说,可能是一种机会,可以考虑从总部到广州的货由原来的铁路运输改为海运。单从定性的角度来考虑,改成海运,可以节省运输费。由于海运时间较长,相当于提供了一个临时周转仓库,减少了库存成本。但是在节省运输和库存成本的同时,海运增加了订货提前期,会加大需求量的波动,这需要总部对广州的需求设置更高的安全库存标准,进而导致季度需求量波动的加剧,增加了生产成本。经过计算,若改用海运,库存和运输每年分别可以节省 2.24 万元和 19.5 万元,而生产成本将增加 13.9 万元,两者相权,改用海运利大于弊,值得采用。

6) 总结

综上所述,建议 C 公司采取旺季原有工人加班、淡季小量减产的措施,同时改用海运运输总部至广州的货物。

*8.9 本章小结

本章主要介绍针对确定性需求下的多级库存系统的 2 的幂次倍批量假设下的

最优批量问题,同时也介绍了在类似的 2 的幂次倍订货间隔期假设下的多产品协调订货问题。针对随机问题,分别介绍了在某些拓扑结构下的周期盘点系统和连续盘点系统的最优策略问题,最后介绍一种面向订单生产的装配线安全库存近似优化技术。

多级库存问题是比单仓库问题复杂得多的问题,目前的理论发展还远远不能适应这种实际的需要。本章作为多级库存理论的高级篇,目的是帮助读者获得一个比较初步的、对当前多级库存理论发展的基本脉络的认识,以方便未来的学习和研究。

本章的最后安排了两个案例,一方面,我们可以从这些案例中得到若干启发,另一方面,案例本身包含的问题已经远远超出了本书讨论的范围。现实中的库存问题不是一个孤立的问题,不应该看成是针对各项库存物品的一系列互不相关的简单决策,而是必须结合供应、采购、生产、运输、营销乃至整个组织人员管理等方面进行全面的统筹和规划。同时也必须认识到,库存是企业更大经营系统的一个组成部分,它应该服务于企业既定的总目标。

*8.10 习题

8-1 考虑由仓库 1 和仓库 2 构成的串行系统。在仓库 1 处的最终需求量是已知且确定的,为 10 件/天。每次订货费 $A_1=100$ 元,$A_2=500$ 元,存储费 $h_1=2$ 元/(件·天),$h_2=1$ 元/(件·天)。
(1) 试利用 Roundy 近似算法确定订货批量。
(2) 当 Q_2 是 Q_1 的整数倍的条件下,确定系统最优订货批量。

8-2 试推导三级确定性串行系统的订货批量。

8-3 考虑图 8-20 所示的三级生产系统。

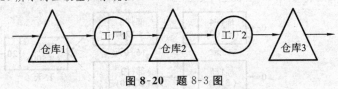

图 8-20 题 8-3 图

在仓库 3 处面临的需求量为 100 件/天,不允许缺货。仓库 1 的货源为一个外部的供应商,假设其供应是无限的,供应提前期为零。仓库 1 的订货费为 1500 元/次。工厂 1 的生产速度为 $p_1=300$ 件/天,工厂 2 的生产速度为 $p_2=200$ 件/天。每个工厂的生产准备费都是 750 元。仓库 1 的存储费为 1 元/(天·件),仓库 2 的存储费为 2 元/(天·件),仓库 3 的存储费为 3 元/(天·件)。假设工厂生产完后马上进入后续仓库,试确定系统的最优订货或者生产批量。

8-4 两台机器按照顺序以生产批量 Q 进行生产,生产完后进入一个仓库储存。仓库面临的需求是连续、确定并已知的,不允许缺货。假设针对 Q 的生产批量,先由一台机器进行加工,加工完成之后马上进入第二台机器加工,在全部 Q 的批量生产完成之后,通过一次运输过程送到仓库。试在下列假设条件下计算系统的最优生产或者订货批量。

d 为需求率;$p_1=8d$ 为第一台机器的生产率;$p_2=4d$ 为第二台机器的生产率;A_1 为第一台机器的生产准备费;A_2 为第二台机器的生产准备费;h_1 为第一台机器之前工序的单位产品单位时间存储费;h_2 为第一台、第二台机器之间工序的单位产品单位时间存储费;h_3 为第二台机器之后工序的单位产品单位时间存储费;T 为运输时间。

8-5 如图 8-17 所示,在某机器上要加工 3 种产品,该机器在同一时间只能生产一种产品。产品的需求量是连续确定的,不允许缺货。

表 8-17 题 8-5 表

产品	需求量 /(件/年)	存储费 /(元/(件·年))	生产准备费 /元	生产准备时间 /分钟	生产加工时间 /(分钟/件)
1	8000	20	120	20	5
2	12000	15	100	10	3
3	5000	30	200	30	8

(1) 在不考虑其他产品情况下,确定每种产品单独占用机器时的最优订货生产批量,并计算这种情况下的成本。
(2) 验证(1)形成的解在综合考虑所有产品的情况下是不可行的。
(3) 推导和计算近似的系统可行的订货生产批量。

8-6 如表 8-18 所示,某公司生产用一台机器生产 3 种产品,该机器在同一时间只能生产 1 种产品,设每年的工作日为 250 天,每天的工作时间为 8 小时。试确定可行的生产批量。

表 8-18 题 8-6 表

产品	需求/(件/天)	存储费 /(元/(件·天))	生产准备费 /元	生产准备时间 /天	生产率 /(件/天)
1	48	0.060	800	0.50	200
2	20	0.040	500	0.25	100
3	32	0.048	1000	1.00	100

8-7 利用 LINGO 软件完成图 8-21 所示 MTO 多级安全库存优化问题的求解。设对最终订单的最大供货天数不超过 20 天,其中所有部件对成品的转化关系为 1∶1,即 $b_j=1$ 件,所有最初原材料的供应时间都是 0,令 $z=1.65$ 件。

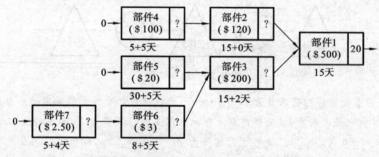

图 8-21 题 8-7 图

9

需求预测技术

9.1 引言

1. 需求预测的概念

所谓"需求预测",就是根据市场过去和现在的需求状况及影响市场需求变化的各种因素之间的关系,利用一定的经验和技术,对反映市场需求指标的变化及发展趋势进行预测的技术。

需求预测对大多数企业和经营单位来讲都是非常重要的。这是因为,在很多情况下,企业要完成融资、采购、生产、运输及营销等一系列活动需要一定的周期,实际上不能等到市场发生变化了才进行被动地响应和调整。为了获得在市场上的竞争优势,企业必须提前做出计划并开始实施。这种提前的计划不是盲目的,制订计划的基础就是要提前对需求进行预测。

有人说:"需求预测总是不准的,因此还不如不做预测。"这种观点是不对的。因为虽然不能准确地预测未来的需求,但是可以尽可能多地掌握未来需求的一些特点,这对决策是有意义的。就库存管理问题而言,如果能够获得准确的需求预测值,则可以使用比较精确的确定性经济批量模型或者 Wagner-Whitin 动态批量模型;如果不能获得准确的需求预测,则是否可以预测需求的概率分布呢? 如果可能,则可以使用随机性模型来进行决策;即使在最坏的情况下,如不能确定其概率分布,但如果能够掌握一定的分布规律,如需求量的最大值和最小值,或者其平均值的大致区间等,实际上也会对决策起到帮助作用,虽然本书没有涉及这方面的决策模型。原则上讲,只有在我们不知道未来需求的任何信息的情况下,预测才是严格没有意义的。但在现实中基本不会发生这种情况,我们总是或多或少地对未来有一定的认识,这些认识就是我们进行预测的前提。在预测的基础上做决策总比在完全盲目的情况下做决策要更加可靠。

当然也应该认识到:需求预测只能作为提前做决策的一个辅助,而真正起决定性的关键还是决策者和管理者本人。这是因为,需求预测仅仅是一个预测,它不可能做到"百分之百"地正确和准确。在需求预测和现实不符合的情况下,企业的人员、组织、制度和计划必须具有能够适应这种情况的灵活性。有时,能够最大限度地合理应用现有需求的预测数据,做出初步决策和准备,而在现实情况发生改变的情况下,能够及时对企业的行为进行修改和调整,这些才是最关键的。

2. 需求预测的一般步骤

现代计算机技术的发展给预测技术和方法带来了变革。先进的数据记录、处理和通信技术已使管理人员能够更加准确、快速、低成本地掌握大量的原始数据,预测技术的发展也使得预测的工作更加方便和可靠。但是尽管如此,预测问题仍然是企业面临的巨大挑战,必须在实践中谨慎对待。实践表明,需求预测必须依照严格的工作程序来进行,只有规范化和科学化的预测才是真实可信的。通常,市场需求预测的步骤如下。

1)选择预测目标

进行需求预测首先要明确预测的目标是什么。所谓目标就是指预测的具体对象的项目和指标,为什么要进行这次预测活动,这次预测要达到什么直接目的。其次,还要分析预测的时间性、准确性要求,划分预测的商品、地区范围等具体问题。

有了明确的预测目标,才能根据目标需要收集资料,才能确定预测进程和范围。

需求预测对企业不同职能部门而言,具有不同的意义,这也决定了他们对需求进行预测有不同的要求。例如,财务部门希望根据需求预测得到未来需要融资的额度和时间。采购部门需要从成品的需求预测换算为原材料的采购量。生产部门需要根据产品的品种和量来安排生产线和生产计划。销售部门则更加关心具体的产品铺货时间和铺货量以保证未来的需求。还有,总经理和部门经理往往关心的是需求总量,而中、低层管理人员还要更加明确未来需求的具体品种及时间、数量的关系。

综合来看,在做预测之前,要明确下列问题。

(1) 预测应该由谁来做,除了业务管理人员以外还有谁可以担任。

(2) 预测的预测对象,即品种是什么,是成品、半成品还是原材料,是针对产品系列(Family)还是个别产品进行预测。

(3) 依据宏观经济指标进行总体预测,然后分解到品种需求预测的"自上而下"的预测,还是根据具体品牌的需求预测数据,汇总形成总体的预测的"自下而上"的预测。

(4) 预测的地理范围是多大,是单个门店,还是连锁门店,还是区、市、省乃至全国、全球的预测。

(5) 预测的物品的基本单位是什么。

(6) 预测的时间单位是什么。

(7) 预测的能见度(Visibility),即总时间长度是多少,是长期、中期还是短期预测。

(8) 预测的内容是什么。

(9) 预测的精确度要求有哪些。

(10) 预测多久更新一次?是每月还是每周更新一次?

确定了预测目标,接着要分析预测的时间性和准确性要求。如果是短期预测,则允许误差范围要小。如果是中长期预测,则误差为 20%~30% 是允许的。预测的地区范围应是企业的市场活动范围,每次预测要根据管理决策的需要,划定预测的地区范围,过宽过窄都会影响预测的进程。

2) 广泛收集资料

在选择、确定预测目标以后,首要的工作就是广泛、系统地收集与本次预测对象有关的各方面数据和资料。收集资料是预测工作的重要环节。按照预测的要求,凡是影响市场需求及供求发展的资料都应尽可能地收集。资料收集得越广泛、越全面,预测的准确性程度就能相应提高。这些资料包括以下几个方面。

(1) 国家、国际宏观经济状况和走势。

(2) 同类产品的竞争对手的状况及其动作和反应。

(3) 政府经济法规和经济调整政策。

(4) 市场状况及其发展趋势,具体包括市场环境(如气候、日历、人口特征、经济指标等)、产品生命期、产品的款式和时尚程度、客户需求口味的变化情况、营销情况(如广告水平、消费者意识、价格、宣传、分销、促销活动等)。

(5) 技术发展和创新情况。

市场调查资料可分为历史资料和现实资料两类。历史资料包括历年的社会经济统计资料、业务活动资料和市场研究信息资料。现实资料主要包括目前的社会经济和市场发展动态,生产、流通形势、消费者需求变化等。对收集到的资料,要进行归纳、分类、整理,最好分门别类地编号保存。在这个过程中,要注意标明市场异常数据,要结合预测进程,不断增加、补充新的资料。

在数据收集过程中,必须注意抓住真实需求。为了抓住真实需求,需求数据应当尽可能在靠近消费的时间和地点取得。销售预测所需的历史资料往往可以从企业的销售管理系统或者 DRP 系统等执行系统中获得。在这些系统中,详细记录着客户订单从录入、发货、运输及开票等整个过程。也就是说,可以从企业执行系统中得到订单历史记录、发货历史记录、运输历史记录、开票历史记录等销售历史数据。不同的企业可能采用不同类型的历史资料,很多企业使用订单历史记录与请求日期作为统计预测的需求历史记录与需求日期,因为它们能够比较准确地代表客户需求的数量和时间。

但在"缺货博弈"中(客户对供应商维持一定存货的能力缺乏信心),客户订货量通常比他们的真实需求要多一些。另外如果存在库存缺货,发货历史记录、运输历史记录、开票历史记录就不能很好地衡量需求。这是因为在需求未被满足的情况下,未满足的需求(延迟交付、替代或销售损失)通常没有在历史数据中反映出来,因此也没有纳入到预测过程。

此外,即使靠近消费的订单历史记录,也不能把这些不进行处理的数据直接用于统计预测的基础。因为这些订单数据往往会存在不同程度的"污染",这些污染可能由各种原因引起,如产品促销、价格变化、广告投入竞争对手的活动、天气的变化等。这些事件的发生往往是没有规律的,即今年某个时段发生的促销活动在下一个周期的同一时间并不一定会发生。今年的这些促销活动引起的销售量的大幅增加无法得出下一个周期同一时间也有这么大的销售量。所以这些没有规律的事件应该在销售历史记录中加以识别,以保证这些"污染"不会影响统计预测的正确性。

3) 选择预测方法

收集完资料后,要对这些资料进行分析、判断。常用的方法是首先将资料列出表格，制成图形，以便直观地进行对比分析，观察市场活动规律。分析判断的内容还包括寻找影响因素与市场预测对象之间的相互关系，分析预测期市场供求关系，分析判断当前的消费需求及其变化，以及消费心理的变化趋势等。

在分析判断的过程中，要考虑采用何种预测方法进行正式预测。要求预测有很多方法，选用哪种方法要根据预测的目的和掌握的资料来决定。各种预测方法有不同的特点，适用于不同的市场情况。一般而言，掌握的资料少、时间紧，预测的准确程度要求低，可选用定性预测方法。掌握的资料丰富，时间充裕，可选用定量预测方法。在预测过程中，应尽可能地选用几种不同的预测方法，以便互相比较，验证其结果。

4) 建立模型，进行计算

需求预测是运用定性分析和定量预测的方法进行的市场研究活动，在预测过程中，这两方面不可偏废。

一些定性预测方法，经过简单的运算，可以直接得到预测结果。定量预测方法要应用数学模型进行演算、预测。预测中要建立数学模型，即用数学方程式构成市场经济变量之间的函数关系，抽象地描述经济活动中各种经济过程、经济现象的相互联系，然后输入已掌握的信息资料，运用数学求解的方法，得出初步的预测结果。

在具体预测方法上，很多企业采取多方法、多渠道预测并加以综合的方法，如采用下列方法。

（1）按照时间段的不同进行分段预测。除了考虑季节因素外，还注意其他因素对销售量的影响，如产品生命周期、产品质量、促销等方面。这些关键点可以形成分水岭，从而影响不同时期的季节因素和线性增长趋势，导致需求发生本质变化。因此，采用分别对不同的时间段进行不同的预测的方法可以更加准确地把握真实的需求规律。

（2）多种预测来源的综合。如分别由总经理、大区品牌经理、门店经理等人员进行单独的预测，然后再进行适当的综合和取舍。

5) 评价结果，编写报告

由计算产生的预测结果，是初步的结果，这一结果还要加以多方面的评价和检验，才能最终使用。检验初步结果，通常有理论检验、资料检验和专家检验。理论检验的作用是运用经济学、市场学的理论和知识，采用逻辑分析的方法，检验预测结果的可靠程度。资料检验是重新验证、核对预测所依赖的数据，将新补充的数据和预测初步结果与历史数据进行对比分析，检查初步结果是否合乎事物发展逻辑，符合市场发展情况的过程。专家检验是邀请有关方面专家，对预测初步结果做出检验、评价，综合专家意见，对预测结果进行充分论证的过程。

6) 对预测结果进行事后鉴别

完成预测报告，并不是预测活动的终结，下一步还要对预测结果进行追踪调查。预测结果是一种有科学根据的"假定"，这种"假定"毕竟要由市场发展的实际过程来验证。因此，预测报告完成以后，要对预测结果进行追踪，考察预测结果的准确性和误差，并分析总结原因，以便取得预测经验，不断提高预测水平。

3. 主要需求预测技术简介

现实中的需求预测技术有很多，一般可以将这些预测技术分为定性预测技术和定量预测技术两大类。

1) 定性预测技术

定性预测技术是利用专家的主观判断进行预测的技术。定性预测技术需要的数据少，能应用专家的知识，从而能考虑无法定量的因素，简便易行，因此在需求预测中是一种不可缺少的、灵活的预测方法。但是在定性预测中，人的主观因素较大，很难标准化其方法，往往难以把握其准确性。目前，主要的定性预测技术有德尔菲法(Delphi Method)、类比预测法(Analogy Method)等。

(1) 德尔菲法又称为专家调查法，是通过对专家"背靠背"(专家之间互不见面或者协商)的匿名征询方式进行预测的一种方法。使用德尔菲法进行预测，专家的选择至关重要。德尔菲法经常用于新产品的销售预测、利润预测及技术预测等。

(2) 类比预测法又称为对比类推法，其基本原理是利用两种事件发生的时间差异，形式上相同或者相似的特征，预测尚未发生的某些现象的演变规律或者特性。

类比预测可以分为纵向类比预测和横向类比预测。所谓纵向类比是指不同时期的同一市场的比较。横向类比是指对同一时期不同地区市场的比较，用于预测市场未来的发展变化。

2) 定量预测技术

定量预测技术是建立在对数据资料的大量、准确和系统的占有基础之上的，应用数学模型和统计方法描述事物之间的映射关系和发展规律，对相关指标的变化趋势和未来结果进行预测的方法。定量预测技术是主流的预测方法，具体的定量预测技术主要有时间序列预测法(Time Series Method)和机理建模预测法等。

(1) 时间序列预测法是从纷繁复杂的历史数据中，把分析探索预测对象的发展变化规律作为预测依据的方法。主要的时间序列预测技术有移动平均法、指数平滑法、回归分析预测法等。

时间序列预测法基于一个主要的假设条件是，未来需求发展的规律可以从历史数据中得出。显然，通常情况下历史数据和要预测的未来离得越近，这种关系就越密切，因此时间序列预测法比较适合于短期预测。反之，如果未来数据和历史数据之间没有大的联系，如历史数据和未来数据的时间相隔了很长时间，中间有断层，而未来需求相对历史变化较大，这种情况下使用时间序列预测法进行预测的准确性将难以保证。当然如果根本就没有历史数据可用，如某些刚刚上市的新产品，完全没有对应的历史销售记录，时间序列预测法就更不适用了。

(2) 机理建模预测法是通过构造能够全面反映系统运作机理的模型，通过模型运算和推演，来预测系统未来的方法。这类预测模型的效果最好，如天气预测模型，通过进行大气的物理演化模型的数值计算和推演，进行天气预报。建立机理模型的前提就是必须掌握现实系统的内在演化规律，而在很多情况下，由于市场需求的精确规律难以把握，很难建立准确的机理模型，如要建立某地市场上某种产品的需求预测机理模型，一般要研究本市场内的所有人群的比较准确的收入模型及消费偏好模型等具体问题。

4. 基本需求模式

大多数实际需求预测是相当困难的问题。这是因为影响需求变化的因素极其众多,相互之间关系复杂,难以把握其内在演化规律。因此,虽然有相当多的预测方法,但是实际上目前还没有哪种预测方法是万能的。一般而言,某种预测方法仅仅在某些特定的需求模式下具有比较好的效果。因此,有必要对不同的需求模式进行分析和甄别。

当然现实中可能的需求模式是非常多的。在此仅仅讨论以下一些简单的需求模式。

需要说明的是,最简单的需求模式当然是确定性需求,如波音公司的飞机需求,表现为飞机的订单,这种订单是事先确定的,当然不需要进行预测,因此在此不讨论这种确定性需求模式。

1)稳定的(随机)需求

这是一种最简单的需求模式,用公式可以表示为

$$x_t = a + \varepsilon_t$$

其中,x_t 为第 t 个时间周期的需求量;a 为每个周期的平均需求量;ε_t 为一个随机分量,假设其均值为 0,因此需求量 x_t 的标准差就等于 ε_t 的标准差。

稳定的需求如图 9-1 所示。

2)带趋势的需求

在稳定的需求模式基础上,可以进一步复杂化为带线性趋势的需求,用公式表示为

$$x_t = a + bt + \varepsilon_t$$

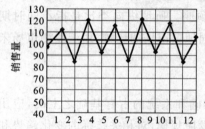

图 9-1 稳定的需求

其中,a 为 0 周期或者系统初始时刻的平均需求量;b 为趋势分量;ε_t 为一个随机分量,假设其均值为 0。

带线性趋势的需求如图 9-2 所示。

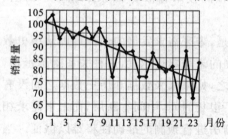

图 9-2 带线性趋势的需求

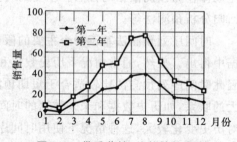

图 9-3 带季节性、趋势性的需求

3)带季节性、趋势性的需求

这种需求模式用公式表示为

$$x_t = (a + bt)F_t + \varepsilon_t$$

其中,F_t 为第 t 周期的季节因子。

带季节性、趋势性的需求如图 9-3 所示。

5. 需求预测问题的一般表述

为了表述清晰,把真实的需求数据记为 $x_1, x_2, \cdots, x_t$,把需求的预测值记为 $\hat{x}_1, \hat{x}_2, \cdots, \hat{x}_t$,其中 x_t 表示第 t 个时间周期发生的真实需求,$\hat{x}_t$ 是对此需求的预测值。

显然,上面的表达还不够明确,如预测需求 $\hat{x}_t$,还要说明它是在什么时候预测得

到的:如是在 $t=0$ 周期得到的,还是在 $t=1$ 或者 $t=2$ 周期得到的,这些情况显然是不同的,因为不同周期可获得的数据量不同。在 $t=0$ 周期只有 0 周期之前的历史需求数据可以用,而到了 $t=2$ 周期,就可以获得第 0 周期和第 1 周期的真实的需求数据,这些新获得的数据可能对以后的预测有帮助。

因此,可以更加确切地定义对未来需求的预测值为 $f_{t,k}(k=1,2,\cdots)$,它表示当前为第 t 周期,即在观察到 x_t 之后,对第 $(t+k)$ 周期的需求的预测值。

表 9-1 所示为不同的预测表达方式之间的比较。

表 9-1 不同的预测表达方式之间的比较

周期	…	$t-1$	t	$t+1$	$t+2$	$t+3$	$t+4$	…
实际需求值		x_{t-1}	x_t	x_{t+1}	x_{t+2}	x_{t+3}	x_{t+4}	
需求预测值			$\hat{x}_t$	$\hat{x}_{t+1}$	$\hat{x}_{t+2}$	$\hat{x}_{t+3}$	$\hat{x}_{t+4}$	
在第 $(t-1)$ 周期进行的需求预测			$f_{t-1,1}$	$f_{t-1,2}$	$f_{t-1,3}$	$f_{t-1,4}$	$f_{t,5}$	
在第 t 周期进行的需求预测				$f_{t,1}$	$f_{t,2}$	$f_{t,3}$	$f_{t,4}$	

不同的预测有不同的准确度,怎样反映这种准确度呢?这就要用到预测误差的概念。

定义预测误差为 $e_t=x_t-(x_t\text{ 的预测值})=x_t-\hat{x}_t$。

在通常情况下,需要计算一组预测数据的综合误差,可以使用 MAD(Mean Absolute Derivation)或者 MSE(Mean Square Error)的概念。

MAD,针对一组数据的平均绝对偏差,其定义为

$$\text{MAD}=\frac{\sum_{i=1}^{n}|e_i|}{n}=\frac{\sum_{i=1}^{n}|x_i-\hat{x}_i|}{n}$$

其中,n 为需求预测值的个数。

MAD 相当于把 n 个误差的绝对值进行算术平均的结果,其每个偏差的权重是相等的。

MSE 针对一组数据的平均平方偏差,其定义为

$$\text{MSE}=\frac{\sum_{i=1}^{n}e_i^2}{n}=\frac{\sum_{i=1}^{n}(x_i-\hat{x}_i)^2}{n}$$

MSE 相当于把 n 个误差的平方进行算术平均的结果。

MAD 和 MSE 都反映误差的大小,但是两者还有一些细微的差别,在于每个预测误差在全部总指标中起作用的权重不同,如有下列两组预测数据。

数据 A: $x_i=0,0,0,0,0$
              $\hat{x}_i=0.1,0.1,0.1,0.1,0.1$

数据 B: $x_i=0,0,0,0,0$
              $\hat{x}_i=0,0,0.5,0,0$

则数据 A、数据 B 具有相同的 MAD 值,即

对于数据 A $\text{MAD}=\dfrac{0.1+0.1+0.1+0.1+0.1}{5}=0.1$

对于数据 B $\quad$ MAD $= \dfrac{0+0+0.5+0+0}{5} = 0.1$

而 MSE 值却不同,即

对于数据 A $\quad$ MSE $= \dfrac{0.1^2+0.1^2+0.1^2+0.1^2+0.1^2}{5} = 0.01$

对于数据 B $\quad$ MSE $= \dfrac{0+0+0.5^2+0+0}{5} = 0.05$

这是因为,在 MSE 中,较大的误差项(如数据 B 中 0.5 的一项)经过平方处理后,会加大与其他项的差距,因此在计算过程中得到特别的强调。

显然,不论 MAD 还是 MSE 都没有说明预测值是偏高还是偏低,因为它们实际都取了绝对值。要反映这种偏离的方向,需用到偏差的概念。

平均偏差定义为

$$\text{bias} = \frac{\sum_{i=1}^{n} e_i}{n} = \frac{\sum_{i=1}^{n}(x_i - \hat{x}_i)}{n}$$

bias 小于零表示平均预测值超过实际值,反之,则表示不足。

此外,还有其他误差特性的定义,具体如下。

回归的标准偏差(Standard Deviation of Regression),其表达式为

$$S_t^2 = \frac{\sum_{i=1}^{n}(x_i - \hat{x}_i)^2}{n-2}$$

跟踪信号(Traking Signal),其表达式为

$$\text{TS} = \frac{\sum_{i=1}^{n}(x_i - \hat{x}_i)}{\text{MAD}}$$

在使用某种预测模型完成一次预测任务后,计算其预测误差显然可以检验该预测模型的准确度和稳定度;更加重要的是,多数预测模型必须事先给定模型参数,因此,根据在不同参数下的预测误差之间的比较,可以帮助我们进一步确定该预测模型的最佳参数。

9.2 算术平均法

算术平均法是指对所有可以获得的历史数据进行简单算术平均,作为未来的需求预测值的方法。例如,当前周期为 t,历史上被观察到的需求数据为 $x_1, x_2, \cdots, x_n$,若希望预测第 $(t+1)$ 周期的需求 $\hat{x}_{t+1}$,则 $\hat{x}_{t+1} = \dfrac{1}{n}(x_1 + x_2 + \cdots + x_n)$ 或者写为 $f_{t,1} = \dfrac{1}{n}(x_1 + x_2 + \cdots + x_n)$。

值得注意的是,如果我们想在当前 t 周期出发,对第 $(t+2)$ 周期、第 $(t+3)$ 周期等周期的需求进行预测,则

$$\hat{x}_{t+2} = \hat{x}_{t+3} = \hat{x}_{t+4} = \cdots = \frac{1}{n}(x_1 + x_2 + \cdots + x_n)$$

也就是 $f_{t,k} = \frac{1}{n}(x_1 + x_2 + \cdots + x_n)$，其中，$f_{t,k}(k=1,2,\cdots)$ 表示在当前为第 t 周期的对第 $(t+k)$ 周期的需求的预测值。

也就是说，按照算术平均法，从当前第 t 周期出发，预测第 $(t+1)$ 周期及其以后周期的需求，都是同一个值，即 $\frac{1}{n}(x_1 + x_2 + \cdots + x_n)$。

当然，实际上一般不这样预测，而是采取"滚动预测"的方法。如在第 t 周期，预测 $\hat{x}_{t+1}$，先不预测后续周期的需求。而当时间推进到第 $(t+1)$ 周期，再预测第 $(t+2)$ 周期的需求 $\hat{x}_{t+2}$。以此类推，随着时间的推进不断滚动地进行后续时间的需求预测。

这就是下面要介绍的移动平均法的思想。

9.3 移动平均法

假设当前周期为 t，历史上被观察到的需求数据为 $x_1, x_2, \cdots, x_t$，若希望预测第 $(t+1)$ 周期的需求 $\hat{x}_{t+1}$，则有 $\hat{x}_{t+1} = t$ 周期前 N 个周期的需求的平均 $= \frac{1}{N}(x_t + x_{t-1} + \cdots + x_{t-N+1})$，或者写为 $f_{t,1} = \frac{1}{N}(x_t + x_{t-1} + \cdots + x_{t-N+1})$，其中，$f_{t,1}$ 为在观察到 x_t 之后的对第 $(t+1)$ 周期的需求的预测值。

N 称为预测窗口，是一个预先给定的整数值，一般根据经验或者通过试验决定其大小，通常其取值为 3~8。

例 9-1 按照表 9-2 所示的历史数据，利用移动平均法进行预测，假设预测窗口 $N=3$。

表 9-2 需求序列

月 份	电视机销售量	预 测 值
1	30	—
2	32	—
3	30	—
4	39	30.67
5	33	33.67
6	34	34.00
7	34	35.33
8	38	33.67
9	36	35.33
10	39	36.00
11	30	37.67
12	36	35.00

解 前 3 个周期的需求不能预测,预测值空缺。

$t=3$,预测第 4 月的需求,有

$$\hat{x}_4 = \frac{30+32+30}{3} = 30.67$$

$t=4$,预测第 5 月的需求,有

$$\hat{x}_5 = \frac{32+30+39}{3} = 33.67$$

$t=5$,预测第 6 月的需求,有

$$\hat{x}_6 = \frac{30+39+33}{3} = 34$$

…

预测窗口 N 的选择显然会对预测结果造成影响。直观地看,较大的 N 意味着更早一些的数据会对预测值起作用,而较小的 N 意味着只有最近的数据才对预测值起作用。增加 N 可以降低预测的方差,使得预测值更加平滑,但是如果本身需求在缓慢波动,则 N 就不能设得太大,否则就不能反映这种波动。

N 到底应该选多大呢?可以在一组相同的历史数据上进行实验,在不同的 N 值情况下分别计算其移动平均,并比较它们的误差,最后选择具有较小误差的 N 值。

例 9-2 根据例 9-1 的数据进行移动平均法的预测试验,选择 N 使得总的预测误差 MAD 最小。

解 预测误差为 $e_t = x_t - (x_t$ 的预测值$) = x_t - \hat{x}_t$,对不同的 $N=1,2,\cdots,12$ 进行试算,在不同的 N 值情况下进行移动平均预测,最后计算该次预测的 MAD 水平。如表 9-3 的第 7~8 列所示,因此最后选最小的 MAD 值 3.016667 所对应的 $N=5$。

表 9-3 Excel 计算表

月份	电视机销售量	移动平均预测值	误差绝对值	MAD	N 的试算	
					N	MAD
1	30					
2	32					
3	30					
4	39					
5	33				1	5
6	34				2	3.66666667
7	34				3	3.36111111
8	38				4	3.33333333
9	36				5	3.01666667
10	39				6	3.11111111
11	30				7	3.22619048
12	36				8	3.21875
13	38	36	2		9	3.05555556
14	30	38	8		10	3.08333333

续表

月份	电视机销售量	移动平均预测值	误差绝对值	MAD	N 的试算	
					N	MAD
15	35	30	5		11	3.04545455
16	30	35	5		12	3.11111111
17	34	30	4		min MAD	3.01666667
18	40	34	6		最佳的 N	5
19	36	40	4			
20	32	36	4			
21	40	32	8			
22	36	40	4			
23	40	36	4			
24	34	40	6			

一般,移动平均法对稳定的需求 $x_t = a + \varepsilon_t$ 最适用,它可以有效地去除其中包含的随机波动因素 ε_t,预测其稳定的均值 a。如果需求中出现趋势变化,则移动平均法得出的预测会总与实际值有一定的时间滞后。移动平均法也不适用于带季节变化的需求模式。

9.4 指数平滑法

指数平滑法是指一类预测方法,它包含许多不同的具体算法,这里指简单指数平滑法。

简单指数平滑法的做法是假设当前为第 t 周期,历史上被观察到的需求数据为 $x_1, x_2, \cdots, x_t$,若希望预测第 $(t+1)$ 周期的需求 $\hat{x}_{t+1}$,则有

下期预测数＝本期预测数＋平滑系数×(本期实际数－本期预测数)

即 $\hat{x}_{t+1} = \hat{x}_t + \alpha(x_t - \hat{x}_t)$,或者也可以写为 $\hat{x}_{t+1} = \alpha x_t + (1-\alpha)\hat{x}_t$,其中,$\alpha$ 是模型的一个已知参数,称为平滑系数,一般取 $0 \leqslant \alpha \leqslant 1$。

上述公式是一个迭代公式,可以使用下列任意一种方法,确定其初始值 $\hat{x}_1$。

(1) 取第 1 个周期的真实需求值为初值;
(2) 取最初几个周期真实需求的平均值为初值。

使用上述公式迭代,可以计算一系列预测值,即

$$\hat{x}_2 = \alpha x_1 + (1-\alpha)\hat{x}_1$$
$$\hat{x}_3 = \alpha x_2 + (1-\alpha)\hat{x}_2$$
$$\vdots$$
$$\hat{x}_t = \alpha x_{t-1} + (1-\alpha)\hat{x}_{t-1}$$
$$\hat{x}_{t+1} = \alpha x_t + (1-\alpha)\hat{x}_t$$

因此,指数平滑法也可以说是"滚动"预测的方法。当然也可以不进行滚动预测,如在当前第 t 周期,若想对第 $(t+2)$ 周期、第 $(t+3)$ 周期等周期的需求进行预测,怎么

办呢?这时显然没有第$(t+2)$周期、第$(t+3)$周期等周期的真实需求可以进行滚动,因此在这种情况下,它们都等于第$(t+1)$周期的预测值$\hat{x}_{t+1}$,即$\hat{x}_{t+1}=\hat{x}_{t+2}=\hat{x}_{t+3}=\cdots=\alpha x_t+(1-\alpha)\hat{x}_t$。

例 9-3 给定历史数据如表 9-4 所示,设 $\alpha=0.1$,并给定预测初值$\hat{x}_1=32$,试利用指数平滑法进行预测。

表 9-4 需求预测表

月 份	销售量 x_t	预测值 $\hat{x}_t$	e_t
1	30	32.00	−2.00
2	32	31.80	0.20
3	30	31.82	−1.82
4	39	31.64	7.36
5	33	32.37	0.63
6	34	32.44	1.56
7	34	32.59	1.41
8	38	32.73	5.27
9	36	33.26	2.74
10	39	33.53	5.47
11	30	34.08	−4.08
12	36	33.67	2.33

解
$$\hat{x}_2=0.1x_1+0.9\hat{x}_1=0.1\times30+0.9\times32=31.80$$
$$\hat{x}_3=0.1x_2+0.9\hat{x}_2=0.1\times32+0.9\times31.8=31.82$$
$$\vdots$$

运算结果如表 9-4 所示。

指数平滑法主要有如下特点。

首先,因为预测误差为$e_t=x_t-(x_t$的预测值$)=x_t-\hat{x}_t$,因此指数平滑的预测可以写为$\hat{x}_{t+1}=\hat{x}_t+\alpha(x_t-\hat{x}_t)=\hat{x}_t+\alpha e_t$,这表明,指数平滑法是在前一个周期预测的基础上,考虑了对前一个周期预测误差的修正(按照一个比例来修正),若前一个周期预测高了,本次预测就稍稍降低,反之,就会提高本次预测值。

其次,指数平滑的迭代公式为
$$\hat{x}_{t+1}=\alpha x_t+(1-\alpha)\hat{x}_t$$
$$\hat{x}_t=\alpha x_{t-1}+(1-\alpha)\hat{x}_{t-1}$$

因此
$$\hat{x}_{t+1}=\alpha x_t+\alpha(1-\alpha)x_{t-1}+\alpha(1-\alpha)^2 x_{t-2}+\cdots+\alpha(1-\alpha)^{t-1}x_1+\alpha(1-\alpha)^t\hat{x}_1$$

等式右边 x 前面的系数项是一个等比级数且在逐渐衰减,当$t\to\infty$时,我们发现这些系数的和等于1,即
$$\alpha+\alpha(1-\alpha)+\alpha(1-\alpha)^2+\cdots+\alpha(1-\alpha)^k+\cdots=1$$

因此，指数平滑法可以看成一种按照比例因子逐渐衰减的移动平均法。离 t 越近的历史数据其影响度越大（比例越大），离 t 越远的历史数据其影响度越微弱。

因此，在这个意义下，平滑系数 α 主要决定多远的历史数据起到多大的作用。如当 $\alpha=0.1$ 时，离当前周期最近的 3 个周期的需求所占的权重为 $0.1+0.09+0.081=0.271$。当 $\alpha=0.9$ 时，离当前周期最近的 3 个周期的需求所占的权重为 $0.9+0.09+0.009=0.999$。当 $\alpha=1$ 时，预测值就等于上一个周期的真实值，再以前的需求值完全被忽略。

通常，平滑系数 α 的选择方法如下。

(1) 当需求的时间序列数字波动不大，发展比较平稳时，α 可取小一点，如 $0.1\sim0.3$。

(2) 当时间序列数字有明显的、迅速的变动倾向时，α 可取大一点，如 $0.6\sim0.8$。

(3) 在实际应用中，可以针对同一组历史数据进行试算，多取几个 α 值，然后计算对应的均方误差（MAD），最后选用 MAD 较小的 α 值作为平滑系数。

如针对例 9-3，根据 1—6 月份的数据进行 MAD 试算，可以得出当 α 为 $0.2\sim0.3$ 时，MAD 比较小，约为 2.90。

9.5 带趋势的指数平滑法

如果需求模式为带趋势的需求，即 $x_t=a+bt+\varepsilon_t$，则要用到带趋势的指数平滑预测法，这种方法最早由 Holt 在 1957 年提出。带趋势的指数平滑法（又称为 Holt 法）主要利用下列公式进行预测。

1. 迭代公式

$$L_t=\alpha x_t+(1-\alpha)(L_{t-1}+T_{t-1})$$
$$T_t=\beta(L_t-L_{t-1})+(1-\beta)T_{t-1}$$

其中，L_t 称为基准项；T_t 称为趋势因子；α、β 均为平滑因子。

2. 迭代初始值

$L_0=0$ 周期的需求量，可以取上一年的平均需求量，或者上一年末的需求量。

$T_0=0$ 周期的增长量，可以取上一年的平均增长量，或者上一年末的增长量。

3. 预测方法

若当前周期为 t，则对第 $(t+k)$ 周期的需求预测值为 $f_{t,k}=L_t+kT_t$ ($k=1,2,3,\cdots$)。

例 9-4 历史数据如表 9-5 所示，令 $\alpha=0.3$，$\beta=0.1$。前一年的需求量分别为 4、6、8、10、14、18、20、22、24、28、31、34。试利用 Holt 法进行预测。

解 T_0 取上一年的平均月增长量，即

$$T_0=\frac{(6-4)+(8-6)+\cdots+(34-31)}{11}=2.73$$

L_0 取上一年年末第 12 月的需求量，即 $L_0=34$。

迭代公式为

表 9-5 Holt 法

月份	Holt 法 CD 销售量	L_t	$\alpha=0.3$ T_t	$\beta=0.1$ $f_{t-1,1}$	MAD=2.84 e_t	$|e_t|$
0		34.00	2.73			
1	40	37.71	2.83	36.73	3.27	3.27
2	47	42.48	3.02	40.54	6.46	6.46
3	50	46.85	3.16	45.50	4.50	4.50
4	49	49.70	3.13	50.01	−1.01	1.01
5	56	53.78	3.22	52.83	3.17	3.17
6	53	55.80	3.10	57.00	−4.00	4.00
7	55	57.73	2.98	58.90	−3.90	3.90
8	63	61.40	3.05	60.72	2.28	2.28
9	68	65.52	3.16	64.46	3.54	3.54
10	65	67.57	3.05	68.68	−3.68	3.68
11	72	71.04	3.09	70.62	1.38	1.38
12	69	72.59	2.94	74.13	−5.13	5.13
13	79	76.57	3.04	75.53	3.47	3.47
14	82	80.33	3.11	79.61	2.39	2.39
15	80	82.41	3.01	83.44	−3.44	3.44
16	85	85.29	3.00	85.42	−0.42	0.42
17	94	90.00	3.17	88.29	5.71	5.71
18	89	91.92	3.04	93.17	−4.17	4.17
19	96	95.27	3.07	94.96	1.04	1.04
20	100	98.84	3.12	98.35	1.65	1.65
21	100	101.38	3.06	101.97	−1.97	1.97
22	105	104.61	3.08	104.44	0.56	0.56
23	108	107.78	3.09	107.69	0.31	0.31
24	110	110.61	3.06	110.87	−0.87	0.87

$$L_1 = 0.3x_1 + 0.7(L_0+T_0) = 0.3 \times 40 + 0.7 \times (34+2.73) = 37.71$$
$$T_1 = 0.1(L_1-L_0) + 0.9T_0 = 0.1 \times (37.71-34) + 0.9 \times 2.73 = 2.83$$
$$L_2 = 0.3x_2 + 0.7(L_1+T_1) = 42.48$$
$$T_2 = 0.1(L_2-L_1) + 0.9T_1 = 3.02$$
$$\vdots$$

滚动预测情况为

$$\hat{x}_1 = L_0 + T_0 = 36.73$$
$$\hat{x}_2 = f_{1,1} = L_1 + T_1 = 37.71 + 2.83 = 40.54$$
$$\hat{x}_3 = f_{2,1} = L_2 + T_2 = 45.50$$
$$\hat{x}_4 = f_{3,1} = L_3 + T_3 = 50.01$$
$$\hat{x}_5 = f_{4,1} = L_4 + T_4 = 52.83$$
$$\vdots$$

若 $t=3$ 以后不滚动（当前周期 $t=3$，以后没有实际的需求量），则
$$\hat{x}_1 = L_0 + T_0$$
$$\hat{x}_2 = f_{1,1} = L_1 + T_1 = 37.71 + 2.83 = 40.54$$
$$\hat{x}_3 = f_{2,1} = L_2 + T_2 = 45.50$$
$$\hat{x}_4 = f_{2,2} = L_2 + 2T_2 = 48.52$$
$$\hat{x}_5 = f_{2,3} = L_2 + 3T_2 = 51.54$$
$$\vdots$$

9.6 带趋势和季节因子的指数平滑法

如果需求中有趋势性和季节性，即 $x_t = (a+bt)F_t + \varepsilon_t$，则要用到带趋势和季节因子的指数平滑法（又称为 Winters 法），这种方法最早由 Winters 在 1960 年提出，其计算公式如下。

1. 迭代公式

$$L_t = \alpha \frac{x_t}{s_{t-c}} + (1-\alpha)(L_{t-1} + T_{t-1})$$

$$T_t = \beta(L_t - L_{t-1}) + (1-\beta)T_{t-1}$$

$$s_t = \gamma \frac{x_t}{L_t} + (1-\gamma)s_{t-c}$$

其中，L_t 为基准项；T_t 为趋势因子；s_t 为季节因子；α、β、γ 均为平滑因子。

2. 预测值

如果当前为第 t 周期，则对第 $(t+k)$ 周期的需求预测值为
$$f_{t,k} = (L_t + kT_t)s_{t+k-c}, k=1,2,3,\cdots$$

其中，c 为一年包含的时间单位数，这里以月为时间单位，则 $c=12$。

3. 迭代的初始值

L_0＝本年年初的平均月需求量

T_0＝本年年初的平均月增长量

s_{-11}＝本年年初统计的 1 月份的季节因子

s_{-10}＝本年年初统计的 2 月份的季节因子

$\vdots$

s_0＝本年年初统计的 12 月份的季节因子

例 9-5 如前年的需求量为 4、3、10、14、25、26、38、40、28、17、16、13，去年需求量为 9、6、18、27、48、50、75、77、52、33、31、24。$\alpha=0.5$，$\beta=0.4$，$\gamma=0.6$。试用 Winters 法进行预测。

解 $T_0 = \dfrac{\text{去年每月平均销售量} - \text{前年每月平均销售量}}{12} = \dfrac{\frac{450}{12} - \frac{234}{12}}{12} = 1.5$

$L_0 = 45.75$

季节因子初始值的估计,可以利用前两年的数据进行平均,即

$$\text{前年1月份季节因子} = \frac{\text{前年1月份销售量}}{\text{前年平均月销售量}} = \frac{4}{19.5} = 0.205$$

$$\text{去年1月份季节因子} = \frac{\text{去年1月份销售量}}{\text{去年平均月销售量}} = \frac{9}{37.5} = 0.240$$

因此 $s_{-11} = \frac{0.205+0.240}{2} = 0.22$。类似地,$s_{-10}=0.16$,$s_{-9}=0.50$,$s_{-8}=0.72$,$s_{-7}=1.28$,$s_{-6}=1.33$,$s_{-5}=1.97$,$s_{-4}=2.05$,$s_{-3}=1.41$,$s_{-2}=0.88$,$s_{-1}=0.82$,$s_0=0.65$。

$$f_{0,1} = (L_0 + T_0)s_{0+1-12} = (45.75+1.5) \times 0.22 = 10.40$$
$$\vdots$$
$$f_{0,7} = (L_0 + 7T_0)s_{0+7-12} = (45.75+7\times 1.5) \times 1.97 = 110.81$$
$$\vdots$$
$$L_1 = 0.5\frac{x_1}{s_{-11}} + 0.5(L_0+T_0) = 0.5 \times \frac{13}{0.22} + 0.5 \times (45.75+1.5) = 53.17$$
$$T_1 = 0.4(L_1 - L_0) + 0.6T_0 = 0.4 \times (53.17-45.75) + 0.6 \times 1.5 = 3.87$$
$$s_1 = 0.6\frac{x_1}{L_1} + 0.4s_{-11} = 0.6 \times \frac{13}{53.17} + 0.4 \times 0.22 = 0.23$$
$$f_{1,6} = (L_1 + 6T_1)s_{0+6-12} = (53.17 + 6 \times 3.87) \times 1.97 = 150.49$$
$$\vdots$$

9.7 回归预测法

回归预测法又称为因果关系法。回归预测法就是找出预测对象(因变量)与影响预测对象的各种因素(自变量)之间的关系,并建立相应的回归方程式,然后代入自变量的数值,求得因变量的方法。回归预测法适用于长期预测。

根据不同的因变量和自变量之间的关系,回归预测法由函数关系可以分为线性和非线性的,由变量关系可以分为一元和多元的,其中,应用最为广泛的是一元线性回归法和多元线性回归法。

1. 一元线性回归法

一般地,如果希望发现两个(组)变量 x_i、y_i 之间的关系为 $y_i = \beta_0 + \beta_1 x_i + \varepsilon_i$,其中 β_0,β_1 为常数系数,ε_i 表示较小的可忽略的随机因素,$i=1,2,\cdots,N$。若 β_0、β_1 的观测值分别近似为 $\hat{\beta}_0$、$\hat{\beta}_1$,则可利用公式 $\hat{y}_i = \hat{\beta}_0 + \hat{\beta}_1 x_i$ 来预测 y_i。

因此对 β_0、β_1 的估计,必须使得针对这一组数据而言的误差最小,即

$$\min_{\hat{\beta}_0,\hat{\beta}_1} F(\hat{\beta}_0, \hat{\beta}_1) = \sum_i e_i^2 = \sum_i (y_i - \hat{\beta}_0 - \hat{\beta}_1 x_i)^2$$

则满足

$$\frac{\partial F}{\partial \hat{\beta}_0} = \frac{\partial F}{\partial \hat{\beta}_1} = 0$$

可以得到

$$\hat{\beta}_1 = \frac{\sum_i (x_i - \bar{x})(y_i - \bar{y})}{\sum_i (x_i - \bar{x})^2}$$

$$\hat{\beta}_0 = \bar{y} - \hat{\beta}_1 \bar{x}$$

其中，$\bar{x} = \frac{\sum_i x_i}{N}$、$\bar{y} = \frac{\sum_i y_i}{N}$ 分别为 x_i、y_i 的平均值。

例 9-6 试就表 9-6 所示的历史需求数据进行线性数据拟合。

解 可以利用 Excel 的自动拟合功能来计算。

在 Excel 中的主要操作步骤为，先将表 9-6 拷贝到 Excel 中，选择此数据区域，然后在菜单"插入"功能组里选择"插入图表"，并根据该功能的提示步骤，依次选择"散点图"，完成该图表的插入动作。最后在形成的图表的数据点上进行单击，利用鼠标右键"添加趋势线"，得到拟合曲线。若销售量为 y，月份为 x，可得线性关系为 $y = 158.29x + 237.53$。Excel 拟合结果如图 9-4 所示。

表 9-6 历史需求数据

月份	1	2	3	4	5	6	7	8	9	10	11	12
销售量	257	601	782	765	1133	1152	1459	1502	1721	1832	1980	2013

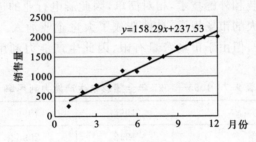

图 9-4 Excel 拟合结果图

在拟合过程中，还可以使用其他 Excel 函数，如 SUMXMY2()、INTERCEPT()、SLOPE()、LINEST()、TREND()、FORECAST() 等，具体使用方法可以参考 Excel 的函数帮助。

另外，很多非线性关系通过适当变换，也可以转换为线性拟合来完成。

如 $y = \beta_0 e^{\beta_1 x}$ 关系的一系列数据，对 (x_i, y_i)，可以先对 $y = \beta_0 e^{\beta_1 x}$ 两端同时取自然对数，有 $\ln y = \ln \beta_0 + \beta_1 x$，则 $\ln y$ 与 x 之间呈线性关系。

因此，可以先对原数据进行转换，即 $\hat{y} = \ln y$，然后针对数据 $(x_i, \hat{y}_i)$ 组合进行线性拟合，最后得到原数据的拟合关系。

用类似的方法还可以处理：$y = \beta_0 x^{\beta_1}$，$y = \beta_0 + \beta_1 \ln x$，$y = \frac{x}{\beta_0 x + \beta_1}$，$y = e^{\beta_0 + \frac{\beta_1}{x}}$ 等函数关系的数据拟合问题。

2. 多元线性回归法

考虑 m 元线性函数的拟合问题，即

$$y = a + b_1 x_1 + b_2 x_2 + \cdots + b_m x_m$$

可以利用 Excel 中的 LINEST() 线性拟合工具进行拟合，其中用到 Excel 公式数组，具体操作方法请参考 Excel 使用手册。

9.8 案例：彩电市场需求预测分析

1999 年 11 月，在某公司市场信息部的办公室里，经理李某望着办公桌上的一堆文件资料沉思。上周，公司领导班子已下达任务，要求他们在年底之前对未来 5 年全国彩电需求情况做出趋势分析，同时要求在近期解决 2000 年至 2004 年公司的目标市场和优先发展产品的问题。

1998 年以来，中国的彩电工业发生了一系列重大的事件，这些事件就连西方市场经济发展历史过程中都未曾出现过，其剧烈程度和影响力，超过了被经济学家所称的"过度竞争"，是一种"超过度竞争"。这种竞争主要体现在以争夺市场份额为核心的价格战越演越烈，许多彩电企业甚至不惜血本，以低于成本价销售彩电，企业效益急剧滑坡。也有的企业销售低价贴牌机，走私国外器件，损害了国家利益，也威胁到整个彩电行业的生存和发展，该公司也卷入这场大战之中。

价格战的频频爆发，主要是有限的市场容量和不断扩大的产量之间的矛盾造成的。由于彩电一条装配线的进口价格只在 150 万美元到 700 万美元之间，而且技术也只是电子原器件的组装和外围技术，相对简单，因此彩电行业的进入屏障低，加上彩电导入期时面临国内巨大的市场规模，自然造成了大量企业涌入。这样，生产能力越来越大，产量也逐年上升，但由于市场容量有限，因此生产能力利用率比较低（如表 9-7 所示）。

表 9-7　1995—1997 年全国彩电生产能力利用率

年份	1995	1996	1997
产量/万台	1912	2095	2496
生产能力/万台	4079	4479	4650
生产能力利用率	0.47	0.47	0.54

到目前为止，彩电的生产能力已经达到 5000 万台以上，远远大于国内市场容量。因此，彩电降价行为，都是市场竞争"逼"出来的。面对有限的客源和自身无限的发展欲望，商家往往会低于市场上其他厂家同类产品的价格主动或者被动地参与市场角逐，与竞争对手争夺市场，争夺"商机"，从而摆脱危机，不断提高品牌市场占有率和拥有更大的市场份额。

那么，国内彩电市场还有没有潜力可挖？李某带着这个问题，时而翻阅资料，时而抄抄写写。一份简报显示：我国城镇 1998 年彩电拥有率已经达到 105.43%，已经饱和，但有很多彩电产品已经进入了更新换代期，据彩电行业专家和客户判断，彩电的生命周期为 12~14 年，并且随着经济的发展，城镇里一户多机的现象也越来越多，拥有率达到 200% 也是可能的。农村彩电拥有率只有 32.5%，农村市场目前潜力还是很大，尤其是今年开始的全国大范围的农用电网改造和农村电价综合整治，农村地区的市场环境改善，对正处于消费成长期的中国广大农村地区肯定会在数年之内，迅速形成消费高潮。

研究未来5年全国城乡彩电市场前景除了定性分析外,还必须有数据的支持。李某翻阅《中国统计年签》、《中国电子工业年签》等有关资料,得到了历年来全国城乡家庭彩电拥有量、居民户数、彩电年产量以及全国城乡居民生活水平情况等资料。此外,公司市场部于上月面对全国进行了一次问卷调查,主要涉及未来5年内家庭彩电的购买意向,共发放问卷600份,面向城市400份,面向农村200份,其中有效问卷分别为382份和168份。

预测方法的选择是个至关重要的问题,李某经过反复琢磨,认为至少有以下两个方法可供选择。方法一:采用回归分析预测法。首先,选择自变量,对影响彩电需求水平的相关因素,如购买者因素、购买力因素、购买动机因素、社会因素、环境因素展开定性分析,在此基础上,选择容易得到的、相关系数较大的相关因素作为自变量。然后在此基础上,建立回归分析模型。方法二:采用时间序列趋势外推法。首先,利用时间序列分析法中的线性趋势外推法分别预测未来的彩电百户拥有量和城乡户数。然后据此推算未来彩电的总需求,彩电总需求包括彩电新增需求和更新需求,计算公式如下:

彩电总需求＝彩电新增需求＋彩电更新需求

第 N 年城镇(农村)彩电新增需求＝第 N 年城镇(农村)户数
   ×第 N 年城镇(农村)彩电百户拥有量
   －第 $(N-1)$ 年城镇(农村)户数
   ×第 $(N-1)$ 年城镇(农村)彩电百户拥有量

第 N 年城镇(农村)彩电更新需求＝第 $(N-T)$ 年城镇(农村)户数
   ×第 $(N-T)$ 年城镇(农村)彩电百户拥有量
   －第 $(N-T-1)$ 年城镇(农村)户数
   ×第 $(N-T-1)$ 年城镇(农村)彩电百户拥有量

其中,T 为彩电的生命周期。

采用方法一,只需彩电百户拥有量和城乡户数数据资料(如表9-8和表9-9所示),且计算方法简便,但效果如何? 若采用方法二,需要更多的影响彩电需求的相关因素的历史数据(如表9-10至表9-15所示),就已有的资料,建立回归模型能否达到预期的要求? 看来预测方法的选择还得费番脑筋。需要进一步分析的是,供需相比(包括总量和结构),彩电市场还有没有发展的空间? 该公司在生产战略上应作如何调整? 李某又陷入了深深的深思。

表9-8 全国城乡彩电百户拥有量 (单位:台)

年份	1985	1986	1987	1988	1989	1990	1991	1992	1993
城镇	17.21	27.41	34.63	43.93	51.47	59.04	68.41	78.87	79.46
农村	0.8	1.52	2.34	2.8	3.63	4.72	6.44	8.08	10.86
年份	1994	1995	1996	1997	1998				
城镇	86.21	89.79	93.5	100.48	105.43				
农村	13.52	16.92	22.91	27.32	32.59				

表 9-9 全国城乡户数　　　　　　　　　　　　　　　　　（单位：万户）

年份	1985	1986	1987	1988	1989	1990	1991	1992	1993
城镇	6450.9	6902.1	7399.5	7895.6	8321.1	8626	8904.7	9605.9	10075.8
农村	15772.9	16004.1	16292.6	16673.1	17112	17529.6	18106.2	18158.2	18554.7
年份	1994	1995	1996	1997	1998				
城镇	10457.6	10889.8	11234.4	11595.3	12007				
农村	18843.4	19184.6	19556.3	19916.6	20201.9				

表 9-10 全国彩电年产量　　　　　　　　　　　　　　　（单位：万台）

年份	1991	1992	1993	1994	1995	1996	1997	1998
产量	1205.06	1333.08	1435.76	1689.15	2057.74	2537.6	2711.33	3609.59

表 9-11 1998 年各种规格彩电产量　　　　　　　　　　（单位：万台）

规格（英寸）	<21	21	25	29	34	>34	共计
产量	309.36	1514.98	785.16	合计 1000.09			3609.59

表 9-12 城镇居民经济生活情况

年份	1991	1992	1993	1994	1995	1996	1997	1998
城镇居民家庭人均可支配收入/元	1700.6	2026.6	2577.4	3496.2	4283	4838.9	5160.3	5425.1
城镇居民储蓄存款余额/亿元	6790.9	8678.1	11627.3	16702.8	23466.7	30850.2	37949.4	44862.3
城镇居民家庭人均家庭设备用品及服务支出/元	112.62	140.78	184.96	251.42	296.96	298.15	316.89	356.83

表 9-13 农村居民经济生活情况

年份	1991	1992	1993	1994	1995	1996	1997	1998
农村居民家庭人均纯收入/元	708.6	784	921.6	1221	1577.7	1926.1	2090.1	2162
农村居民家庭存款余额/亿元	2319.4	2867.3	3576.2	4816	6195.6	7670.7	8330.4	8545.2
农村居民家庭人均家庭设备用品及服务支出/元	34.83	36.16	44.35	55.09	68.08	83.96	85.16	81.77

表 9-14 城乡居民 2000—2004 年内购买彩电意向比率　　（单位：%）

规格（英寸）	<21	21	25	29	34	42
城镇	1	16	22	51	8	2
农村	5	30	40	23	2	0

表 9-15 城乡居民生活水平状况

项目	城镇		农村	
	1993 年	1998 年	1985 年	1998 年
居民消费性支出/(元/人)	2110.81	4331.61	317.42	1590.33
其中:食品支出/(元/人)	1058.2	1926.89	183.43	849.64
恩格尔系数/(%)	50.1 (温饱)	44.5 (小康)	57.8 (温饱)	53.4 (温饱)

9.9 本章小结

本章主要介绍了常用的利用时间序列分析技术进行预测的方法,包括算术平均法、移动平均法、指数平滑法、带趋势的指数平滑法、带趋势和季节因子的指数平滑法及回归预测法等。

当然预测技术还有很多,本章介绍的只是其中极小的一部分。值得注意的是,各种预测方法有其特定的使用条件和适用范围,必须明确需求的基本特点和模式,做到预测模型的合理选用。

另外,针对一个企业而言,由于需求预测对企业的重要性,因此必须认真对待,将它作为一项系统性的工程来进行,除了对需求特点的分析、预测技术的选择之外,数据的收集和处理及对预测结果的修正等步骤也都是非常关键的。

9.10 习题

9-1 给定表 9-16 所示销售数据。若当前时刻为 6 月份,请分别利用① $N=3$ 月的移动平均法;② $\alpha=0.1, b=0.2$ 的指数平滑法,完成下列两种情况下的销售量预测。

表 9-16 历史数据表 1

月份	1	2	3	4	5	6	7	8	9	10
需求量	460	452	458	470	478	480	498	500	490	488

(1) 滚动预测情况:随着月份的不断增加,实时更新预测。
(2) 不滚动预测情况:从当前 6 月份,直接预测未来的需求情况。

9-2 给定如表 9-17 所示数据。请分别利用下列方法对以后的 4 个季度的销售量进行预测。表 9-17 中时间编号为按月从 2010 年 1 月份开始的 20 个月,季节列中,1 表示春季,2 表示夏季,3 表示秋季,4 表示冬季。

(1) 利用指数平滑法预测。
(2) 利用 Holt 法预测。
(3) 利用 Winters 法预测。
(4) 利用 Excel 多元线性回归法研究:销售量与广告投入量、潜在客户数之间是否存在关联规律。若有关联规律,则利用此规律进行预测。
(5) 试比较前面不同的预测结果,解释其原因。

表 9-17　历史数据表 2

时间编号	季节	广告投入量	潜在客户数	销售量
1	4	30	100	1200
2	4	20	105	880
3	4	15	111	1800
4	1	40	117	1050
5	1	10	122	1700
6	1	50	128	350
7	2	5	135	2500
8	2	40	142	760
9	2	20	149	2300
10	3	10	156	1000
11	3	60	164	1570
12	3	5	172	2430
13	4	35	181	1320
14	4	15	190	1400
15	4	70	200	1890
16	1	25	210	3200
17	1	30	221	2200
18	1	60	232	1440
19	2	80	243	4000
20	2	60	264	4100

9-3　试根据表 9-18 的历史数据，完成下列工作。

表 9-18　历史数据表 3

月份	1	2	3	4	5	6
需求量	20	30	40	30	50	58

(1) $N=2$ 月的移动平均法。

(2) 指数平滑法，$\alpha=0.2, \beta=0.2$。

(3) 试在不同的 $\alpha、\beta$ 取值情况下就给定数据进行预测试验，计算其对应 MAD 值，进而确定最佳的 $\alpha、\beta$。

9-4　试根据表 9-19 的历史数据，分别用不同的预测方法预测未来一年内 1 月份的需求量，并计算对应的 MAD 值，进行相互比较。

表 9-19　历史数据表 4

月份	1	2	3	4	5	6	7	8	9	10	11	12
需求量	93	105	114	111	106	116	100	101	81	118	103	114

(1) $N=3$ 月的移动平均法。

(2) 指数平滑法，$\alpha=0.1, b=0.2$。

(3) 利用线性拟合工具对月份、需求量进行拟合试验，并计算其 MAD 值。

(4) 利用 Holt 法进行预测。
(5) 利用 Winters 法进行预测。

9-5 试根据表 9-20 的历史数据,分别利用不同的预测方法预测未来一年内 1 月份的需求量,并计算对应的 MAD 值,进行相互比较。

表 9-20 历史数据表 5

月份	1	2	3	4	5	6	7	8	9	10	11	12
需求量	497	454	624	764	631	624	821	1017	709	715	1794	1242

(1) $N=4$ 月的移动平均法。
(2) 指数平滑法,$a=0.2, b=0.3$。
(3) 利用线性拟合工具对月份、需求量进行拟合试验,并计算其 MAD 值。
(4) 利用 Holt 法进行预测。
(5) 利用 Winters 法进行预测。

附录 A 概率论基础

1. 概率与随机变量

在相同条件下进行 n 次重复试验,如果随机事件 A 发生的次数为 m,那么 m/n 称为随机事件 A 的频率(Frequency);当试验重复数 n 逐渐增大时,随机事件 A 的频率越来越稳定地接近某一数值 P,那么就把 P 称为随机事件 A 的概率(Probability)。

进行一次试验,有多种可能结果。每一种可能结果都可用一个数来表示,把这些数作为变量 ξ 的取值范围,则试验结果可用变量 ξ 来表示,则 ξ 称为随机变量(Random Variable)。

2. 随机变量的分布函数

给定随机变量 ξ,它的取值不超过实数 x 的事件的概率 $P(\xi \leqslant x)$ 是 x 的函数,称为 ξ 的概率分布函数,简称分布函数,记为 $F(x)$,即

$$F(x) = P(\xi \leqslant x), -\infty < x < +\infty$$

分布函数按照随机变量的不同取值的形式(离散取值或连续取值)分为离散分布函数或者连续分布函数。

1) 离散分布和概率分布列

如果随机变量 ξ 的值只能取有限个数值,即 $x_1, x_2, \cdots$,则 ξ 称为离散型随机变量。

如果记 ξ 取值为 x_k 的概率为 $P(\xi = x_k) = p_k, k = 1, 2, 3, \cdots$,则 ξ 取值的概率完全由数列 $\{p_k\}$ 确定,则 $\{p_k\}$ 称为 ξ 的概率分布列。

按照分布函数的定义 $F(x) = P(\xi \leqslant x)(-\infty < x < +\infty)$,可以得到离散随机变量 ξ 的分布函数,即

$$F(x) = \sum_{x_k \leqslant x} p_k$$

显然,$\sum p_k = 1$。

例 A-1 ξ 取值有 2 和 4 两种可能,各自的概率为 0.5,其分布列和分布函数 $F(x)$ 如图 A-1 所示。

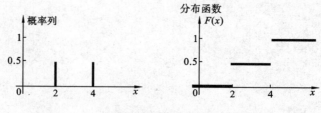

图 A-1 离散分布

例 A-2 若随机变量 x 只取零和正整数值 $0, 1, 2, \cdots$,且其概率分布为

$$P(x = k) = \frac{\lambda^k}{k!} e^{-\lambda} \quad (k = 0, 1, \cdots)$$

其中,$\lambda>0$;e=2.7182 是自然对数的底数,则称 x 服从参数为 λ 的泊松分布,记为 $x\sim P(\lambda)$。

泊松分布的均值和方差都等于常数 λ,即 $E(x)=\mathrm{Var}(x)=\lambda$。

2) 连续分布和分布密度函数

如果随机变量 ξ 的分布函数可以表示为

$$F(x) = \int_{-\infty}^{x} f(t)\mathrm{d}t$$

就把 ξ 称为连续型随机变量,$f(x)$ 称为 ξ 的分布密度函数,简称分布密度。

显然,$f(x) = \dfrac{\mathrm{d}}{\mathrm{d}x}F(x)$,$\int_{-\infty}^{+\infty} f(t)\mathrm{d}t = 1$。

例 A-3 一般正态分布 $N(\mu,\sigma^2)$,其分布密度函数和分布函数分别为 $\phi_{N(\mu,\sigma^2)}(x) = \dfrac{1}{\sigma\sqrt{2\pi}}\mathrm{e}^{-\frac{(x-\mu)^2}{2\sigma^2}}$,$\Phi_{N(\mu,\sigma^2)}(x) = \dfrac{1}{\sigma\sqrt{2\pi}}\int_{-\infty}^{x}\mathrm{e}^{-\frac{(x-\mu)^2}{2\sigma^2}}\mathrm{d}x$,如图 A-2 所示。

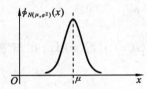 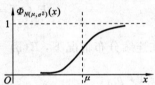

图 A-2

正态分布的均值为 μ,方差为 σ^2,标准差为 σ。

当正态分布 $N(\mu,\sigma^2)$ 中的 $\mu=0,\sigma=1$ 时,称为标准正态分布 $N(0,1)$。

例 A-4 [10,20]之间的均匀分布,其分布函数和分布密度函数如图 A-3 所示。

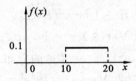 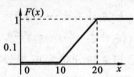

图 A-3 均匀分布

3. 随机变量的均值和方差

(1) 均值(又称为期望),描述了随机变量 ξ 取值的中心,记为 $E(\xi)$。

(2) 方差,描述了随机变量 ξ 可能取值和均值之间偏离的疏密程度,记为 $\mathrm{Var}(\xi)$。

(3) 标准差(又称为均方差)为 $\mathrm{STD}(\xi) = \sqrt{\mathrm{Var}(\xi)}$。

对于离散型随机变量 ξ,有

$$E(\xi) = \sum_k x_k p_k$$

$$\mathrm{Var}(\xi) = \sum_k [x_k - E(\xi)]^2 \cdot p_k$$

对于连续型随机变量 ξ,有

$$E(\xi) = \int_{-\infty}^{+\infty} x \cdot f(x)\mathrm{d}x$$

$$\mathrm{Var}(\xi) = \int_{-\infty}^{+\infty} [x - E(\xi)]^2 \cdot f(x)\mathrm{d}x$$

按照上述定义，对于正态分布而言，标准正态分布 $N(0,1)$ 的均值为 0，方差为 1，标准差为 1。一般正态分布 $N(\mu,\sigma^2)$ 的均值为 μ，方差为 σ^2，标准差为 σ。

4. 随机变量的函数

若随机变量 η 是随机变量 ξ 的确定性函数，即 $\eta=G(\xi)$。若已知 ξ 的分布函数为 $F_\xi(x)$，分布密度函数为 $f_\xi(x)$，考虑下列问题：

(1) η 的分布函数 $F_\eta(x)$；

(2) η 的均值 $E(\eta)$；

(3) η 的方差 $\mathrm{Var}(\eta)$。

针对(1)，在连续分布情况下，有

$$F_\eta(x) = \int_{G(y) \leqslant x} f_\xi(y)\mathrm{d}y$$

在离散分布情况下，若 $\{p_{\xi,k}\}$ 为 ξ 取值 $x_1, x_2, \cdots, x_k, \cdots$ 的概率分布列，则

$$F_\eta(x) = \sum_{G(x_i) \leqslant x} p_{\xi,k}$$

针对(2)，在连续分布情况下，$E(\eta) = \int_{-\infty}^{+\infty} G(x) \cdot f_\xi(x)\mathrm{d}x$；在离散分布情况下，$E(\eta) = \sum_i G(x_i) \cdot p_{\xi,i}$。

针对(3)，在连续分布情况下，$\mathrm{Var}(\eta) = \int_{-\infty}^{+\infty} \{G(x) - G[E(\eta)]\}^2 \cdot f_\xi(x)\mathrm{d}x$；在离散分布情况下，$\mathrm{Var}(\eta) = \sum_i \{G(x_i) - G[E(\eta)]\}^2 \cdot p_{\xi,i}$。

若 $\xi_i(i=1,2,\cdots,n)$ 为相互独立的随机变量，则

$$E(\xi_1+\xi_2+\cdots+\xi_n) = E(\xi_1) + E(\xi_2) + \cdots + E(\xi_n)$$

$$\mathrm{Var}(\xi_1+\xi_2+\cdots+\xi_n) = \mathrm{Var}(\xi_1) + \mathrm{Var}(\xi_2) + \cdots + \mathrm{Var}(\xi_n)$$

例 A-5 若已知 ξ 的分布为正态分布 $N(\mu,\sigma^2)$，求 $\eta=10\xi$ 的分布。

解 η 的分布依然为正态分布，有 $E(\eta)=10\mu$，$\mathrm{Var}(\eta)=10^2\sigma^2=100\sigma^2$，因此 η 的分布为正态分布 $N(10\mu,100\sigma^2)$。

例 A-6 若已知相互独立的随机变量 ξ_i 的分布为正态分布 $N(\mu,\sigma^2)$，$i=1,2,\cdots,10$，求 $\eta=\xi_1+\xi_2+\cdots+\xi_{10}$ 的分布。

解 η 的分布依然为正态分布，有 $E(\eta)=10\mu$，$\mathrm{Var}(\eta)=10\sigma^2$，因此 η 的分布为正态分布 $N(10\mu,10\sigma^2)$。

附录 B 最优化理论基础

1. 最优化问题的表达

最优化问题,就是求一个多元函数在某个给定集合上的极值。几乎所有类型的最优化问题都可以用下面的数学模型来表示:

$$\min z = f(x), x \in K$$

其中,K 是某个给定的集合,称为可行集或者可行域;$f(x)$ 是定义在集合 K 上的实值函数。在上述模型中,x 称为决策变量,$f(x)$ 称为目标。

在工程应用中,可行集 K 常常用约束函数来具体化表达,例如

$$\min z = f(x)$$
$$\text{s.t.} : h_i(x) = 0 \quad (i=1,2,\cdots,I)$$
$$g_j(x) \geqslant 0 \quad (j=1,2,\cdots,J)$$

其中,$h_i(x)$ 及 $g_j(x)$ 称为约束函数。

需要说明的是,上述最小化问题可以等价地转换为下列最大化问题:

$$\max z' = -f(x)$$
$$\text{s.t.} : h_i(x) = 0 \quad (i=1,2,\cdots,I)$$
$$g_j(x) \geqslant 0 \quad (j=1,2,\cdots,J)$$

2. 函数的可微性

定义 B-1 设有 n 元实函数 $f(x)$,其中自变量 $\boldsymbol{x} = (x_1, x_2, \cdots, x_n)^T \in \mathbf{R}^n$,称向量 $\nabla f(\boldsymbol{x}) = \left(\dfrac{\partial f(x)}{\partial x_1}, \dfrac{\partial f(x)}{\partial x_2}, \cdots, \dfrac{\partial f(x)}{\partial x_n}\right)^T$ 为 $f(\boldsymbol{x})$ 在 $\boldsymbol{x}$ 处的一阶导数或者梯度。

称矩阵

$$\nabla^2 f(\boldsymbol{x}) = \begin{bmatrix} \dfrac{\partial^2 f(x)}{\partial x_1^2} & \dfrac{\partial^2 f(x)}{\partial x_1 \partial x_2} & \cdots & \dfrac{\partial^2 f(x)}{\partial x_1 \partial x_n} \\ \dfrac{\partial^2 f(x)}{\partial x_2 \partial x_1} & \dfrac{\partial^2 f(x)}{\partial x_2} & \cdots & \dfrac{\partial^2 f(x)}{\partial x_2 \partial x_n} \\ \vdots & \vdots & & \vdots \\ \dfrac{\partial^2 f(x)}{\partial x_n \partial x_1} & \dfrac{\partial^2 f(x)}{\partial x_n \partial x_2} & \cdots & \dfrac{\partial^2 f(x)}{\partial x_n^2} \end{bmatrix}$$

为 $f(\boldsymbol{x})$ 在 $\boldsymbol{x}$ 处的二阶导数或者 Hesse 矩阵。

若梯度 $\nabla f(\boldsymbol{x})$ 的每个分量函数在 $\boldsymbol{x}$ 处都连续,则称 $f(\boldsymbol{x})$ 在 $\boldsymbol{x}$ 处一阶连续可微;若 Hesse 矩阵 $\nabla^2 f(\boldsymbol{x})$ 的每个分量函数都连续,则称 $f(\boldsymbol{x})$ 在 $\boldsymbol{x}$ 处二阶连续可微。

3. 凸集与凸函数

凸集和凸函数在优化理论中起着举足轻重的作用,是判断最优解唯一性的主要条件。

定义 B-2 设集合 $D \in \mathbf{R}^n$,对于任意的 $x, y \in D$ 及任意的实数 $\lambda \in [0,1]$,都有 $\lambda x + (1-\lambda)y \in D$,则称集合 D 为凸集。

不难看出,对于某非空集合 $D \in \mathbf{R}^n$,若连接其中任意两点的线段仍属于集合 D,则该集合 D 为凸集。

定义 B-3 设函数 $f: D \in \mathbf{R}^n \to \mathbf{R}$,其中 D 为凸集,则有

(1) 对于任意的 $x, y \in D$ 及任意的实数 $\lambda \in [0,1]$,都有 $f[\lambda x + (1-\lambda)y] \leqslant \lambda f(x) + (1-\lambda)f(y)$,则称 $f(x)$ 是 D 上的凸函数。

(2) 对于任意的 $x, y \in D, x \neq y$ 及任意的实数 $\lambda \in [0,1]$,都有 $f[\lambda x + (1-\lambda)y] < \lambda f(x) + (1-\lambda)f(y)$,则称 $f(x)$ 是 D 上的严格凸函数。

(3) 存在常数 $\gamma > 0$,对于任意的 $x, y \in D$ 及任意的实数 $\lambda \in [0,1]$,都有 $f[\lambda x + (1-\lambda)y] + \frac{1}{2}\lambda(1-\lambda)\gamma \|x-y\|^2 \leqslant \lambda f(x) + (1-\lambda)f(y)$,则称 $f(x)$ 是 D 上的一致凸函数。

设 f, f_1, f_2 都是凸集 D 上的凸函数,$c_1, c_2 \in \mathbf{R}^+, \alpha \in \mathbf{R}$,凸函数具有下列基本性质。

(1) $c_1 f_1(x) + c_2 f_2(x)$ 也是 D 上的凸函数。

(2) 水平集:$L(f, \alpha) = \{x | x \in D, f(x) \leqslant \alpha\}$ 是凸集。

4. 无约束问题的最优性条件

考虑下列无约束最优化问题:

$$\min f(x) \tag{B-1}$$

定义:若对于任意的 $x \in \mathbf{R}^n$,都有 $f(x^*) \leqslant f(x)$,则称 x^* 为 $f(x)$ 的一个全局极小点。若此不等式严格成立且 $x^* \neq x$,则称 x^* 为 $f(x)$ 的一个严格全局最小点。

定义 B-4 若对于任意的 $x \in N(x^*, \delta) = \{x \in \mathbf{R}^n | \|x - x^*\| < \delta\}$,都有 $f(x^*) \leqslant f(x)$,则称 x^* 为 $f(x)$ 的一个局部极小点,其中 $\delta > 0$ 为某个常数。若上述不等式严格成立且 $x^* \neq x$,则称 x^* 为 $f(x)$ 的一个严格局部极小点。

定理 B-1(一阶必要条件) 设 $f(x)$ 在开集 D 上一阶连续可微,若 $x^* \in D$ 是 $f(x)$ 的一个局部极小点,则必有 $\nabla f(x^*) = 0$。

定理 B-2(二阶必要条件) 设 $f(x)$ 在开集 D 上二阶连续可微,若 $x^* \in D$ 是 $f(x)$ 的一个局部极小点,则必有 $\nabla f(x^*) = 0$ 且 $\nabla^2 f(x^*)$ 是半正定矩阵。

定理 B-3(二阶充分条件) 设 $f(x)$ 在开集 D 上二阶连续可微,若满足条件 $\nabla f(x^*) = 0$ 及 $\nabla^2 f(x^*)$ 是正定矩阵,则 x^* 是一个局部极小点。

定理 B-4 设 $f(x)$ 是 $\mathbf{R}^n$ 上的凸函数并且是一阶连续可微的,则 $x^* \in \mathbf{R}^n$ 是 $f(x)$ 的全局极小点的充分必要条件是 $\nabla f(x^*) = 0$。

5. 约束优化问题的拉格朗日松弛法

针对带约束的二元函数的优化问题:

$$\min z = f(x, y)$$
$$\text{s.t.}: g(x, y) = 0$$

有时可以利用拉格朗日乘子法,将其转化为不带约束的问题进行求解,即变化为下列优化问题:

$$\min L = f(x, y) - \lambda g(x, y)$$

其中,λ 为拉格朗日乘子。

因此原优化问题的求解,可以使用一般无约束问题的求解方法来进行,具体可以使用下列步骤进行试凑。

步骤 1 设定迭代的 λ 的初值,即 $\lambda=\lambda_0$,设迭代数 $n=0$。

步骤 2 计算下列一阶导数为零时的最优 x 和 y 值:

$$\frac{\partial L}{\partial x}=0, \quad 即 \quad \frac{\partial f}{\partial x}-\lambda_n\frac{\partial g}{\partial x}=0$$

$$\frac{\partial L}{\partial y}=0, \quad 即 \quad \frac{\partial f}{\partial y}-\lambda_n\frac{\partial g}{\partial y}=0$$

步骤 3 在步骤 2 的解的情况下,验证关系 $g(x,y)=0$ 是否成立,若成立,则计算结束;否则修改 λ_n 的值,令 $n=n+1$,返回步骤 2 继续运算。

6. 带参变量的积分求导公式

$$\frac{\mathrm{d}}{\mathrm{d}y}\int_{a(y)}^{b(y)}f(y,t)\mathrm{d}t = \int_{a(y)}^{b(y)}f'_y(y,t)\mathrm{d}t + f[y,b(y)]\frac{\mathrm{d}b(y)}{\mathrm{d}y} - f[y,a(y)]\frac{\mathrm{d}a(y)}{\mathrm{d}y}$$

附录 C 标准正态分布函数表

(1) 标准正态分布为 $N(0,1)$；其分布函数为 $\Phi_{N(0,1)}(x)$；分布密度函数为 $\phi_{N(0,1)}(x)$，如图 C-1 所示。

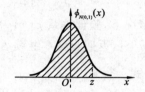

图 C-1 标准正态分布的密度函数

分布函数 $\Phi_{N(0,1)}(z)$，当 $z \geqslant 0$ 时，查表 C-1；而当 $z < 0$ 时，有 $\Phi_{N(0,1)}(z) = 1 - \Phi_{N(0,1)}(-z)$。

表 C-1 标准正态分布的分布函数表

z	z									
	0	0.01	0.02	0.03	0.04	0.05	0.06	0.07	0.08	0.09
	$\Phi_{N(0,1)}(z)$									
0.0	0.5000	0.5040	0.5080	0.5120	0.5160	0.5199	0.5239	0.5279	0.5319	0.5359
0.1	0.5398	0.5438	0.5478	0.5517	0.5557	0.5596	0.5636	0.5675	0.5714	0.5753
0.2	0.5793	0.5832	0.5871	0.5910	0.5948	0.5987	0.6026	0.6064	0.6103	0.6141
0.3	0.6179	0.6217	0.6255	0.6293	0.6331	0.6368	0.6406	0.6443	0.6480	0.6517
0.4	0.6554	0.6591	0.6628	0.6664	0.6700	0.6736	0.6772	0.6808	0.6844	0.6879
0.5	0.6915	0.6950	0.6985	0.7019	0.7054	0.7088	0.7123	0.7157	0.719	0.7224
0.6	0.7257	0.7291	0.7324	0.7357	0.7389	0.7422	0.7454	0.7486	0.7517	0.7549
0.7	0.7580	0.7611	0.7642	0.7673	0.7703	0.7734	0.7764	0.7794	0.7823	0.7852
0.8	0.7881	0.7910	0.7939	0.7967	0.7995	0.8023	0.8051	0.8078	0.8106	0.8133
0.9	0.8159	0.8186	0.8212	0.8238	0.8264	0.8289	0.8315	0.8340	0.8365	0.8389
1.0	0.8413	0.8438	0.8461	0.8485	0.8508	0.8531	0.8554	0.8577	0.8599	0.8621
1.1	0.8643	0.8665	0.8686	0.8708	0.8729	0.8749	0.8770	0.8790	0.8810	0.8830
1.2	0.8849	0.8869	0.8888	0.8907	0.8925	0.8944	0.8962	0.8980	0.8997	0.9015
1.3	0.9032	0.9049	0.9066	0.9082	0.9099	0.9115	0.9131	0.9147	0.9162	0.9177
1.4	0.9192	0.9207	0.9222	0.9236	0.9251	0.9265	0.9278	0.9292	0.9306	0.9319
1.5	0.9332	0.9345	0.9357	0.937	0.9382	0.9394	0.9406	0.9418	0.943	0.9441
1.6	0.9452	0.9463	0.9474	0.9484	0.9495	0.9505	0.9515	0.9525	0.9535	0.9545
1.7	0.9554	0.9564	0.9573	0.9582	0.9591	0.9599	0.9608	0.9616	0.9625	0.9633
1.8	0.9641	0.9648	0.9656	0.9664	0.9671	0.9678	0.9686	0.9693	0.9700	0.9706
1.9	0.9713	0.9719	0.9726	0.9732	0.9738	0.9744	0.9750	0.9756	0.9762	0.9767

续表

z	\multicolumn{10}{c}{z}
	0	0.01	0.02	0.03	0.04	0.05	0.06	0.07	0.08	0.09
	\multicolumn{10}{c}{$\Phi_{N(0,1)}(z)$}
2.0	0.9772	0.9778	0.9783	0.9788	0.9793	0.9798	0.9803	0.9808	0.9812	0.9817
2.1	0.9821	0.9826	0.983	0.9834	0.9838	0.9842	0.9846	0.9850	0.9854	0.9857
2.2	0.9861	0.9864	0.9868	0.9871	0.9874	0.9878	0.9881	0.9884	0.9887	0.9890
2.3	0.9893	0.9896	0.9898	0.9901	0.9904	0.9906	0.9909	0.9911	0.9913	0.9916
2.4	0.9918	0.9920	0.9922	0.9925	0.9927	0.9929	0.9931	0.9932	0.9934	0.9936
2.5	0.9938	0.9940	0.9941	0.9943	0.9945	0.9946	0.9948	0.9949	0.9951	0.9952
2.6	0.9953	0.9955	0.9956	0.9957	0.9959	0.9960	0.9961	0.9962	0.9963	0.9964
2.7	0.9965	0.9966	0.9967	0.9968	0.9969	0.9970	0.9971	0.9972	0.9973	0.9974
2.8	0.9974	0.9975	0.9976	0.9977	0.9977	0.9978	0.9979	0.9979	0.9980	0.9981
2.9	0.9981	0.9982	0.9982	0.9983	0.9984	0.9984	0.9985	0.9985	0.9986	0.9986
3.0	0.998700	0.999000	0.999300	0.999500	0.999700	0.999800	0.999800	0.999900	0.999900	1.000000
3.1	0.999032	0.999065	0.999096	0.999126	0.999155	0.999184	0.999211	0.999238	0.999264	0.999289
3.2	0.999313	0.999336	0.999359	0.999381	0.999402	0.999423	0.999443	0.999462	0.999481	0.999499
3.3	0.999517	0.999534	0.999550	0.999566	0.999581	0.999596	0.999610	0.999624	0.999638	0.999660
3.4	0.999663	0.999675	0.999687	0.999698	0.999709	0.999720	0.999730	0.999740	0.999749	0.999760
3.5	0.999767	0.999776	0.999784	0.999792	0.999800	0.999807	0.999815	0.999822	0.999828	0.999885
3.6	0.999841	0.999847	0.999853	0.999858	0.999864	0.999869	0.999874	0.999879	0.999883	0.999880
3.7	0.999892	0.999896	0.999900	0.999904	0.999908	0.999912	0.999915	0.999918	0.999922	0.999926
3.8	0.999928	0.999931	0.999933	0.999936	0.999938	0.999941	0.999943	0.999946	0.999948	0.999950
3.9	0.999952	0.999954	0.999956	0.999958	0.999959	0.999961	0.999963	0.999964	0.999966	0.999967
4.0	0.999968	0.999970	0.999971	0.999972	0.999973	0.999974	0.999975	0.999976	0.999977	0.999978
4.1	0.999979	0.999980	0.999981	0.999982	0.999983	0.999983	0.999984	0.999985	0.999985	0.999986
4.2	0.999987	0.999987	0.999988	0.999988	0.999989	0.999989	0.999990	0.999990	0.999991	0.999991
4.3	0.999991	0.999992	0.999992	0.999930	0.999993	0.999993	0.999993	0.999994	0.999994	0.999994
4.4	0.999995	0.999995	0.999995	0.999995	0.999996	0.999996	0.999996	1.000000	0.999996	0.999996
4.5	0.999997	0.999997	0.999997	0.999997	0.999997	0.999997	0.999997	0.999998	0.999998	0.999998
4.6	0.999998	0.999998	0.999998	0.999998	0.999998	0.999998	0.999998	0.999998	0.999999	0.999999
4.7	0.999999	0.999999	0.999999	0.999999	0.999999	0.999999	0.999999	0.999999	0.999999	0.999999
4.8	0.999999	0.999999	0.999999	0.999999	0.999999	0.999999	0.999999	0.999999	0.999999	0.999999
4.9	1.000000	1.000000	1.000000	1.000000	1.000000	1.000000	1.000000	1.000000	1.000000	1.000000

（2）针对一般的正态分布 $N(\mu,\sigma^2)$（如图 C-2 所示），其分布函数 $\Phi_{N(\mu,\sigma^2)}(y) = \Phi_{N(0,1)}\left(\dfrac{y-\mu}{\sigma}\right)$，其中 $\Phi_{N(0,1)}(\,)$ 为标准正态分布函数。

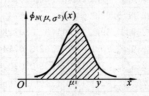

图 C-2　一般正态分布的密度函数 $\phi_{N(\mu,\sigma^2)}(x)$

附录 D 标准正态分布的期望值表

$$NL(-y) = NL(y) + y$$

标准正态分布的期望值表如表 D-1 所示。

表 D-1 标准正态分布的期望值表

y	NL(y)	y	NL(y)	y	NL(y)	y	NL(y)	y	NL(y)	y	NL(y)	y	NL(y)	y	NL(y)
0.00	0.3989	0.38	0.2374	0.76	0.1289	1.14	0.0634	1.52	0.0280	1.90	0.0111	2.28	0.0039	2.66	0.0012
0.01	0.3940	0.39	0.2339	0.77	0.1267	1.15	0.0621	1.53	0.0274	1.91	0.0108	2.29	0.0038	2.67	0.0012
0.02	0.3890	0.40	0.2304	0.78	0.1245	1.16	0.0609	1.54	0.0267	1.92	0.0105	2.30	0.0037	2.68	0.0011
0.03	0.3841	0.41	0.2270	0.79	0.1223	1.17	0.0596	1.55	0.0261	1.93	0.0102	2.31	0.0036	2.69	0.0011
0.04	0.3793	0.42	0.2236	0.80	0.1202	1.18	0.0584	1.56	0.0255	1.94	0.0100	2.32	0.0035	2.70	0.0011
0.05	0.3744	0.43	0.2203	0.81	0.1181	1.19	0.0573	1.57	0.0249	1.95	0.0097	2.33	0.0034	2.71	0.0010
0.06	0.3697	0.44	0.2169	0.82	0.1160	1.20	0.0561	1.58	0.0244	1.96	0.0094	2.34	0.0033	2.72	0.0010
0.07	0.3649	0.45	0.2137	0.83	0.1140	1.21	0.0550	1.59	0.0238	1.97	0.0092	2.35	0.0032	2.73	0.0010
0.08	0.3602	0.46	0.2104	0.84	0.1120	1.22	0.0538	1.60	0.0232	1.98	0.0090	2.36	0.0031	2.74	0.0009
0.09	0.3556	0.47	0.2072	0.85	0.1100	1.23	0.0527	1.61	0.0227	1.99	0.0087	2.37	0.0030	2.75	0.0009
0.10	0.3509	0.48	0.2040	0.86	0.1080	1.24	0.0517	1.62	0.0222	2.00	0.0085	2.38	0.0029	2.76	0.0009
0.11	0.3464	0.49	0.2009	0.87	0.1061	1.25	0.0506	1.63	0.0216	2.01	0.0083	2.39	0.0028	2.77	0.0008
0.12	0.3418	0.50	0.1978	0.88	0.1042	1.26	0.0495	1.64	0.0211	2.02	0.0080	2.40	0.0027	2.78	0.0008
0.13	0.3373	0.51	0.1947	0.89	0.1023	1.27	0.0485	1.65	0.0206	2.03	0.0078	2.41	0.0026	2.79	0.0008
0.14	0.3328	0.52	0.1917	0.90	0.1004	1.28	0.0475	1.66	0.0201	2.04	0.0076	2.42	0.0026	2.80	0.0008
0.15	0.3284	0.53	0.1887	0.91	0.0986	1.29	0.0465	1.67	0.0197	2.05	0.0074	2.43	0.0025	2.81	0.0007
0.16	0.3240	0.54	0.1857	0.92	0.0968	1.30	0.0455	1.68	0.0192	2.06	0.0072	2.44	0.0024	2.82	0.0007
0.17	0.3197	0.55	0.1828	0.93	0.0950	1.31	0.0446	1.69	0.0187	2.07	0.0070	2.45	0.0023	2.83	0.0007
0.18	0.3154	0.56	0.1799	0.94	0.0933	1.32	0.0436	1.70	0.0183	2.08	0.0068	2.46	0.0023	2.84	0.0007
0.19	0.3111	0.57	0.1771	0.95	0.0916	1.33	0.0427	1.71	0.0178	2.09	0.0066	2.47	0.0022	2.85	0.0006
0.20	0.3069	0.58	0.1742	0.96	0.0899	1.34	0.0418	1.72	0.0174	2.10	0.0065	2.48	0.0021	2.86	0.0006
0.21	0.3027	0.59	0.1714	0.97	0.0882	1.35	0.0409	1.73	0.0170	2.11	0.0063	2.49	0.0021	2.87	0.0006
0.22	0.2986	0.60	0.1687	0.98	0.0865	1.36	0.0400	1.74	0.0166	2.12	0.0061	2.50	0.0020	2.88	0.0006
0.23	0.2944	0.61	0.1659	0.99	0.0849	1.37	0.0392	1.75	0.0162	2.13	0.0060	2.51	0.0019	2.89	0.0006
0.24	0.2904	0.62	0.1633	1.00	0.0833	1.38	0.0383	1.76	0.0158	2.14	0.0058	2.52	0.0019	2.90	0.0005
0.25	0.2863	0.63	0.1606	1.01	0.0817	1.39	0.0375	1.77	0.0154	2.15	0.0056	2.53	0.0018	2.91	0.0005
0.26	0.2824	0.64	0.1580	1.02	0.0802	1.40	0.0367	1.78	0.0150	2.16	0.0055	2.54	0.0018	2.92	0.0005
0.27	0.2784	0.65	0.1554	1.03	0.0787	1.41	0.0359	1.79	0.0146	2.17	0.0053	2.55	0.0017	2.93	0.0005
0.28	0.2745	0.66	0.1528	1.04	0.0772	1.42	0.0351	1.80	0.0143	2.18	0.0052	2.56	0.0017	2.94	0.0005
0.29	0.2706	0.67	0.1503	1.05	0.0757	1.43	0.0343	1.81	0.0139	2.19	0.0050	2.57	0.0016	2.95	0.0005
0.30	0.2668	0.68	0.1478	1.06	0.0742	1.44	0.0336	1.82	0.0136	2.20	0.0049	2.58	0.0016	2.96	0.0004
0.31	0.2630	0.69	0.1453	1.07	0.0728	1.45	0.0328	1.83	0.0132	2.21	0.0047	2.59	0.0015	2.97	0.0004
0.32	0.2592	0.70	0.1429	1.08	0.0714	1.46	0.0321	1.84	0.0129	2.22	0.0046	2.60	0.0015	2.98	0.0004
0.33	0.2555	0.71	0.1405	1.09	0.0700	1.47	0.0314	1.85	0.0126	2.23	0.0045	2.61	0.0014	2.99	0.0004
0.34	0.2518	0.72	0.1381	1.10	0.0686	1.48	0.0307	1.86	0.0123	2.24	0.0044	2.62	0.0014	3.00	0.0004
0.35	0.2481	0.73	0.1358	1.11	0.0673	1.49	0.0300	1.87	0.0119	2.25	0.0042	2.63	0.0013		
0.36	0.2445	0.74	0.1334	1.12	0.0659	1.50	0.0293	1.88	0.0116	2.26	0.0041	2.64	0.0013		
0.37	0.2409	0.75	0.1312	1.13	0.0646	1.51	0.0286	1.89	0.0113	2.27	0.0040	2.65	0.0012		

附录 E Excel 基础

Excel 是 Microsoft office 的组件之一,它可以进行各种数据的处理、统计分析和辅助决策操作,广泛地应用于管理、统计财经、金融等领域。在数学模型的求解和分析方面,Excel 可以方便地完成大量数据的快速预处理和初步的分析功能。

1. 每个单元格的名称

"A10"表示 A 列 10 行对应的一个单元格。

"A10:A20"表示从 A10,A11,A12,…,A20 的一系列单元格。

2. 每个单元格的值

在每个单元格中,单元格的值可以是数字、文本、关系式等。对一个单元格赋值,可以将当前录入焦点到此单元格中,并在工具栏窗口中直接输入。

例如,在 A10 单元格中输入下列值。

"12"表示设定单元格 A10 的值为数值 12。

"SSS"表示设定单元格 A10 的值为文本 SSS。

"=A20"表示设定单元格 A10 的值为单元格 A20 的值。

"=sheet2!A1"表示设定单元格 A10 的值为另外一个页面 sheet2 中单元格 A1 的值。

"=sin(A20)"表示设定单元格 A10 的值为单元格 A20 的值的 sin() 函数值。

"=rand()"表示设定单元格 A10 的值为生成一个[0,1]均匀分布的随机数。

"=sum(B1:B10)"表示设定单元格 A10 的值为单元格 B1 至单元格 B10 的数值之和。

在公式中常用的函数有 sum()、max()、min()、avg()、std()、lookup()、count()、match()等。

3. 单元格的复制和粘贴

在 Excel 中,可以很方便地进行复制和粘贴操作。通过选中若干单元格并选择鼠标右键的复制和粘贴功能,或者利用快捷键(Ctrl+C 和 Ctrl+V)可以在 Excel 的窗口之间及与其他应用程序之间交换数据。在 Excel 内部进行复制和粘贴时,缺省情况下是自动带全部信息和格式的复制和粘贴,如果希望在粘贴时去掉原复制的内容的格式,可以利用微软附件的 Notepad 进行中转,也可以应用 Excel 的一个重要的功能:"选择性粘贴",来实现更加复杂的选项,如对原复制的数据进行转置、只粘贴其中显示出的数值(如原单元格的值是公式,若直接复制粘贴过来的话,将复制全部公式,而选择性地粘贴其数值,可以仅仅把原单元格的最终的值直接拷贝过来,去掉了其中的公式)。

Excel 中的拖动复制是一项非常有用的功能。利用鼠标在某单元格上顺着行或者列进行拖动,可以将本单元格的内容自动在拖动过程中进行复制。一般地,如果该单元格为公式形式,则按照列进行拖动复制,公式中的所有引用的单元格的列编号会自动增加,而进行行复制,格式中引用的单元格的行编号会自动增加。

例如,为了实现1,2,3,…的一个列,可以在Excel中令A10=1,A11=A10+1,然后拖动复制A11一直到A20,则A12的值自动变为"=A11+1",A13的值自动变为"=A12+1",A14的值自动变为"=A13+1"……

如果希望公式中的某个被引用单元格的行和列序号不变,可以在原单元格公式中为被引用的单元格行和列的名称前加"\$",如令A11的值为"=\$A\$10+1",则在上例的按照列复制的过程中,A12的值自动变为"=\$A\$10+1",A13的值自动变为"=\$A\$10+1",A14的值自动变为"=\$A\$10+1"……

另外令A11的值为"=A\$10+1",是告诉Excel在拖动复制过程中行序号10保持不变,不自动加1;若令A11的值为"=\$A10+1",是告诉Excel在拖动复制过程中列序号A保持不变,不自动加1。

4. 数据的处理

1) 排序

Excel可以方便地实现一组数据的排序功能,可以选择排序的主要关键字、次要关键字,以及进行升序还是降序等的选择。

2) 分列

当Excel导入或者复制到一组外部文本数据时,数据可能不会自动分开为希望的每一个数据占用一个单元格的形式,这种情况下就要利用Excel的分列功能。该功能可以把数据分开,可以选择按照固定的长度或者按照不同的分割符将数据分开。

5. 与外部数据的交换

除了可以方便地从文本文件中导入数据(直接复制和粘贴),Excel还可以和多数数据源之间进行数据交换,如利用ODBC接口读写数据库(如SQL、Oracle数据库),与Web网页之间进行数据交换等。

6. 线性优化与非线性优化工具

选择加载Excel的宏为规划求解工具,可以实现线性优化模型的求解功能。

例如,待求解的线性规划问题如下。

目标函数　　$\min z = 10x + 2y$
约束条件　　$5x + 6y < 12$
　　　　　　$3x + 4y > 8$
边界条件　　$2 < x < 6$
　　　　　　$3 < y < 5$

可以设变量x、y对应的单元格是A1、B1,它们的系数为单元格A2、B2,设A2的值为10,B2的值为2,设单元格C1的公式为"=A1*A2+B1*B2",单击并选中C1,然后选择"工具"菜单中的"规划求解",则在弹出的窗口中将目标单元格设为"\$C\$1","等于"条件设定为"最小值",可变单元格设置为"\$A\$1:\$B\$1",再把上述约束和边界条件按照单元格对应关系添加到"约束"中,最后单击"求解"按钮即可进行求解。

7. 图表工具

Excel内建有强大的图表绘制工具,如直方图、折线图、饼图、散点图等,可以非常方便地将数据转换为所需的图形,同时 Excel 的数据图表可以方便地拷贝到 Word 文件中,供文档使用。

8. 内嵌 Visual Basic 编程功能

利用此功能,可以为 Excel 应用实现强大的编程计算功能。可以在 Excel 应用中设计用户操作界面、添加按钮、多选框等用户控件,并对其中的用户控件进行编程定义其具体功能。

下面是针对确定性多周期动态批量问题编制的 Wanger-Whitin 算法的 Excel 应用程序,如图 E-1 所示。

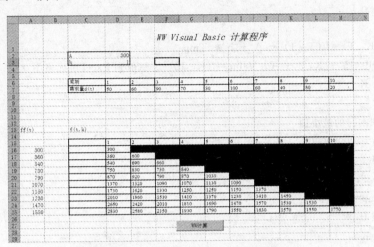

图 E-1　WW 算法的 Excel 应用程序

Private Sub CommandButton1_Click()

'动态批量 WW 计算,按钮动作
Worksheets("动态批量"). Activate

Const TT As Integer＝10　　　　　　　　　'总周期数
Dim A As Integer
Dim h As Double
Dim d(1 To TT) As Integer

Dim f(1 To TT, 1 To TT) As Integer　　　'即 f(k,t)
Dim ff(0 To TT) As Integer　　　　　　　'即 f(t)

Dim Tmp As Double

A＝Worksheets("动态批量"). Range("D2"). Value
h＝Worksheets("动态批量"). Range("D3"). Value

For J＝1 To TT
　　d(J)＝Cells(7, 3 ＋ J). Value

```
        Next J

        ff(0)=0

        For T=1 To TT                          '计算每列的 f(k,t)
            For K=T To TT
                Tmp=0
                For I=1 To K - T
                    Tmp=Tmp + I * d(T + I)
                Next I

                f(K, T)=ff(T - 1) + A + h * Tmp
                Cells(15 + K, 3 + T).Value=f(K, T)   '赋值到 Excel 单元格中
            Next K

            '找到本行的最小值
            Tmp=100000000
            For K=1 To T
             If f(T, K) < Tmp Then
                Tmp=f(T, K)
             End If
            Next K

            ff(T)=Tmp
            Cells(14 + K, 1).Value=ff(T)            '赋值到 Excel 单元格中

        Next T

        End Sub
```

附录 F LINGO 基础

1. LINGO 基本情况

LINGO 是一种方便的求解优化模型的软件工具。LINGO 是 Linear Interactive and General Optimizer 的缩写,即交互式的线性和通用优化求解器,由美国 LINDO 系统公司推出,可以用于求解非线性规划,也可以用于一些线性方程组和非线性方程组的求解等,功能十分强大。LINGO 内置建模语言,提供十几个内部函数,可以允许决策变量是整数(整数规划,包括 0-1 整数规划),方便灵活,而且执行速度非常快,能方便地与 Excel 等其他软件交换数据。

在 Windows 操作系统下运行 LINGO,会打开 LINGO 的交互界面(如图 F-1 所示),外层是主框架窗口,包含了所有菜单命令和工具条,其他所有的窗口将被包含在主窗口之下。在主窗口内的标题为 LINGO Model - LINGO1 的窗口是 LINGO 的默认模型窗口,建立的模型都要在该窗口内编码。

图 F-1 LINGO 的交互界面

利用 LINGO 求解数学模型的基本步骤如下:

(1) 在代码编辑器中录入模型;

(2) 在运行环境中运行模型,即选择菜单中的"Lingo"→"solve",或者单击工具条"solve"按钮;

(3) 运算结果在缺省情况下显示于结果输出窗口。

2. LINGO 模型代码编辑的基本格式

LINGO 模型文件为文本格式,该文件一般由关键字"model"表示模型定义的开始,用关键字"end"表示模型定义的结束,在此中间则可以包含集合定义区、数据定义区及模型定义区等三个部分。LINGO 模型文件的结构如图 F-2 所示。

图 F-2 LINGO 模型文件的结构

下面是一个最简单的例子,可以直接根据数学模型编写 LINGO 的模型文件。如原数学模型为

$$\min(z = 2x_1 + 3x_2)$$

且满足 $x_1 + 2x_2 + x_3 = 8, 4x_1 + x_4 = 16, 4x_2 + x_5 = 12, x_1, x_2, x_3, x_4, x_5 \geq 0$，则其 LINGO 模型文件如下。

```
model:

min = 2 * x1 + 3 * x2;

x1 + x2 + x3 = 8;
4 * x1 + x4 = 16;
4 * x2 + x5 = 12;

end
```

在编写 LINGO 模型文件中，需要注意以下几点。

(1) 所有变量在不特别声明的情况下均不小于 0。

若要求变量 x12 可以取负值，则需要在约束中声明 @free(x12)，其他声明函数还有 @bin()(0/1 变量)、@gin()(整数变量)、@bnd()(指定变量的上、下界)。

(2) 不区分大小写。

在 LINGO 模型文件中，A 与 a 表示相同的一个变量。

(3) ＞和＞＝的含义相同，均为不小于；＜和＜＝的含义相同，均为不大于。

3. 用集简化模型表达

对实际问题建模的时候，总会遇到一群或者多群相联系的对象，如工厂、消费者群体、交通工具和雇工等。LINGO 允许把这些相联系的对象聚合成集(Sets)。LINGO 中的集可以粗略地理解为向量和数组等的下标集合。一旦把对象聚合成集，就可以利用集来最大限度地发挥 LINGO 建模语言的优势。如针对上例的模型，程序重写如下。

```
model:

sets:
row /1..3/:b;
col /1..5/:c,x;
relation(row,col):A;
endsets

data:
A = 1 2 1 0 0
    4 0 0 1 0
    0 4 0 0 1;
c = 2 3 0 0 0;
b = 8 16 12;
enddata
```

```
min=@sum( col(j): c(j) * x(j) );

@for(row(i): @sum( col(j):A(I,j) * x(j) )=b(i) );

end
```

4. LINGO 与外部文件的数据交换

1) 读/写文本文件

读入数据：若在文件 C:\my_b_data.txt 中存储了变量 b 的数据，在 my_A_data.txt 有变量 A 的数据，则

```
data:
b=@text('C:\my_b_data.txt');
A=@text('C:\my_A_data.txt');
enddata
```

写数据（要放到程序最后，end 之前）如下。

```
data:
@text('C:\my_result.txt')=x(1),x(2);
enddata
```

以上代码的作用是将变量 $x(1),x(2)$ 的优化结果输出到文本文件 my_result.txt 中。

2) 读/写 Excel 文件

读入数据：若在文件 C:\mydata.xls 事先存储了 b 的数据，并将该数据块定义为 Excel 变量 b（操作方法：选中该数据块，在 Excel 菜单栏中选择"插入"→"名称"→"定义"，把该数据块定义为变量 b），则

```
data:
b=@OLE('C:\mydata.xls',b);
enddata
```

写数据：若事先在文件 C:\mydata.xls 中将某数据块定义为变量 x，则

```
data:
@OLE('C:\mydata.xls',x)=x;
enddata
```

3) 与数据库的数据交换

读入数据，将数据源 my_A_data 的表 LINKS 的列 VOLUME 的数据读入 A：

```
data:
A=@odbc('my_A_data','LINKS','VOLUME');
enddata
```

写数据，将求解结果 x 写入数据源 my_A_data 的表 result 的列 x：

```
data:
@odbc('my_A_data',' result','x')=x;
```

enddata

5. LINGO 的命令行操作

LINGO 可以在命令窗口中输入命令行对模型进行操作,如将某个 LINGO 模型和命令行都存在 *.lng 文件中,然后在命令窗口中调用,就可以实现这个模型的多次运行。

例如,My.lng 文件定义为

model:

sets:
row /1..3/:b;
col /1..5/:c,x;
relation(row,col): A;
endsets

data:
A=1 2 1 0 0
  4 0 0 1 0
  0 4 0 0 1;
c=2 3 0 0 0;
b=8 16 12;
enddata

min=@sum(col(j): c(j) * x(j));

@for(row(i): @sum(col(j);A(I,j) * x(j))=b(i));
end

terse;
go;
Alter 19 ′b=8 16 12′b=10 16 12′;
Go;
Alter 19 ′b=10 16 12′b=12 16 12′;
Go;

则在 Lingo 命令窗口调用 my.lng,即输入命令

:Take my.lng

即可实现原模型的多次运行。其中命令行"Alter 19 ′b=8 16 12′b=10 16 12′;"表示将原模型中的第 19 行的"b=8 16 12"更改为"b=10 16 12","Go"表示运行该模型。

参 考 文 献

[1] Axater. Inventory Control[M]. 2nd ed. New York:Springer, 2007.
[2] Chopra S,Meindl P. Supply Chain Management[M]. 3rd ed. New York:Prentice Hall,2006.
[3] Clark A,Scarf H. Optimal policies for a multi-echelon inventory problem[J]. Management Science,1960,6:475-490.
[4] De Bodt M A,Graves S C. Continuous-review policies for a multi-echelon inventory problem with stochastic demand[J]. Management Science,1985,31(10):1286-1299.
[5] Diks E B,De Kok A G. Computational results for the control of a divergent N-echelon inventory system[J]. International Journal of Production Economics,1999,59:327-336.
[6] Graves S C,Kletter D B,Hetzel W B. A dynamic model for requirements planning with application to supply chain optimization[J]. Operations Research,1998,46:S35-S49.
[7] Lee H,Padmanabhan V,Whang S. Information distortion in a supply chain: the Bullwhip effect[J]. Management Science,1997,43(4): 546-558.
[8] Muckstadt J A,Sapra A. Principles of Inventory, Management[M]. New York:Springer,2010.
[9] Nahmias S. Production and Operations Analysis[M]. 5th ed. New York:McGraw-Hill/Irwin,2004.
[10] Rosling K. Optimal inventory policies for assembly systems under random demands[J]. Operations Research,1989,37: 565-579.
[11] Roundy R O. Efficient,effective lot sizing for multistage production systems[J]. Operations Research,1993,41: 371-385.
[12] Shebrooke C C. METRIC: a multi-echelon technique for recoverable item control[J]. Operations Research,1968,15: 122-141.
[13] Silver E A,Pyke D F,Peterson R. Inventory Management and Production Planning and Scheduling[M]. 3rd ed. New York:John Wiley & Sons,1998.
[14] Simchi-Levi D,Kaminsky P,Simchi-Levi E. The Logic of Logistics: Theory, Algorithms, and Applications for Logistics and Supply Chain Management[M]. 3rd ed. New York:Springer,2007.
[15] Tersine R J. Principles of inventory and material management[M]. 4rd ed. New York:Prentice Hall,Upper Saddle River,2004.
[16] van Houtum G J,Zijm W H M. Computational procedures for stochastic multi-echelon production systems[J]. International Journal of Production Economics,1991,23: 223-237.
[17] Winston W L,Goldberg J B. 运筹学:应用范例与解法[M]. 4版. 杨振凯,周红,易兵,等,译. 北京:清华大学出版社,2006.
[18] Zipkin P H. Foundations of Inventory Management[M]. New York:Irwin/McGraw Hill,2000.
[19] 大卫·辛奇·科维. 供应链设计与管理——概念、战略与案例研究[M]. 季建华,译. 上海:上海远东出版社,2000.
[20] 数学手册编写组. 数学手册[M]. 北京:高等教育出版社,1979.
[21] 文丰科技. Excel 2007 电子表格快速入门[M]. 北京:清华大学出版社,2009.
[22] 谢金星,薛毅. 优化建模与 LINDO\LINGO 软件[M]. 北京:清华大学出版社,2005.
[23] 徐光辉. 运筹学基础手册[M]. 北京:科学出版社,1999.
[24] 赵晓波,黄四民. 库存管理[M]. 北京:清华大学出版社,2008.
[25] 陈荣秋,马士华. 生产与运作管理[M]. 2版. 北京:高等教育出版社,1999.